e-러닝의 심리학적 기반

김혜온 저

학지사

저자 서문

2001년부터 2004년까지 독일 교육연구부의 '대학교육에서의 새로운 미디어의 활용'이라는 국책사업의 일환으로 e-러닝 프로그램을 개발하고 평가하는 공동연구에 참여한 일이 있었다. 공동연구팀은 5개 대학의 교육학, 컴퓨터공학, 경영학을 전공한 연구진으로 구성되었다. 대부분의 학제간 연구와 마찬가지로 연구에 참여한 사람들의 학문적 배경이 달라 개념의 정의, 연구 방법 등에서 의사소통의 어려움으로 통합적인 연구가 쉽지 않았다. 특히, 이 연구가 e-비즈니스에 관한 학습 프로그램을 개발하고, 그 효과를 검증하는 연구였기 때문에 프로그램의 학습내용 저술은 경영학을 전공하는 연구진이 주로 맡았고, 프로그램 개발의 기술적인 측면에서는 컴퓨터공학 분야의 연구진이 구체적인 작업을 수행하였다. 그러므로 교육학 분야의 연구진이 공동연구에서 열세로 밀리지 않기 위해 긴장하였던 기억이 난다.

공동연구를 진행하며 많은 우여곡절을 경험하였지만 e-러닝 프로그램이 성공적으로 개발되고 실행되기 위해서는 공학적인 기술만이 아니라 교육학적인 방향 제시와 구체적인 자문이 필수적이라는 공감대를 형성한 것은 소중한 소득이었다. 이 과정에서 e-러닝이 효과적으로 이루어지기 위해서는 교육심리학 분야에서 어떤 연구가 이루어져야 할 것인가에 대한 구체적인 고민을 하게 되었고, 이를 정리하여 부족한 대로 책으로까지 엮게 되었다.

이 책은 모두 여섯 개 장으로 이루어졌다. 처음 서론에서는 e-러닝의 역사, 특성, 프로그램의 종류에 대해 다루고(1장), 이어서 e-러닝에 응용된 교수설계모델에 대해 행동주의, 인지주의, 구성주의 모델을 중심으로 소개하고 이를 비교하였다(2장). 세 번째 부분에서는 e-러닝 환경을 구성하는데 고려하여야 할 심리학적 요소를 다루었는데, 특히 e-러닝 환경에서 학습자의 특성을 인지적, 동기적, 정서적 측면에서 소개하고(3장), 이를 기초로 e-러닝 환경 구성의 심리학적 원리를 투명성, 적응성, 상호작용 등의 원리로 설명하였다(4장). 그런 다음에는 e-러닝 콘텐츠 개발에 관해 다루었다. 즉, e-러닝 콘텐츠 개발을 위한 일반적인 원리를 소개하고 e-러닝 환경에서 멀티미디어를 어떻게 활용할 것인가를 설명하였다. 이를 위해 텍스트, 음향, 그림, 도표, 비디오, 애니메이션의 특성과 이들 매체를 활용할 때 유의할 점을 정리해 놓았다(5장). 마지막으로는 e-러닝 환경의 평가에 대해 평가 영역과 방법을 중심으로 소개하였다(6장).

정보화 시대의 지식사회에서 e-러닝은 현재 새로운 학습방법으로 자리매김을 하고 있다. 좋은 e-러닝 프로그램을 개발하고 효과적으로 실행하기 위해서는 최신의 정보통신기술에 교육학적으로 검증된 모델이 합해지는 공동의 노력이 필요하다.

이 책의 집필을 마치고서야 주된 독자층이 누구일까를 생각하였으니 어찌 보면 첫 단추부터 잘못 낀 것이 아닌가 싶기도 하다. 단지 e-러닝에 관심이 있는 교육학도나 컴퓨터공학도 모두에게 도움이 되기를 바라는 소박한 마음과 e-러닝에 관여하고 있는 사람들의 학제 간 공동연구를 제안한다는 심정에서 아직 미비한 점이 많으나 현재의 구성 그대로 출판하기로 결심하였다. 교육학 분야의 이해가 부족한 독자를 위해서는 각 장 마지막에 용어 풀이를 덧붙였다(본문에서 해당 용어는 글씨체를 다르게 하여 표시하였다).

e-러닝에 관한 교재이니 제작과정에서 멀티미디어를 적극 활용했으면 더욱 흥미로웠을 것이라는 아쉬움이 크다. 멀티미디어의 다양성을 흑백의 텍스트 매체를 통해 모두 표현할 수 없어 마치 3차원의 대상을 평면에 다림질을 하여 보여 주는 것 같은 아쉬움이 크다. 미래의 교재는 멀티미디어를 활용하여 입체적인 구성을 할 수 있을 것이라는 기대를 해 본다.

이 책이 출판되기까지 편집에서 교정까지 많은 도움을 준 제자들과 학지사 편집부 모든 분께 깊은 감사를 드린다.

2007년 2월

김 혜 온

차 례

제1장

e-러닝이란

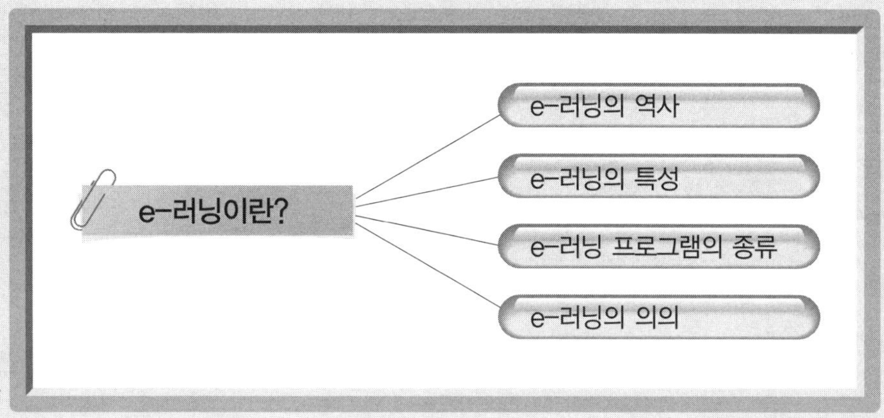

e-러닝(electronic learning)은 정보통신기술을 활용한 학습이라고 정의할 수 있는데, 일반적으로 컴퓨터를 활용한 학습을 의미한다. 최근에 e-러닝의 영역이 모바일 기술을 활용한 학습(m-러닝)으로까지 확산되고 있으나 아직 일반 학습 환경에서는 멀티미디어 CD-ROM, DVD를 활용한 컴퓨터 기반 학습과 웹사이트, 토론방, 이메일, 채팅, 위키 등과 같은 인터넷 기술을 활용한 웹기반 교육을 포함하는 영역으로 이해되고 있다. 대부분의 e-러닝 환경에서는 음향, 사진, 비디오, 애니메이션, 시뮬레이션 등과 같은 멀티미디어 기술이 활용된다. e-러닝은 시간과 장소에 구애받지 않고 학습할 수 있다는 특성 때문에 원격교육에도 적합하고 온라인 학습과 출석 수업을 혼합한 형태(blended learning)로도 많이 활용되고 있다.

제1절 e-러닝의 역사

e-러닝의 역사

- 상상 속의 e-러닝
- e-러닝의 시작: 컴퓨터 기반 수업
- 디지털 시대의 e-러닝

1. 상상 속의 e-러닝

기계를 이용하여 보다 쉽고 효과적으로 학습하려는 시도는 이미 16세기부터 시작되었다. 1588년 이태리 기술자 Agostino Ramelli는 일종의 '독서바퀴'를 개발하였다. 그는 여러 권의 책을 물레바퀴 같이 생긴 기계에 얹어 놓으면 가만히 앉아 바퀴를 돌려 가며 다양한 내용의 책을 읽을 수 있을 것이라고 생각하였다. 독서바퀴를 통해 학습자가 자유롭게 학습내용을 선택적으로 학습할 수 있다는 의미에서 어떻게 보면 독서바퀴는 하이퍼텍스트의 전신이라고 할 수 있다. 그러나 컴퓨터가 개발되기 이전 시대에서 e-러닝은 시대를 앞서 가는 창의적인 사람의 상상 속에서만 존재하는 것이었다.

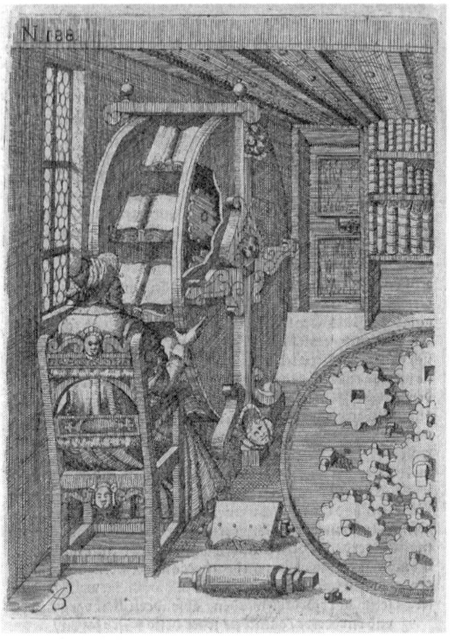

[그림 1-1] Agostino Ramelli가 개발한 '독서바퀴'

2. e-러닝의 시작: 컴퓨터 기반 수업

실제 교육현장에서 효과적인 학습을 위하여 기계적인 조작을 활용한 것은 1950년대 Skinner가 개발한 프로그램 수업(programmed instruction)에서 비롯되었다. 프로그램 수업에서는 이미 정해진 순서대로 학습내용이 단계적으로 제시되는 이른바 선형학습(linear program) 원리가 적용되었는데, 선형학습 원리는 Skinner와 Holland가 개발한 '교수기계(teaching machine)' 에도 응용되었다.

'교수기계' 에서는 화면에 학습될 내용과 질문이 단계적으로 순서대로 제시되고 학습자가 대답을 입력하면 정답과 오답에 대한 피드백이 주어졌다. 이때 정답에 대해서는 강화가 주어지고 오답에 대해서는 모범답안이 제시되었다. 이와 같이 초기 컴퓨터 기반 학습은 비교적 간단한 과제(대부분 빈 칸 채우기)에만 적용되었다.

한편, Crowder(1959)는 이를 좀 더 정교화하여 학습자의 오답의 종류에

[그림 1-2] 1960년대 초에 사용된 간단한 교수기계(teaching machine)-화면에 학습될 내용과 질문이 단계적으로 제시되고 학습자가 입력한 응답에 대한 피드백이 주어졌다.

따라 다음 단계 문제를 다양하게 제시하는 **분지형 학습 프로그램**(branching program)을 제안하였다. 분지형 학습 프로그램에서는 프로그램이 학습자의 반응에 맞게 조절된다는 의미에서 이른바 **적응적 학습 프로그램**의 초보적인 형태를 갖추었다고 할 수 있다. 그러나 아직 학습자의 지식 수준을 진단하고 그에 따라 학습내용을 제시하는 방법에 대한 구체적인 제안이 이루어진 것은 아니다.

이후 1970년대 초반부터는 미국과 유럽에서 컴퓨터를 이용한 **자기주도적 학습**을 유도하는 몇 가지 큰 프로젝트가 수행되었는데, TICCIT(Time-shared Interactive Computer Controlled Information Television)와 PLATO(Programmed Logic for Automatic Teaching Operation)는 미국에서 시도된 프로젝트로 컴퓨터 기반 학습을 통해 효과적이고 경비를 절약할 수 있는 수업방식을 개발하는 데 그 목적이 있었다. 이와 유사한 프로젝트로 유럽에서는 CUU(Computerunterstützte Unterricht) 프로젝트가 수행되었다(Lipsmeier & Seidel, 1987).

e-러닝의 제1세대 선두주자였던 Skinner(1968)는 교수 프로그램이 잘 개발되고 적절하게 적용되면, 학습자는 자신에게 맞는 속도로 학습할 수 있고, 교사는 학습자의 학습 진도를 잘 통제할 수 있다고 하였다. 그는 학습자

의 성공 경험으로 학습동기가 높은 수준에서 유지될 수 있으며, 학습자는 언제든지 학습을 중단할 수 있다고 강조하였다. 이것은 학습자가 자신의 수준에 맞게 학습하고 임의로 학습의 시작과 중단의 시점을 결정할 수 있다는 점에서는 이미 현대 e-러닝의 장점이 실현된 것으로 평가할 수 있다.

3. 디지털 시대의 e-러닝

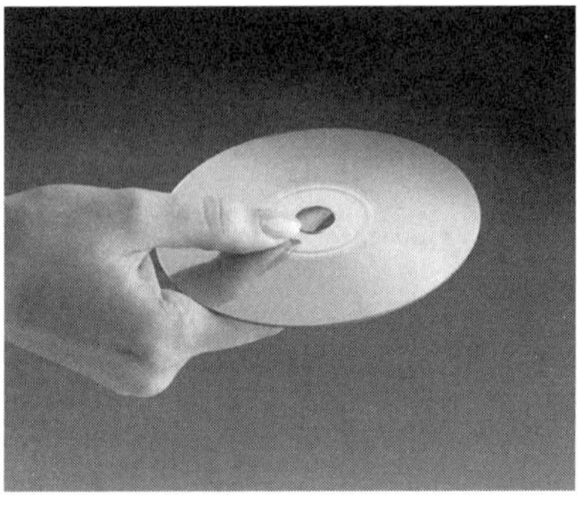

e-러닝이 급속도로 보급된 데에는 정보통신기술의 발달로 교육현장에서도 디지털화된 자료를 활용하게 된 것과 관계가 깊다.

자료를 디지털화한 가장 큰 장점은 자료를 영구 보존할 수 있다는 것이다. 과거에 많은 사람이 교육용 VCR 테이프가 손상되어서 사용하지 못했던 경험이 있었을 것이라는 것을 생각하면 CD나 DVD를 활용하여 자료를 거의 영구적으로 보존하게 된 것은 다행스러운 일이라 할 수 있다.

또한 자료의 디지털화로 사진의 편집, 소리의 합성, 영화의 특수효과와 같은 복합적인 데이터 처리가 가능하게 되면서 다양하게 학습내용을 보여 줄 수 있게 되었다. 예를 들어, 화산이 폭발하는 장면을 보여 주면서 시각적인 그림과 음향의 특수효과를 동시에 제공하여 화산폭발의 원리를 설명할 수 있게 되었다. 또한 디지털로 변환된 데이터는 원래의 데이터와 무관하게 디스크에 저장하거나 인터넷을 통해 전송할 수 있기 때문에 언제 어디서나 학습이 가능한 e-러닝의 발달에 지대한 영향을 미쳤다.

이와 같이 1990년대 중반부터는 인터넷의 활용으로 교육현장에서 컴퓨터 기반 학습뿐 아니라 웹기반 학습이 가능하게 되는 등 본격적인 e-러닝 시대가 열리게 되었다. 이제는 아동이 집에서 컴퓨터 CD로 수학이나 영어 과목을 학습하면서 애니메이션 등으로 재미있게 구성된 연습문제를 풀고, 원어민의 영어 발음을 들으며 발음을 연습하거나 대학생이 사이버대학 강좌를 수강하는 것이 그리 생소한 일이 아니다. 뿐만 아니라, 학습자가 더 알고 싶은 부분을 클릭해서 심화학습을 할 수 있는 것과 같이 학습자와 컴퓨터의 상호작용이 정교해졌다. 또한 인터넷을 통해 화상회의나 채팅을 하고 게시판을 활용하여 세계 여러 지역에 있는 사람과 의사소통을 하고, 협동학습을 하는 것도 가능해졌다.

(a)

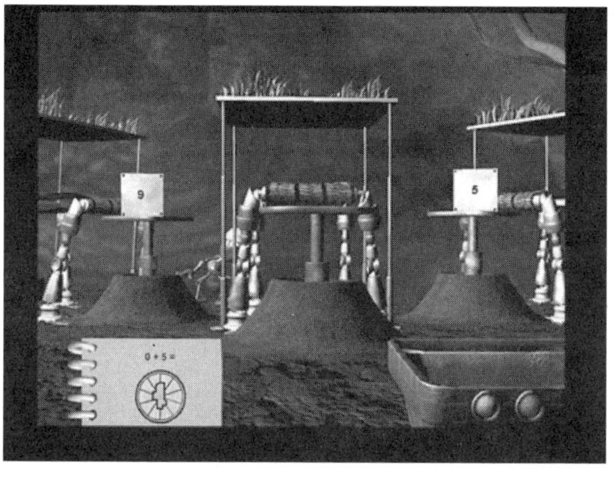

(b)

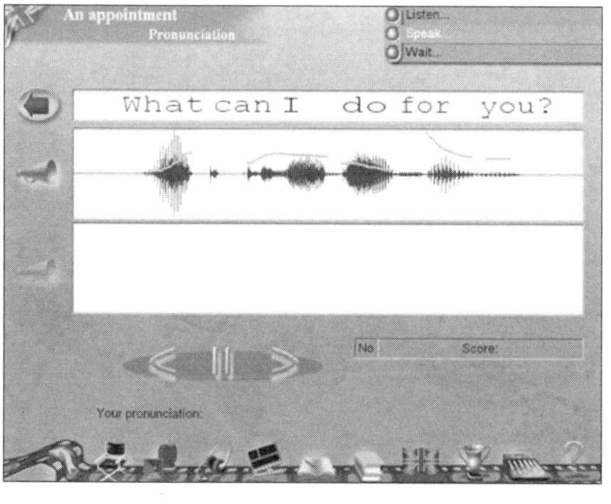

[그림 1-3] e-러닝 프로그램의 예-(a) 수학 학습 프로그램(미아수학교실) 애니메이션을 활용하여 수학 연산을 흥미롭게 학습할 수 있도록 하였다. (b) 영어 학습 프로그램(TellmeMore: Auralog) 원어민의 발음을 시각화하여 보여 줌으로써 발음 학습에 도움을 준다.

제2절 e-러닝의 특성

e-러닝의 특성

- 언제, 어디서나 학습
- 학습자 주도 학습
- 학습과정: 정보의 탐색과 획득
- 컴퓨터를 통한 커뮤니케이션
- 열린 학습집단

e-러닝 환경에서는 멀티미디어의 활용을 통해 텍스트, 그림, 동영상과 같은 다양한 모드로 학습내용을 전달할 수 있는데, 이를 통해 교육현장에서 다양한 형태의 학습이 가능하게 되었다. 예를 들어, 학교에서 워드를 비롯한 응용 프로그램을 활용하여 텍스트 정보를 처리하는 것부터 파워포인트와 같은 프레젠테이션 도구를 활용하는 것은 물론 학습 프로그램을 활용하여 숙련을 필요로 하는 기술의 습득을 위해 반복적인 연습을 할 수 있다. 또한 세미나식 수업을 위해서 채팅, 토론방, 화상회의와 같은 의사소통 수단을 활용하고, 시뮬레이션 프로그램을 활용하여 실제와 유사한 상황에서 학습을 할 수 있게 되었다.

학습자는 시간과 장소에 구애받지 않고 학습할 수 있으며, 학습내용과 학습 진도를 스스로 결정할 수 있는 자기주도적인 학습이 가능하다. 즉, 집에서도 자신이 선택한 영역을 다양한 멀티미디어 학습 프로그램을 활용하여 흥미롭게 학습하고, 연습문제를 풀어 학습효과를 검증하는 자율적인 학습이 가능하게 된 것이다.

e-러닝 환경에서는 학습과정이 학습자료를 수용하고 이해하는 데에 그치는 것이 아니라 정보의 탐색과 획득 과정이 포함된다. 즉, 학습자가 학습자료를 효과적으로 탐구하고 자신에게 필요한 지식을 새로이 구성할 수 있는 가능성이 열려 있는 것이다.

교사는 실시간, 비실시간 커뮤니케이션 도구를 활용하여 학생과 상호작용할 수 있게 되었고, 이를 통해 학습과정을 효과적으로 지도하고 도움을 줄 수 있게 되었다. 또한 학습자와 학습자 혹은 학습자와 교사가 컴퓨터를 통해 의사소통을 할 수 있기 때문에 장소에 구애됨이 없이 학습공동체를 형성할 수 있으며, 필요에 따라 전문가의 도움을 받을 수 있다는 의미에서 열린 학습집단을 형성한다.

이와 같이 e-러닝의 장점은 다양하게 언급할 수 있는데, 기존의 교육방법과 e-러닝을 비교하면 〈표 1-1〉과 같이 정리할 수 있다.

e-러닝의 또 다른 강점은 컴퓨터는 인내심이 많고, 컴퓨터 앞에서는 학습자가 부끄러워하지 않아도 된다는 점이다. 일반적으로 학습능력이 높지 않은 학습자는 학습하는 데 시간이 많이 걸리고, 자세한 설명을 필요로 하며, 천천히 반복해서 학습하고자 한다. 이런 학습자는 일반 교실에서는 교사와 동료 학습자에게 부담이 된다고 생각하여 학습내용을 이해하지 못해도 모른다고 말하지 못하는 경우가 많다. 한편, 학습능력이 뛰어난 학습자

〈표 1-1〉 과거의 교육방법과 e-러닝의 비교

과거의 교육	e-러닝
지정된 학습 장소(학교)	임의의 학습 장소
지정된 학습 시간(수업시간)	임의의 학습 시간
교사 주도 학습	학습자 주도 학습
학습과정: 수용	학습과정: 정보의 탐색과 획득
면대면(f2f: face to face) 커뮤니케이션	컴퓨터를 통한 커뮤니케이션
일정한 학습집단	열린 학습집단

는 교실에서 진도가 너무 천천히 나가기 때문에 지루해하는 경우가 많다. 그러나 e-러닝에서는 학습능력이 떨어지는 학습자나 학습능력이 우수한 학습자 모두 자기 수준에 맞는 학습이 가능한 환경에서 더 효율적으로 학습할 수 있다.

제3절 e-러닝 프로그램의 종류

e-러닝 프로그램의 종류

- 연습 프로그램
- 개인교수 프로그램
- 하이퍼텍스트와 하이퍼미디어
- 교육용 게임
- 시뮬레이션

e-러닝 환경에서 활용할 수 있는 프로그램은 단순히 반복되는 숙련을 요하는 기술을 연습하는 프로그램에서 교육용 게임, 하이퍼미디어를 활용한 학습 환경에 이르기까지 다양하다. 이렇게 e-러닝 프로그램이 다양한 것은 e-러닝 환경에 활용되는 기술의 발달뿐 아니라 이들 프로그램의 기초가 되는 교수-학습 설계모델이 다양하기 때문이다. 따라서 어떤 종류의 프로그램을 선택할 것인가는 e-러닝 환경을 활용하는 이유, 즉 학습목표, 학습내용, 학습대상 등에 따라 다르다(e-러닝 환경 구성의 기초가 되는 교수-학습 설계모델에 대해서는 제2장에서 자세히 다룰 것이다).

1. 연습 프로그램

반복을 통해 학습내용을 연습하는 프로그램의 예를 들면 화면에 제시된 단어의 철자법이 맞았는지를 맞히는 프로그램을 들 수 있다. 이런 프로그램에서는 단어의 길이, 철자 조합의 복잡한 정도, 단어의 제시 속도를 조절하여 다양한 연습의 기회를 제공한다. 또 다른 예로 [그림 1-4]와 같은 한글타자 연습 프로그램을 들 수 있다. 학습자는 글자를 입력한 후 바로 피드백을 받고, 학습과정을 임의로 반복할 수 있다는 장점이 있다. 대부분 행동주의 이론을 기본으로 하는 연습 프로그램은 학습자가 성공적으로 학습하였을 때 강화를 주어 학습자의 동기를 높인다.

(출처: 한게임)

[그림 1-4] 한글 타자 연습 프로그램

2. 개인교수 프로그램

개인교수(tutor) 프로그램은 개별적인 학습을 위해 학습내용을 제시하고 설명하는 프로그램이다. 여기에는 학습내용을 작은 단위로 나누고, 학습 후 그 결과에 대해 바로 피드백을 주어 **강화의 효과**를 보는 행동주의 이론을 적용한 프로그램이 많다. 그러나 개인교수 프로그램은 다음과 같은 점에서 초기 Skinner에 의해 개발된 프로그램과는 차이가 있다.

(a)

(출처: 재미있는 과학실험 시리즈-대교)

(b)

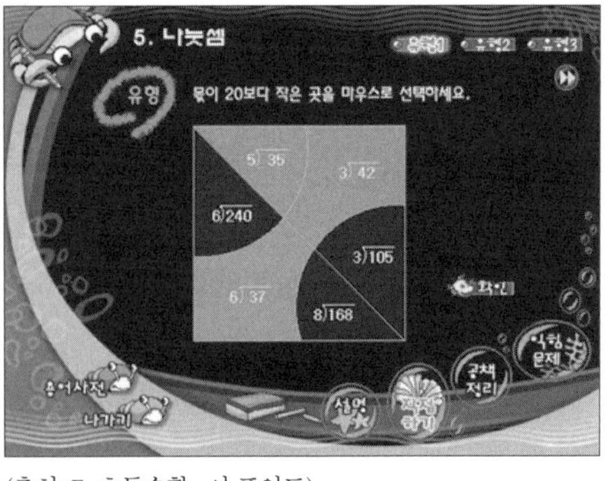

(출처: E. 초등수학-이 포인트)

[그림 1-5] 개인교수 프로그램의 예-(a) 과학실험 방법을 설명하는 개인교수 학습 프로그램. (b) 수학 연산을 지도하는 학습 프로그램

- 멀티미디어의 도입으로 다양한 저장매체(비디오, CD 등)와 다양한 모드의 활용(텍스트, 그림, 동영상)을 통해 학습내용을 제시할 수 있다.
- 문제풀이 후에는 단순히 '맞다', '틀리다'를 알려 주는 것을 넘어서 간단하게 오답에 대해 설명하는 피드백을 제공하고 다음 학습 단계를 제시하기도 한다.

또한 개인교수 프로그램에서는 인지심리학의 이론적 모델을 적용하여 학습 초기에 진단을 통해 학습자의 **인지양식**을 분석하여 학습내용을 텍스트나 그림으로 제시할 것인지를 결정하는 지능적인 개인교수 프로그램도 가능하다. 이 프로그램은 학습자의 문제해결과정 이후 답을 평가하여 오류유형을 분석하고, 학습자에게 맞는 학습량, 과제의 난이도, 도우미 내용 등을 결정한다.

특히, **정보처리모델**과 **인공지능**의 개발로 학습 진행상황과 학습자 유형을 분석하여 학습자의 관심, 학습양식, 주의력 등에 대한 모델을 구성하고, 학습자를 진단하여 학습자에 맞는 프로그램을 제공할 수 있다(이에 대해서는 '제3장 e-러닝 환경에서 학습자의 특성' 참고).

3. 하이퍼텍스트와 하이퍼미디어

하이퍼텍스트는 정보의 단위인 매듭(knot)과 이들 사이를 연결하는 링크로 구성된다. [그림 1-6]에서 보는 바와 같이 대부분 링크는 다른 색(여기서는 연하게 처리됨)으로 표시된 단어 등으로 나타낸다. 해당 단어를 클릭하면 연결되어 있는 내용의 화면이 열리면서 관계된 설명이나 부가적인 정보가 제공된다.

하이퍼 학습공간에서는 학습경로가 미리 정해져 있지 않으며, 사용자가 자유롭게 이동하는 것이 가능하기 때문에 학습자가 방향을 잘 잡는 것이 중요

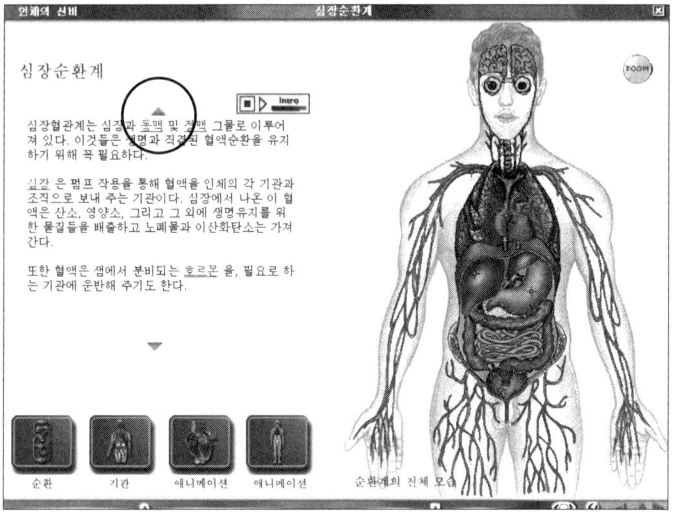

[그림 1-6] 의학 심화학습 프로그램

(출처: 인체의 신비-미디어채널)

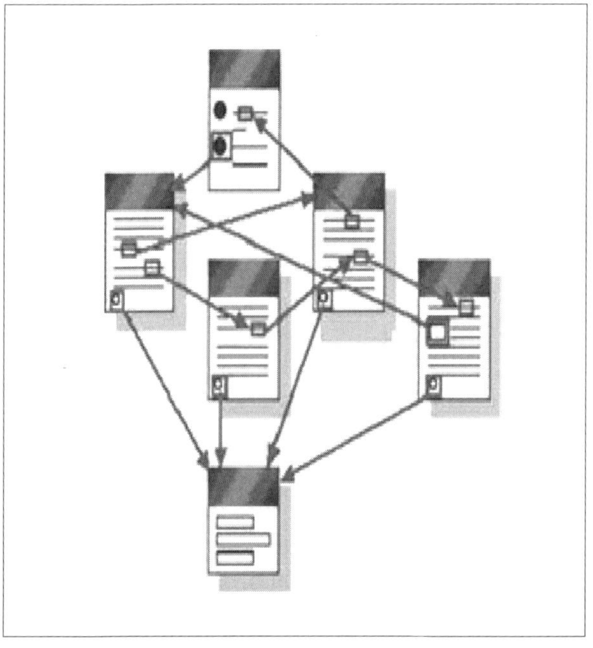

(출처: http://www.lg-nw.de/infos/weitere.information.htm)

[그림 1-7] 하이퍼 학습공간-정보의 단위인 매듭(knot)과 이들 사이를 연결하는 링크로 이루어진 하이퍼 학습공간에서는 방향성을 잃고 학습자가 마치 미로에서처럼 헤맬 위험성이 높다.

하다. 흔히 '하이퍼 공간에서 길을 잃었다.'는 의미의 'lost in hyperspace'로 표현하듯이 학습자가 학습 프로그램 안에서 방향성을 잃고 여기저기 클릭하며 헤매는 문제를 예방하는 것이 좋은 하이퍼미디어, e-러닝 환경의 구성 요건이다.

학습자가 학습 프로그램 안에서 방향성을 잃고 헤매는 것을 방지하고 학습 프로그램의 전체적인 윤곽을 잡을 수 있게 하기 위해 '지도'나 'history' 프로토콜(지금까지 보았던 매듭의 목록)을 제시하는 것이 좋다. 일부 하이퍼미디어 학습 프로그램은 이른바 **길잡이 투어**(guided tour), 즉 프로그램의 처음에 프로그램의 구성 및 사용방법에 대한 길잡이를 제공하여 학습자의 오리엔테이션을 돕는다(좀 더 자세한 내용은 '제4장 e-러닝 환경 구성의 심리학적 원리' 참고).

하이퍼텍스트를 사용한 학습을 통해 다양한 관점을 포함한 유연한 사고가 가능하고 정교화된 지식 구조를 형성한다는 가설이 있으나 이는 아직 경험 연구를 통해 입증되지는 못하였다. 따라서 하이퍼텍스트를 이용한 학습 상황에서는 학습목표가 뚜렷하게 제시되고 학습자의 사전지식, 상위인

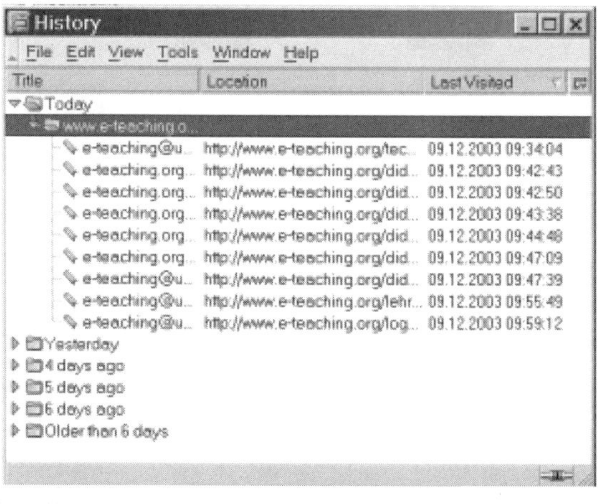

[그림 1-8] history 프로토콜의 예

(출처: http://www.e-teaching.org/didaktik/gestaltung/navigationen/hilfen/)

[그림 1-9] 길잡이 투어의 예-학습자가 e-러닝 환경에서 무엇을 기대할 수 있고, 무엇을 활용할 수 있고, 효과적으로 학습하기 위해 무엇을 알고 있어야 하는가를 설명하고 있다.

(출처-IMPULS: 저자 번역)

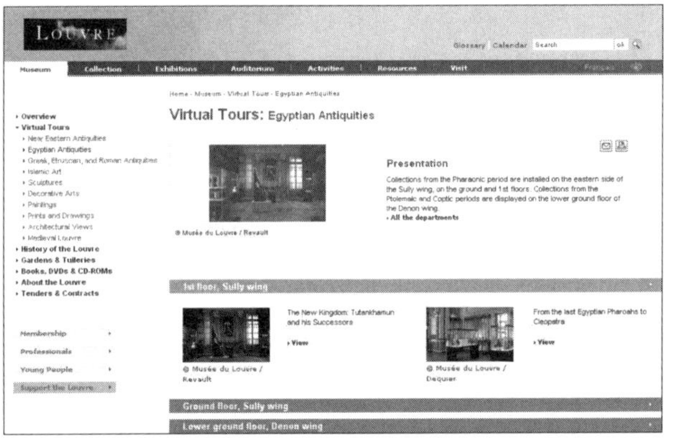

[그림 1-10] Louvre 가상 박물관 사이트

지능력 등이 전제되는 것이 바람직하다(Jonassen & Mandl, 1990).

현재 많이 보편화된 것으로는 아동에게 인체의 구조를 설명하는 과학 프로그램 외에도 CD-ROM 백과사전이나 다양한 데이터뱅크 등이 있다. 예를 들어, Louvre 가상 박물관에서는 작가, 장르, 역사 등으로 연결된 링크가 제시되어 학습자가 검색어나 목차에 의해 필요한 부분을 선택적으로 탐색할 수 있다.

4. 교육용 게임

게임을 통해서 단어나 문장에 대한 감각을 익히거나 개념의 이해를 증진하고 논리적 사고와 문제해결능력을 증진시키는 프로그램이다. 대개 게임이나 모험 이야기 속에서 문제를 제시하고 이를 해결하는 과정에서 흥미와 학습의 두 가지 효과를 올릴 수 있다(조미헌 외, 2004). 예를 들어, 줌비니의 수학논리여행의 경우 게임에 내장되어 있는 문제를 해결함으로써 다양한

(a)

(출처: 미아의 수학교실-EBS)

(b)

(출처: 줌비니 I 수학논리여행-아리수미디어)

[그림 1-11] 교육용 게임의 예-(a) 게임을 통해서 수학 연산을 학습하는 프로그램. (b) 게임에 내장되어 있는 문제로 수학적 사고력을 향상시키는 프로그램

수학적 사고력을 기를 수 있다. 학습자는 게임을 하면서 개념과 원리를 습득하거나 이를 적용하게 되는데, 이때 많은 경우 학습 상황을 게임 상황으로 인식하고 있어 학습동기가 낮은 아동에게 특히 효과적이다.

5. 시뮬레이션

시뮬레이션 프로그램 자체가 학습 프로그램은 아니지만 학습 환경에 효과적으로 활용할 수 있다. 예를 들어, 환경도시건설이라는 프로그램은 환경보호에 대한 지식을 획득하고 체계적인 사고를 증진하는 시뮬레이션 프로그램이다. 학습자는 가상의 작은 도시의 시장이 되어서 그 도시의 산업투자, 도시 건설 등에 관한 정책을 결정한다. 학습자의 결정은 도시 체계 전반에 영향을 미치게 되는데, 도시 체계와 관련된 변인의 수와 그 관계의 복잡한 정도에 따라 난이도가 달라질 수 있다.

이론적으로는 1970년대 후반부터 유럽에서 이루어진 이른바 복잡한 문제해결에 관한 인지심리학적 연구가(Dörner, 1976) 시뮬레이션 프로그램의 심리학적 기초를 제공하였다. 이런 프로그램에서는 시뮬레이션을 통해 실제와 유사한 상황에서 학습이 가능하기 때문에 학습한 내용의 실제 상황으로의 응용이 용이하고 실제의 위험 부담없이 안전하게 학습자의 결정이 미치는 영향에 대해 검증할 수 있다. 그러므로 다양한 의사결정을 반복적으로 시험해 보는 학습효과를 볼 수 있다. 대개 의학이나 경영학 분야의 e-러닝 프로그램에 많이 응용된다.

(a)

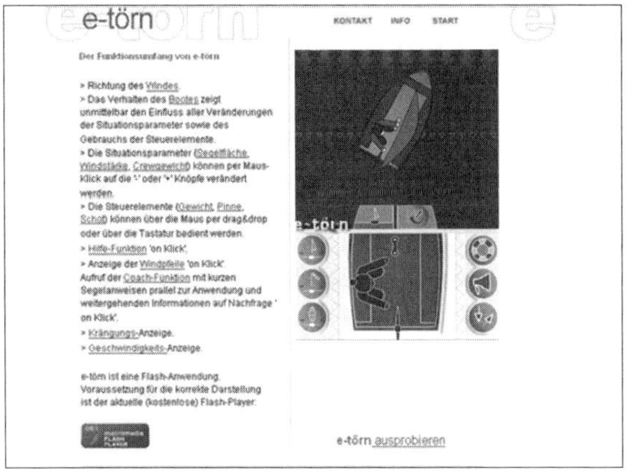

(출처:http://www.e-toern.de/)

(b)

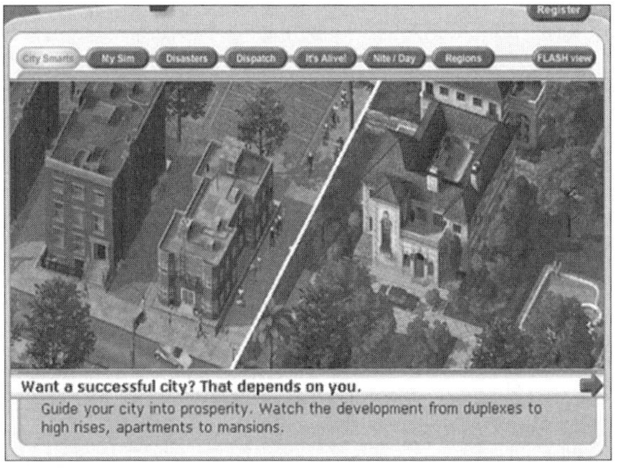

(출처: http://simcity.ea.com/about/simcity4/)

[그림 1-12] 시뮬레이션 프로그램 – (a) 보트의 조정 방법을 시뮬레이션으로 학습하는 프로그램. (b) 시뮬레이션으로 도시를 건설을 하는 게임

6. 상호작용의 학습 환경

다음의 사무실 사진에서 화면에 있는 기기들을 클릭하면 학습 프로그램의 내용에 대한 정보를 얻을 수 있는 것과 같이 상호작용(interactive) 학습 환경은 학습자 간의 상호작용이 활발히 이루어진다.

[그림 1-13] 상호작용 학습환경-화면에 있는 기기를 클릭하면 학습 프로그램 내용에 대한 정보가 제공된다.

(출처: Konzeption und Entwicklung interaktiver Lernprogramme-Springer).

[그림 1-14] 화면에서는 등장인물을 클릭하면 등장인물이 말을 하도록 프로그램이 되어 있어서 과제수행에 대한 정보를 획득할 수 있다. 학습자가 학습내용에 포함된 질문에 대한 답을 선택할 수 있으며, 그에 대한 피드백 내지 부연설명이 제공된다. 예를 들어, [그림 1-14]와 같이 'e-러닝은 누구에게나 효과적인가?' 라는 질문에 대해 '그렇다', '아니다', '모르겠다' 라는 답이 쪽지에 적혀 있고 학습자가 동의하는 생각이 적힌 쪽지를 클릭하면 학습자의 의견과 관련된 다양한 관점이 제시됨으로써 학습자는 자신의 생각과 전문가의 생각을 비교할 수 있다. 사진이나 그림으로 제시된 화면에서 다양한 상호작용이 가능하기 때문에 실제와 같은 상황에서 학습이 가능하고 상호작용을 통해 가상세계에서 학습함으로써 실제 상황에서 응용력이 증가한다.

[그림 1-14] 'e-러닝은 누구에게나 효과적인가?' 라는 질문에 대해 '그렇다', '아니다', '모르겠다' 라는 답이 쪽지에 적혀 있고, 학습자가 동의하는 생각이 적힌 쪽지를 클릭하면 학습자의 의견과 관련된 다양한 관점이 제공된다.

(출처: Konzeption und Entwicklung interaktiver Lernprogramme-Springer 저자 번역)

제4절 e-러닝의 의의

e-러닝의 의의

- 교수-학습모델
- e-러닝 환경 구성
- e-러닝 콘텐츠 개발
- 평가

이 글에서는 e-러닝의 역사와 특성, 그리고 e-러닝 프로그램의 종류에 대해 살펴보았다. e-러닝은 e와 러닝의 복합어인데 e는 학습이 '어떻게'

이루어지는가를 알려 주는 것으로 학습내용이 디지털화된 매체(텍스트, 그래픽, 동영상, 애니메이션 등)로 컴퓨터나 인터넷을 활용하여 전달된다는 것을 나타내고, 러닝은 학습내용과 교수방법을 의미한다. 따라서 e가 나타내는 전달매체의 기술적인 요소로만 e-러닝을 설명할 수 없으며, 학습의 측면을 간과해서는 결코 교육적인 효과를 볼 수 없다. 예를 들어, 화려한 색상과 음향효과만으로 효과적인 학습이 보장되는 것은 아니다. 예전에는 많은 교육심리학적 이론에도 불구하고 이를 실현할 수 있는 기술적인 지원이 이루어지지 않아 높은 학습효과를 올릴 수 없었다. 그러나 최근에는 멀티미디어 기술의 발달로 다양한 기술적인 가능성이 열렸다. 그럼에도 불구하고 구태의연한 반복이나 연습의 효과만을 목적으로 하는 e-러닝 학습 프로그램이 사용된다면 그것은 문제가 될 것이다. 따라서 급속하게 발전하는 멀티미디어와 정보통신기술을 잘 활용하여 효과적인 학습이 이루어질 수 있도록 교육심리학적인 연구가 더욱 강화되어야 한다.

교육학에서 e-러닝과 관계된 연구 주제를 살펴보면 다음과 같다.

- e-러닝 환경에 적용할 수 있는 교수설계모델을 구축한다. 이는 새로운 교육환경을 조성하고, 이를 효과적으로 활용하기 위한 이론적 모델을 탐색하는 것이다.
- 앞에서 서술한 e-러닝의 장점을 활용하기 위해서 e-러닝 환경을 어떻게 구성해야 하는가에 대한 연구로 학습자의 특성에 맞게 기술적인 가능성을 활용하는 방안에 대해 탐색하여야 한다.
- 멀티미디어 콘텐츠 개발에 관한 연구로 텍스트, 음성, 그림, 동영상의 제작과 조합, 그리고 이들의 효과적인 활용을 위한 교육심리학적 연구가 필요하다.
- 다음으로 e-러닝 환경이 효율적으로 구성되고 활용되는지에 대한 평가에 관한 연구가 이루어져야 한다.

이 책의 내용 구성

이러한 교육학적인 연구 주제에 맞추어서 이 책의 구성은 모두 6장으로 이루어졌다.

제1장의 서론에 이어서 제2장에서는 교수설계이론에 대해 설명하고, 제3장과 제4장에서는 e-러닝 환경을 구성하는 데 고려하여야 할 요소 중 특히 학습자의 특성과 이에 따른 e-러닝 환경의 구성 원리를 소개한다. 제5장에서는 멀티미디어 콘텐츠 개발을 위한 교육심리학적 기초를 설명하고, 마지막 제6장에서는 e-러닝의 평가방법을 소개한다.

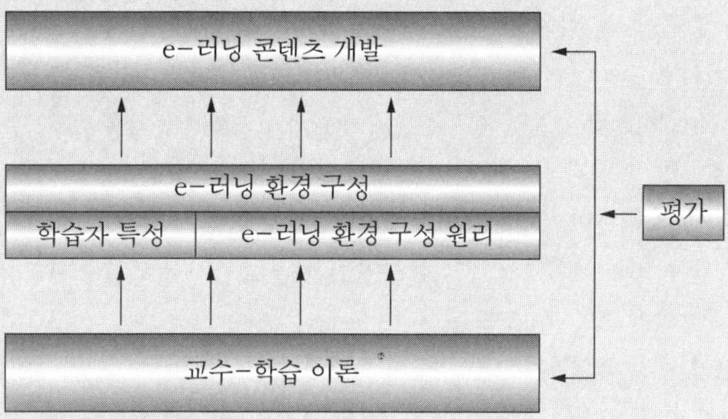

[그림 1-15] 이 책의 내용 구성

용어 풀이

■ 강화효과: 유기체의 일정한 행동에 이어 유기체가 좋아하거나 싫어하는 물건이나 피드백을 주었을 때 유기체가 같은 행동을 할 가능성이 변한다. 이와 같이 유기체가 좋아하는 피드백을 주거나 싫어하는 것을 제거함으로써 이와 관련된 행동의 빈도를 높이고 고정시키는 효과를 강화효과라고 한다.

■ 길잡이 투어(guided tour): 학습 프로그램이나 웹사이트의 내용 구성이나 사용 방법 등을 소개하여 효과적인 활용을 유도하는 기능을 가지고 있으며, 대개 e-러닝 프로그램이나 웹사이트 초기 화면에 제시된다.

■ 분지형 학습 프로그램: 학습자가 학습내용을 제대로 이해하지 못하여 제시된 과제를 해결하지 못한 경우 이를 보충할 내용을 추가적으로 제시하는 학습 프로그램이다. 보충 내용이 주된 줄기에서 벗어난 가지에 해당된다는 의미에서 분지형 학습 프로그램이라고 하였다.

■ 인공지능: 인간의 지적 활동의 인지적 과정을 모방하는 컴퓨터 시스템을 개발하는 것으로 컴퓨터가 인간의 복합적인 정보처리능력을 가지게 되어 마치 인간처럼 지각, 추론, 학습할 수 있고 문제를 해결하는 능력을 갖도록 시도하는 연구 영역이다.

■ 인지양식: 학습자가 선호하는 정보처리 양식이다. e-러닝과 관련해서는 시각적인 정보를 선호하는 학습자와 언어적 정보를 선호하는 학습자의 인지양식을 구별할 수 있다.

■ 자기주도적 학습: 학습자 스스로 무엇을 언제 어떻게 학습할 것인가를 결정하는 학습방법으로 자기 조절적 학습과 동일한 의미로 사용된다. 특히, e-러닝 환경에서는 자기주도적 학습이 차지하는 비중이 크다.

■ 적응적 학습 프로그램: 사전지식, 인지양식 등과 같은 학습자의 특성에 맞추어 학습내용이나 연습문제의 난이도를 변화시키고 학습내용의 제공양식(텍스트, 애니메이션, 음향 등)을 조절할 수 있는 학습 프로그램이다.

■ 정보처리모델: 인간의 인지 과정에 관한 이론적 모델로, 어떻게 새로운 정보를 수용하고 저장하며 기억해 내는가에 대해 설명을 시도한다. 정보처리모델은 학습활동과 관련해서, 특히 학습자의 사전지식이 학습과정과 학습방법에 미치는 영향에 대해 설명하는 데에 적용된다.

■ 하이퍼텍스트: 내용의 각 부분이 링크로 서로 연결된 텍스트인데 대개 마우스를 클릭하여 텍스트의 다른 부분으로 이동할 수 있다. 이때 텍스트가 아니라 그림이나 애니메이션 등으로 연결되면 이를 하이퍼미디어라고 한다.

■ 행동주의: 관찰 가능한 행동만을 연구 대상으로 하는 심리학파로서 인간의 학습을 자극과 반응, 그리고 강화의 개념으로 설명한다.

제2장

e-러닝을 위한 교수설계

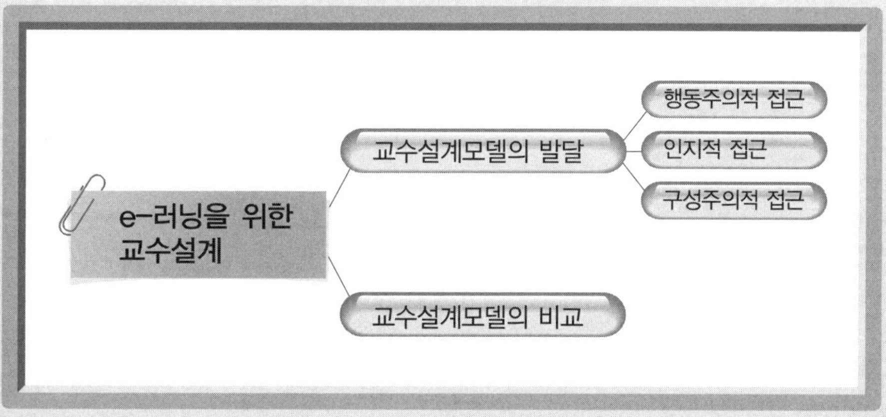

가르친다는 의미인 교수(instruction)의 어원은 라틴어로 instruere로 '이끌다', '지시하다' 라는 의미를 갖는다. 영어로 instruction은 teaching 혹은 education과 같은 의미로 사용되고, 학습자의 학습조건을 형성하고 학습과정, 학습효과를 높이는 모든 행위 및 방법을 의미한다. 따라서 교수설계에 관한 연구는 교수 및 학습과정과 방법에 대해 분석하여 효과적인 학습과 교수가 이루어지도록 하는 교육심리학적 연구다.

교수설계(instructional design)는 학습 환경의 조성을 의미하는데, 학습 환경에는 학습자의 학습과정에 영향을 주는 모든 요소-교수자(교사, 튜터, 전문가, 동료 학습자 등), 미디어(책, 시청각 미디어, 컴퓨터 등), 학습과제(학습 자료, 연습문제 등), 정보자료(사전, 데이터뱅크 등), 교수방법 등-가 포함된다.

교수방법은 크게 지시적 교수방법과 적응적 교수방법으로 구별된다. 지시적 교수방법에서는 학습과정이 교사, 컴퓨터 프로그램에 의해 결정되고, 적응적 교수방법에서는 학습자의 개인적 성향에 맞추어 교수방법이 결정된다. e-러닝 환경에서는 지시적 교수 외에도 적응적 교수방법에 의한 자기주도적 학습이 가능하다. 자기주도적 학습에서는 학습자의 자율성이 강조되는데, 이를 위해 학습자의 동기 형성이 중요하고 기존의 학습과는 다른 학습전략이 요구된다.

제1절 e-러닝에 응용된 교수설계모델의 발달

- e-러닝 교수설계
  - 행동주의적 접근
  - 인지적 접근
  - 구성주의적 접근
    - 정착수업
    - 인지적 도제모델
    - 문제기반학습

교수설계는 인간의 지적 활동에 대해 설명하는 이론의 발달에 맞추어 다양한 모델로 발달하였다. 이 교수설계모델의 발달은 크게 제1세대 모델인 행동주의적 접근, 제2세대 모델인 인지적 접근, 제3세대 모델인 구성주의적 접근으로 설명할 수 있다.

1. 제1세대 모델: 행동주의적 접근

1960년대 말 미국의 교육심리학계에서 기존의 학습이론이 동물실험에 기초하였고, 수업장면에서 이를 응용하는 것에 대해 별로 연구하지 않았다는 비판적 시각이 제기되었다. 이후 행동주의 심리학에 의해 초기 교수설계의 기본 이론이 구성되었다. 행동주의 심리학자는 자극과 반응의 관계로 학습과정을 이해하고 학습자 내부에서 발생하는 일련의 인지적 과정에 대해서는 관심을 보이지 않았다. 이들은 오직 관찰할 수 있는 행동만을 연구

[그림 2-1] B. F. Skinner

대상으로 하였다.

이러한 학습 이론을 기본으로 하는 제1세대 e-러닝 교수설계모델로 Skinner의 조작적 조건을 근거로 프로그램화한 수업을 들 수 있다. 제1세대 학습 프로그램에서는 학습내용이 이미 결정된 순서로 단계적으로 제시되었고, 학습 결과에 대해 즉각적인 강화가 제공되었다. 복잡한 학습내용은 작은 단위로 나뉘었고, 단계적으로 제시된 학습 단위 끝에는 학습내용을 연습할 수 있는 과제가 주어졌다.

과제 수행 결과에 대한 피드백은 즉시 주어졌는데, 정답에 대해서는 강화가, 오답에 대해서는 모범답안이 제공되었다. 이때 교사는 학생의 학습 진도를 관찰하여 조절하는 기능을 수행하였다. 제1세대 e-러닝 환경에서도 학습자가 자신의 능력에 맞게 학습 속도를 조절할 수 있다는 의미에서 이미 자기주도적 학습의 초보적 형태가 실행되었다고 볼 수 있다.

그러나 학습자를 암흑상자로 정의함으로써 학습과정을 설명하지 못하였다는 비판도 있다. 또한 행동주의는 관찰이 가능한 행동만을 연구 대상으로 하였기 때문에 행동으로 나타나지 않는 학습과정을 설명하지 못함으로써 학습효과를 제대로 파악하지 못하였다는 비판이 있다. 이후 인지적 과정에 관심을 갖는 새로운 패러다임이 구성되었다.

[그림 2-2] 행동주의 학습 이론에서는 학습자를 암흑상자로 정의한 반면에 제2세대 교수설계모델에서는 인지적 과정에 관심을 갖는 새로운 패러다임이 제안되었다.

2. 제2세대 모델: 인지적 접근

1) 정보처리모델

정보처리모델은 학습자를 정보를 처리하는 주체로 파악하고, 학습과정을 환경으로부터 정보를 수용, 저장하고 필요에 따라 인출하는 과정으로 이해한다. [그림 2-3]은 외부에서 들어온 정보가 처리되는 인지과정을 보여 준다.

정보처리모델에서는 세 개의 단계로 구분되는 기억체계로 인지과정을 설명한다. 먼저, 외부에서 들어온 정보는 감각등록기를 거쳐 단기기억에

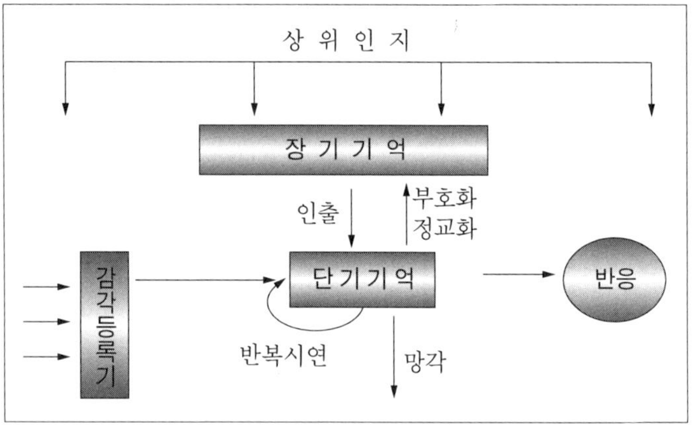

[그림 2-3] 정보처리모델

이른다. 감각등록기에서는 0.5초 정도 정보가 저장되고 학습자가 주의를 기울이는 정보만 단기기억에 이르기 때문에 많은 정보가 자연적으로 소멸된다. 버스를 타고 가면서 차창을 스치는 풍경을 보면서도 주의를 기울이지 않고 본 장면은 전혀 기억에 남지 않는 것처럼 많은 정보가 단기기억에도 이르지 못하고 유실되는 것이 보통이다. 다음으로 단기기억에서도 20~30초만 정보가 저장될 수 있기 때문에 **리허설** 등의 방법을 통해 반복되어야만 정보가 의식 수준에 머무를 수 있다. 리허설을 관찰할 수 있는 예로 114를 통해 전화번호를 안내받은 후 이 번호로 전화를 걸기까지 반복해서 외우면 전화번호를 잊어버리지 않을 수 있는 것을 들 수 있다. 단기기억에서 단순한 기억 기능 외에도 정보가 좀 더 깊은 수준으로 처리되는 것을 강조할 때는 작업기억(working memory)이라고 부른다.

마지막으로 단기기억에서 처리된 정보는 영구적인 저장고인 장기기억에 저장된다. 장기기억의 용량과 저장 시간은 뇌의 손상을 입지 않는 한 무한대인 것으로 알려져 있으며, 저장된 내용이 인출되지 않는 것은 간섭에 의한 현상으로 설명할 수 있다.

한편, 이와 같은 인지과정을 조절하고 통제하는 것을 상위인지과정이라고 한다(상위인지과정은 e-러닝 환경과 같이 자기주도적인 학습 상황에서 특히

곁글

단기기억은 용량이 제한되어 있다. Miller는 이른바 '마법의 7'이라는 개념으로 단기기억에서 저장할 수 있는 정보의 용량을 7±2단위라고 설명하였다. 여기에서 한 단위는 한 글자 일 수도 있고 한 단어, 혹은 한 문단일 수도 있다. 따라서 관계되는 내용을 한 단위로 묶는 것과 같은 청킹이나 조직화 전략을 사용함으로써 제한된 용량을 가지고 있는 단기기억을 효율적으로 활용할 수 있다.

중요하게 작용하는데, 이에 대해서는 다음 장에서 자세하게 다룰 것이다).

인지주의 학습 이론에는 다양한 이론(예: Gagné, 1985; Reigeluth, 1999; Ausubel et al., 1978)이 포함되는데, 이들의 공통점은 학습과정을 학습자 개인의 내적인 과정으로 이해한다는 점이다. 인지심리학자는 행동주의와 달리 관찰할 수 있는 행동뿐 아니라 인지적 과정에 관심을 갖는데, 이들은 학습과정을 잘 조직되고 정교화된 기억 및 지식 구조, 즉 인지 구조를 형성하는 과정으로 이해한다.

2) 학습전략

인지적 과정에 관심을 갖는 학습 이론에는 정보처리 패러다임에 기초한 다양한 학습전략이 소개되었는데, 단기기억의 효율적 활용을 위해 기억해야 할 내용을 속으로 반복하는 리허설과 관계가 있는 내용을 묶어 범주화하는 청킹(chunking) 등이 그 예다. 기억해야 할 내용을 이미 알고 있는 노래에 가사를 붙여 활용하는 음률법과 첫 글자만 모아서 새로운 의미의 단어를 만들거나 외국어를 배울 때 이미 알고 있는 모국어 단어 중 발음이 유사한 단어와 연결하여 학습하는 방법 등도 있다. 노트 정리, 질문하기 등도 자주 활용되는 학습전략이며, 학습자 자신이 효과적으로 학습을 하고 있는지 통제하고 학습시간이나 주의력 등을 학습내용에 맞게 조절하는 상위인

[그림 2-4] 불어의 'merçi'라는 단어는 '감사하다'라는 뜻이다. meriçi라는 단어를 메르치(멸치)와 같이 이미 알고 있는 모국어 단어 중 발음이 유사한 단어와 연결하여 학습하는 방법으로 멸치를 선물로 받고 '감사하다'고 말하는 상황을 연상하여 기억한다.

지전략도 개발되어 그 효과가 검증되었다(제3장 참조).

3) Gagné의 학습 영역에 따른 e-러닝 환경 개발

제1세대 행동주의 교수모델과 제2세대 인지주의 교수모델을 종합한 교수-학습 이론가로 Gagné를 들 수 있다. 그는 학습의 인지과정을 9단계로 나누어 설명하였는데, 첫 세 단계는 학습자가 학습활동을 준비하는 단계로 ① 자극을 받아들일 준비를 하는 주의집중단계, ② 학습목표를 설정하고 학습내용에 대해 목표지향적인 기대를 하는 단계, ③ 새로운 학습내용의 이해를 위해 사전학습내용을 장기기억에서 재생하는 단계가 해당된다. 다음으로 실제적인 학습수행단계에는 ④ 제시된 학습내용을 학습자가 선택적으로 지각하는 단계, ⑤ 학습내용 중 학습자가 이해한 것을 조직화하여 정리하는 의미론적 부호화 단계, ⑥ 학습한 것을 수행하여 학습의 진척 상황을 평가할 수 있는 재생과 반응 단계, ⑦ 학습자의 수행 결과에 대해 피드백을 제공하는 강화의 단계가 포함된다. 마지막으로 학습이 이루어진 후 ⑧ 장기기억 속에 저장된 학습내용을 인출하고, ⑨ 새로운 상황에 전이하는 단계가 있다. 또한 그는 학습 영역을 언어 정보(verbal information), 지적 기능(intellectual skills), 인지전략(cognitive strategies), 태도(attitude), 운동 기능(motor skills)으로 구별하였다. Gagné가 분류한 학습 영역에 근거하여 개발된 e-러닝 콘텐츠의 예를 들면 다음과 같다.

(a)

(출처: http://edumoa.kids.yahoo.co.kr)

(b)

(출처: http://naver.jaeminara.co.kr)

[그림 2-5] 아동용 언어 정보 학습 프로그램의 예

(1) 언어 정보의 학습

사실 또는 개념과 같은 **서술적 지식**에 해당되는 내용을 학습하는 것으로,

'도전! 골든벨을 울려라' 와 같은 퀴즈게임을 할 때 자신이 알고 있는 것을 회상해 내는 것과 같이 언어로 표현되는 지식을 학습하는 것이다. 그러나 언어 정보의 학습은 뜻도 모르고 암송하는 것과 같이 단순한 기계적인 학습이 아니라 내용에 대한 이해를 전제로 하기 때문에 학습자는 습득된 정보를 이해하고 이를 설명하거나 다른 학습 상황에서 응용할 수 있게 된다. e-러닝 환경에서는 언어 정보의 효과적인 학습을 위해 중요한 내용을 강조하고, 관계되는 내용을 묶어서 학습하도록 하고, 학습한 내용을 기억하는 데에 필요한 단어를 제공하는 것이 좋다.

(2) 지적 기능의 학습

지적 기능의 학습은 **절차적 지식**과 동일한 내용의 인지 영역에 대한 학습으로 변별(discriminations), 규칙(rules) 학습 등이 포함된다. 변별기능은 상이한 개념의 차이를 구별할 수 있는 능력이다. 예를 들어, 삼각형과 사각형을 구별하여 보기에서 선택할 수 있는 능력이다. 변별학습에서는 색의 이름은 모르면서도 색을 구별하는 것과 같이 학습자가 그 차이를 말이나

[그림 2-6] 규칙학습의 예-제시된 문양의 규칙을 파악하고 이를 적용하여 해당 문양의 벽돌을 찾아 옮기는 게임

(출처: 줌비니 3 아일랜드 오딧세이-아리수미디어)

글로 설명할 수는 없어도 이를 감지할 수 있는 것으로 개념학습과는 구별된다. 개념학습은 대상의 속성을 파악하고, 분류하여 추상화할 수 있는 능력을 전제한다. 물론, 대부분의 학교현장에서는 개념학습이 이루어진 후에 변별학습이 이루어진다.

규칙학습에서도 학습자가 규칙을 진술하는 것이 중요한 것이 아니라 이를 문제해결에 적절하게 응용할 수 있는가가 중요하다. 고차적 규칙은 복잡한 문제를 해결하기 위해서 학습자가 이미 알고 있는 간단한 규칙을 새

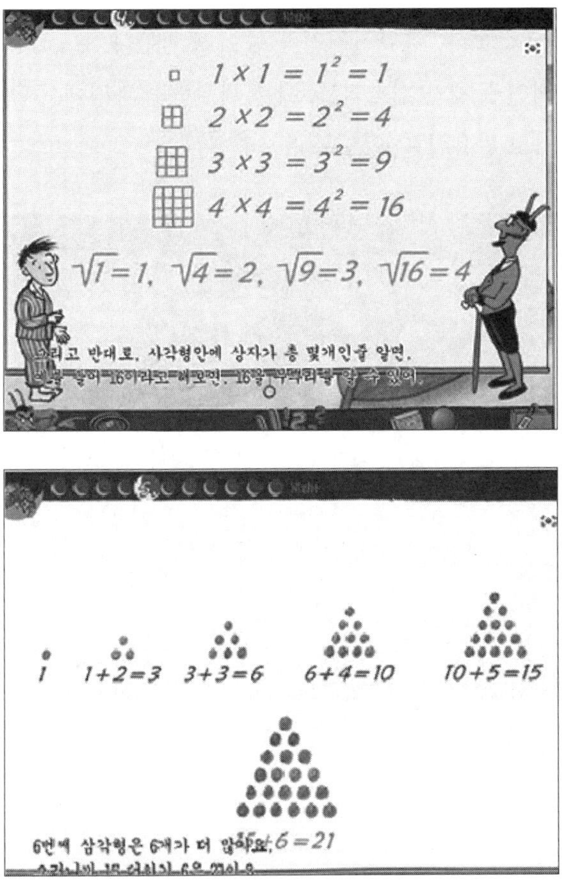

[그림 2-7] 간단한 규칙을 결합해서 복잡한 문제를 해결하는 예

(출처: 수학귀신–Euro Kids)

롭게 결합해서 활용하는 것이다.

(3) 인지전략

인지전략은 학습자가 자신의 학습, 사고를 이끌어 가는 방법이다. Gagné는 인지전략을 정보처리의 실행 통제 기능으로 이해하였다. 학습자는 자신의 주의 집중을 확인하여 새로운 정보를 부호화하거나 필요할 때(예를 들어, 시험을 볼 때) 자신이 알고 있는 것을 인출하고 문제해결 상황에 응용할 수 있어야 한다.

인지전략은 일반적으로 문제해결능력과 같은 개념으로 이해할 수 있는데, 여기에는 조직화전략, 정교화, 상위인지전략 등이 포함된다. e-러닝 환경에서는 비교적 복합적인 문제가 제공되고, 이를 해결하는 과정에서 학습자의 인지전략을 학습하고 활용할 수 있도록 유도한다.

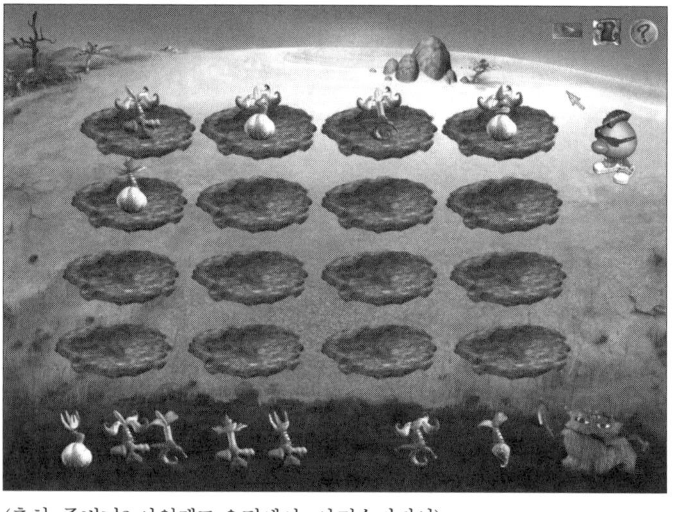

[그림 2-8] 인지전략을 학습할 수 있는 프로그램-비교적 복합적인 문제를 해결하는 과정에서 조직화, 상위인지전략 등을 학습한다.

(출처: 줌비니3 아일랜드 오딧세이-아리수미디어)

(4) 태도

언어 정보, 지적 기능, 인지전략이 인지적 영역인데 반해 태도는 정의적 영역에 해당된다. Gagné는 태도를 사물, 사람 또는 사건에 대한 개인적 행위의 선택에 영향을 주는 내적 상태로 정의하였다. 이 태도는 개인의 일관성이 있는 자세나 가치관으로 동기 유발에도 영향을 미친다. 예를 들어, 특정 과목에 흥미를 가진 학생은 그 과목 수업에 열심히 참여하게 되는 것처럼 그 과목에 대한 태도가 학습효과에 간접적인 영향을 미친다. [그림 2-9]는 북한 어린이의 일상에 대한 이해를 통해 평화적인 통일에 대해 합리적인 인식을 가지게 하기 위해 제작된 인터넷 평화학교 사이트다.

(출처: http://tongil.moe.go.kr)

[그림 2-9] 북한 어린이의 하루

(5) 운동 기능

Gagné는 운동 기능을 '근육을 활용한 정확하고 유연하게 조정된 실행'으로 정의하였다. 가장 전형적인 예가 스포츠와 관련된 동작으로 이를 수행할 때 다양한 인지 기능과 결합된다. 가령, 테니스를 잘하기 위해서는 정확하게 공을 치는 것 외에도 부분 동작을 하나의 유연한 동작으로 수행할 수 있고, 게임의 규칙을 이해하며, 전략적으로 경기를 해야 한다. [그림 2-10]은 e-러닝 환경에서 운동 기능을 학습하는 예를 제시하였다.

[그림 2 -10] 비디오로 테니스를 학습하는 프로그램

(출처: http://www.virtualtennisacademy.com)

3. 제3세대 모델: 구성주의적 접근

제2세대 인지학습모델은 외부에서 유입된 정보가 학습자에게 1:1로 표상, 저장되고 기억되기 때문에 같은 조건에서는 모든 학습자가 동일한 학습 효과를 올릴 것이라고 전제한다. 또한 이들 모델은 실험실에서의 연구가 주를 이루며, 학습 장면이나 학습된 내용이 응용되는 장면에 대한 고려가 부족하다. 따라서 인지학습모델로는 학습한 결과를 활용하는 데 있어서 문제점을 제대로 분석할 수 없다. 1980년대 초 기존의 수업방식이 학습자의 활동, 자발성, 자기주도성을 고려하지 않고 학습과정을 수동적 과정으로 파악하였으며, 수업 내용이 실제 상황과 연관된 맥락 속에서 제시되지 않기 때문에 학습자의 경험과 연결되지 못한 점에 대한 비판이 있었다. 이와 같은 문제를 Lave(1988)는 다음과 같이 치즈 나누기 상황을 예로 들어 설명하였다.

다이어트 프로그램에 새롭게 참가하게 된 웨이트 워처(Weight Watcher) 씨는 자신이 먹어도 되는 치즈의 양을 달아보고 있다. 그는 한 끼에 다이어트 프로그램에서 나누어 준 컵의 2/3 중 3/4의 치즈를 먹어도 된다. 그는 어떻게 할까 생각을 하다가 일단 다이어트 컵에 치즈를 2/3을 넣은 다음 이것을 식탁 위에 붓고 평평하게 눌러서 원형을 만들고 이를 열십자로 그어서 네 덩어리로 나누고, 그 중에서 하나를 치우고 나머지를 먹었다.

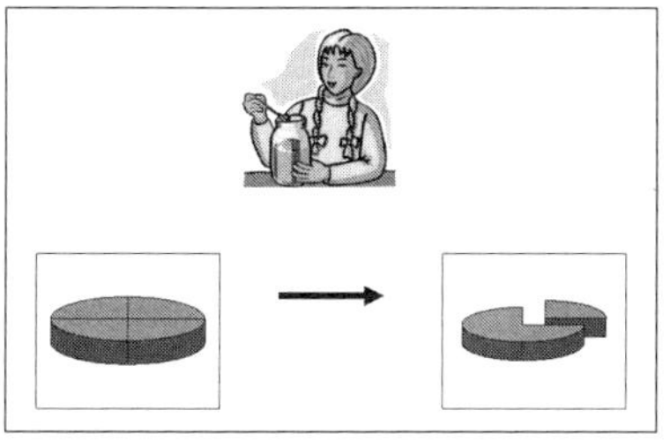

앞의 상황에서 워처 씨는 나름대로 문제를 해결하기 위한 방법을 사용하였다. 그러나 그가 사용한 방법보다 2/3×3/4=1/2의 분수를 활용하여 처음부터 컵의 절반 정도를 채웠더라면 훨씬 더 간단하게 문제를 해결하였을 것이다. 즉, 워처 씨는 이미 학교에서 분수의 계산을 배웠음에도 이를 제대로 활용하지 못하였던 것이다. Lave(1988)는 이와 같이 학교에서 학습한 많은 내용이 실제적인 문제해결에 있어서는 제대로 응용되지 못하고 죽은 지식으로 남아 있으므로, 이를 방지하기 위해 새로운 내용을 학습할 때 학습할 내용을 활용할 수 있는 상황적인 맥락을 미리 고려해야 한다고 주장하였다.

Lave와 Wenger(1991)는 효과적인 학습을 설명하기에는 제2세대 교수설계모델같이 인지적 과정이나 학습내용의 구조만을 분석하는 것만으로는 충분하지 않다고 주장하였다. 학습자가 생활하고 학습하는 맥락이 고려되어야만 친숙한 맥락에서 새로운 정보와 기술을 쉽게 학습하고, 학습자가 학습한 내용을 학습 상황과 유사한 맥락, 즉 일상의 문제해결 상황에 적용

곁글

구성주의 이론가들은 그들의 생각이 객관주의 인식론적 가정과 대조된다고 주장한다. 객관주의 입장에서는 지식이 학습자와는 독립적으로 존재하는 것으로 보고, 그 지식을 학습자의 내부로 전이하는 과정을 학습 과정으로 이해한다. 제1세대 행동주의 학습 이론과 2세대 인지정보처리이론은 모두 객관주의 전통에 근거한다. 이와는 대조적으로 구성주의는 지식이 학습자에 의해 능동적으로 구성된다고 이해한다. 즉, 학습자는 수동적으로 채워지기를 기다리는 빈 그릇이 아니라 자신의 경험의 의미를 추구하는 능동적인 유기체라는 것이다. 구성주의는 어느 학습자에게도 효과적으로 작용한다고 가정하는 자극-반응-강화로 배열하는 행동주의 학습이론이나 인간의 두뇌활동을 컴퓨터의 정보처리과정과 유사한 것으로 이해하였기 때문에 개인의 특수성에 대한 배려가 적었던 인지주의 학습 이론과는 구별된다. 구성주의는 학습자에게 자신의 학습목표를 스스로 확인하고 추구해 나가도록 하는 데 관심을 두고 학습 환경에 관한 연구에서도 지식이 구성되는 상황적 조건에 대한 연구가 활발하게 진행되었다.

할 수 있다는 것이다. 제2세대 교수설계모델인 인지적 접근이 비교적 잘 정의될 수 있는 인지 구조의 발달에 관심을 갖는 반면, 상황학습 접근에서는 실제와 유사한 상황에서 지식을 구성할 수 있도록 환경을 구성하는 것에 더 많은 관심을 갖는다.

Greeno(1980)도 상황성을 강조하였다. 그는 학습된 내용이 새로운 문제 상황에 응용되기 위해서는 문제 상황이 학습 상황과 유사하거나 학습된 내용이 새로운 상황에 변형, 적용될 수 있어야 한다고 하였다. 예를 들면, Camp Habitat와 같은 학습 환경(http://mentor.coe.uwf.edu/camphabit/)에서는 전문가의 도움을 받으면서 플로리다의 서식 환경을 가상세계 체험을 통해 인간이 환경에 미치는 영향에 대해 탐구하도록 하였다. 학습자는 서식지의 문제를 해결하는 과정을 통해 탐구학습을 할 수 있다. 이때 다양한 커뮤니케이션 도구가 활용되어 다른 학습자와 문제해결 방법과 결과를 비교하며, 서로 다른 관점을 제시하고 토론하는 협동학습을 통해 공동으로 지식을 구성하게 된다. 학습을 상황 및 맥락에 연결하는 것과 학습을 지식의 능동적 구성 과정으로 이해하는 일련의 새로운 교수-학습모델의 기초가 되는 패러다임이 구성주의다.

구성주의의 기본 가정을 정리하면 다음과 같다.

- 학습은 상황적이다. 학습 상황의 사회적 · 동기적 · 정서적 맥락 요인이 학습 및 기억 과정과 지식의 응용 가능성에 결정적인 영향을 미친다. 따라서 학습 상황 및 학습과제는 실제 상황과 유사하게 제시되는 것이 좋다.
- 학습은 구성적 과정이다. 지식 구성과정은 수동적이거나 자동적인 과정이 아니라 능동적이고 역동적인 과정이다.
- 학습자는 사회적 상호작용 속에서 능동적으로 지식을 구성한다. 효과적인 교수-학습과정을 구성하기 위해서는 학습자의 활동뿐 아니라 사회적 상호작용이 효과적으로 이루어지도록 배려해야 한다.
- 지식을 능동적으로 구성하기 위해서는 학습자가 자신의 학습과정을 성찰하고 오류를 발견하여 수정하는 과정이 요구된다. 따라서 학습자의 활동을 성찰하고 조절하기 위해서는 상위인지능력이 필수적이다.

최근의 정보통신기술의 발달로 구성주의적 학습 환경을 구성하는 것이 용이해졌다. 즉, 멀티미디어의 응용으로 실제 상황과 유사한 학습 환경을 조성하는 것이 가능하게 되었으며, 동시적 · 비동시적 통신을 통한 사회적 상호작용이 시 · 공간을 초월하게 되어 학습공동체 형성이 용이하게 되었다. 구성주의 교수-학습모델 중 특히 e-러닝 환경 구성에 응용할 수 있는 모델을 소개하면 다음과 같다.

1) 정착수업

상황학습의 대표적인 예로 Vanderbilt 대학의 인지 및 테크놀로지 연구단(Cognition and Technology Group at Vanderbilt, 1996)이 개발한 정착수업(Anchored Instruction)을 들 수 있다. 정착수업에서는 'Jasper Woodbury Problem Solving Series' 와 같이 약 20분 간 모험적인 이야기로 각색된 문제 상황을 비디오로 보여 주고 학생들이 수학과 과학의 원리와 개념을 학습하도록 한다. 정착수업에서 정착(anchor)은 학습자가 문제 상황에 인지적 닻을 내려 학습을 시작한다는 의미를 포함하고 있다. 예를 들면, 위험에 처해 있는 독수리를 동물병원으로 빠른 시간 내에 이송을 해야 되는 과제가 문제 상황(학습을 위한 정착과제: anchor)으로 제시된다. 문제 상황 내용을 담은 비디오의 방영이 끝나면 아동이 주인공 제스퍼를 도와 문제를 해결하여야 한다. 학습 대상 아동은 5~6학년 학생이다.

주인공 제스퍼는 경비행기를 타고 자동차의 접근이 어려운 산림지역에서 부상당한 독수리를 구조하기 위해 필요한 시간, 연료 등을 계산해서 가장 바람직한 해결책을 찾아내야 한다. 이때 아동은 지리적인 조건을 생각

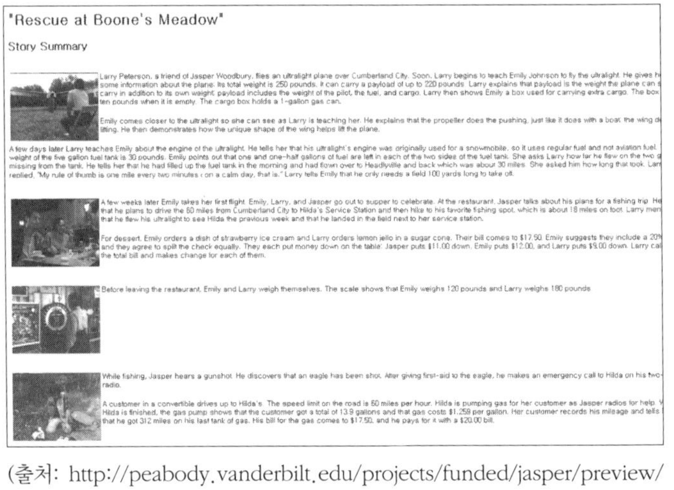
"Rescue at Boone's Meadow"

Story Summary

Larry Peterson, a friend of Jasper Woodbury, flies an ultralight plane over Cumberland City. Soon, Larry begins to teach Emily Johnson to fly the ultralight. He gives h some information about the plane. Its total weight is 250 pounds. It can carry a payload of up to 220 pounds. Larry explains that payload is the weight the plane can carry in addition to its own weight; payload includes the weight of the pilot, the fuel, and cargo. Larry then shows Emily a box used for carrying extra cargo. The box ten pounds when it is empty. The cargo box holds a 1-gallon gas can.

Emily comes closer to the ultralight so she can see as Larry is teaching her. He explains that the propeller does the pushing, just like it does with a boat; the wing d lifting. He then demonstrates how the unique shape of the wing helps lift the plane.

A few days later Larry teaches Emily about the engine of the ultralight. He tells her that his ultralight's engine was originally used for a snowmobile, so it uses regular fuel and not aviation fuel. weight of the five gallon fuel tank is 30 pounds. Emily points out that one and one-half gallons of fuel are left in each of the two sides of the fuel tank. She asks Larry how far he flew on the two g missing from the tank. He tells her that he had filled up the fuel tank in the morning and had flown over to Headlyville and back which was about 30 miles. She asked him how long that took. Lar replied, "My rule of thumb is one mile every two minutes (on a calm day, that is." Larry tells Emily that he only needs a field 100 yards long to take off.

A few weeks later Emily takes her first flight. Emily, Larry, and Jasper go out to supper to celebrate. At the restaurant, Jasper talks about his plans for a fishing trip. He that he plans to drive the 60 miles from Cumberland City to Hilda's Service Station and then hike to his favorite fishing spot, which is about 18 miles on foot. Larry men that he flew his ultralight to see Hilda the previous week and that he landed in the field next to her service station.

For dessert, Emily orders a dish of strawberry ice cream and Larry orders lemon jello in a sugar cone. Their bill comes to $17.50. Emily suggests they include a 20% and they agree to split the check equally. They each put money down on the table: Jasper puts $11.00 down, Emily puts $12.00, and Larry puts $9.00 down. Larry cal the total bill and makes change for each of them.

Before leaving the restaurant, Emily and Larry weigh themselves. The scale shows that Emily weighs 120 pounds and Larry weighs 180 pounds.

While fishing, Jasper hears a gunshot. He discovers that an eagle has been shot. After giving first-aid to the eagle, he makes an emergency call to Hilda on his two- radio.

A customer in a convertible drives up to Hilda's. The speed limit on the road is 60 miles per hour. Hilda is pumping gas for her customer as Jasper radios for help. W Hilda is finished, the gas pump shows that the customer got a total of 13.9 gallons and that gas costs $1.259 per gallon. Her customer records his mileage and tells that he got 312 miles on his last tank of gas. His bill for the gas comes to $17.50, and he pays for it with a $20.00 bill.

[그림 2-11] 'Jasper Woodbury' 시리즈 중 독수리 구출작전 이야기의 요약

(출처: http://peabody.vanderbilt.edu/projects/funded/jasper/preview/rabm.html)

한 비행거리를 기하학적으로 계산하고, 비행사의 체중, 비행기의 무게 등을 고려한 연료 소비량 등을 고려하여 해결책을 모색하며, 자신의 해결책과 주인공 제스퍼의 해결책을 비교하게 된다.

또한 'Jasper Woodbury' 시리즈에서는 앞에서 제시한 문제 외에도 주인공인 제스퍼가 일상생활에서 벌어지는 문제(예: 바자회를 열어서 학교 방송에 필요한 카메라 구입 자금을 마련)를 해결해야 한다. 'Jasper Woodbury' 시리즈에는 12가지의 점점 복잡해지는 문제가 제시된다.

이들 문제를 해결하기 위해서 요구되는 모든 정보는 각 비디오가 제시하는 이야기 속에 포함되어 있는데, 학습자가 어떤 정보가 문제해결을 위해 유용한지를 결정해야 된다. 물론, 이야기 속에는 필요 없는 정보나 상호 모순적인 정보도 포함되어 있어서 문제 상황이 좀 더 복잡해지기도 한다. 교사는 학생들이 필요한 정보를 선택하고 문제를 해결할 수 있도록 유도하고 지원하는 역할을 수행한다.

Vanderbilt 대학의 인지 및 테크놀로지 연구단이 학습자에게 모험 이야기를 보여 주는 이유는 문제해결 및 이를 통해 학습을 위한 동기 형성을 촉

(출처: http://peabody.vanderbilt.edu/projects/funded/jasper/preview/AdvJW.html)

[그림 2-12] 'Jasper Woodbury' 시리즈의 12가지 이야기 화면

곁글

인지 및 테크놀로지 연구단이 개발한 비디오 기반 학습 환경에는 'Jasper Woodbury' 시리즈 외에도 'Scientists in Action' 시리즈가 있는데 'Scientists in Action'에서는 학습자가 수학, 생물, 화학, 지리학 분야에서 전문가의 활동 분야를 알아보거나 부분적으로 문제를 해결하도록 한다(예: 트럭이 전복되어 정체불명의 액체가 쏟아져 그 지역의 상수원이 위협을 받게 되는 상황의 문제를 해결하는 과제가 제시된다).

진하기 위해서다. 정착수업을 활용한 연구 결과 학교에서 수학과 과학 과목에 대해 거부감이 많은 학생에게 효과적인 것으로 나타났다. 정착수업에서 학습자의 역할은 기존의 강의식 수업의 수동적인 역할과는 대조적이다. 학습자는 제시된 문제를 해결하기 위해서 필요한 정보와 문제해결기술을 습득해야 한다. 이러한 학습 환경에서는 기존의 학습 환경과 마찬가지로 학습내용을 수동적으로 수용하는 것보다 더욱 적극적인 학습 태도가 요구된다.

정착수업의 구성 원칙을 살펴보면 다음과 같다.

- **비디오를 통한 사례 제시**: 학습자는 비디오에서 제시된 사례를 통해 적극적으로 탐색활동을 하도록 격려된다.
- **시나리오 구조**: 학습자가 해결해야 할 과제는 하나의 시나리오로 구성된다.
- **지식 생성적 문제해결**: 학습자는 문제해결과정에서 지식을 구성한다. 비디오로 제시된 시나리오에서 복잡한 문제를 정의하고, 문제가 너무 복합적이면 이를 부분 문제로 분해한다. 여러 수업 영역에서 획득된 지식을 사용하여 문제를 해결하도록 시도하면서 새로운 지식을 구성하게 된다. 문제 상황을 실제 상황과 유사하게 제시함으로써 문제를

더 실감나게 지각하고, 신중하게 문제를 해결하도록 격려한다.

- 부가적인 정보 선택: 학습자는 비디오 시나리오에서 제공되는 여러 가지 정보를 평가하고 취사선택한다.
- 유추의 이용: 학습된 지식의 전이를 돕기 위해 정착수업모델은 2~3가지의 구조적으로 유사한 문제를 제공한다.

기존의 수업방법과 비교하면 정착수업에서는 복잡한 현상을 시청각 자료를 통해 비교적 구체적으로 묘사하여 이해를 촉진할 수 있도록 한다. 이때 비디오의 되감기 기능 등을 통해 이해하기 어려운 상황을 다시 보고 이해를 증진시킬 수 있다. 비디오로 제시된 문제 상황에서 많은 정보를 언어적 · 시청각적인 형태로 제시할 수 있기 때문에 음향, 제스처, 억양 등의 다양한 방법으로 감각기관을 자극하게 되며, 이와 같은 다양한 형태로 입력된 정보는 이해와 기억에 긍정적으로 영향을 미친다.

정착수업을 통해 학습자는 시나리오에 의해 제시된 문제를 이해하고 문제해결과정을 통한 지식의 구성이 촉진되며, 유사한 문제 상황에 대한 전이 효과도 커지게 된다. 이와 같은 효과를 고려하면 e-러닝 학습 환경을 구성할 때 정착수업모델을 적극적으로 활용할 만하다.

2) 인지적 도제모델

인지적 도제(Cognitive Apprenticeship)모델도 학교에서 아무리 좋은 교육과정에 의해 구조화된 지식이 전달되어도 실제 문제 상황에서 응용되지 않으면 문제가 있다는 점을 지적하면서 개발된 교수-학습모델이다(Brown et al., 1989). 인지적 도제모델은 수공업의 도제제도에서 아이디어를 도입하였다. 이 모델은 전문가가 문제해결과정을 보여 주면서 자신의 인지과정을 말로 설명한다. 그러면 학습자는 전문가가 사용한 문제해결방법에 대해 성찰하고 전문가의 지지를 받으면서 이를 새로운 문제에 적용하는 것을 시도한다. 그러므로 이 모델은 주로 전문가의 문제해결방법 및 문제해결기술을 습득하는 데 활용된다. 그런데 이러한 기술은 대부분 무의식적으로 습득되고 활용되기 때문에 학습자가 전문가의 설명을 듣기만 해서 습득되는 것이 아니다. 따라서 교수자의 다양한 지지를 받는 것이 좋다.

학습자가 문제해결전략을 습득하고 사용할 수 있도록 지지하기 위한 방법은 다음과 같다.

- **모델링**: 전문가는 문제해결과정을 보여 준다. 학습자는 습득된 지식으로 정신모델을 형성하고, 이후 경험하는 내용을 자신의 **정신모델**에 통합한다.
- **코칭**: 전문가(교사)는 학습자에게 개인적 도움을 주거나 조언, 피드백

곁글

다음 그림에서 보는 바와 같이 전문가는 문제해결방법을 설명하면서 시범을 보이게 되는데, 이때 문제해결방법은 서술적 지식의 형태로 전달된다. 코칭과 비계 설정의 과정을 통해서 서술적 지식은 문제해결을 위한 **발견적 전략**으로 전환된다. 학습자가 이를 실행하고 자신의 문제해결 과정에 대한 반성적 사고를 하면서 통제전략과 학습전략이 획득된다. 이 후 더욱 복합적인 문제해결방법이 전문가의 새로운 시범으로 제시되면서 학습과정이 순환적으로 반복되고 반성적 사고를 통해 일반화와 추상화 능력이 증진된다.

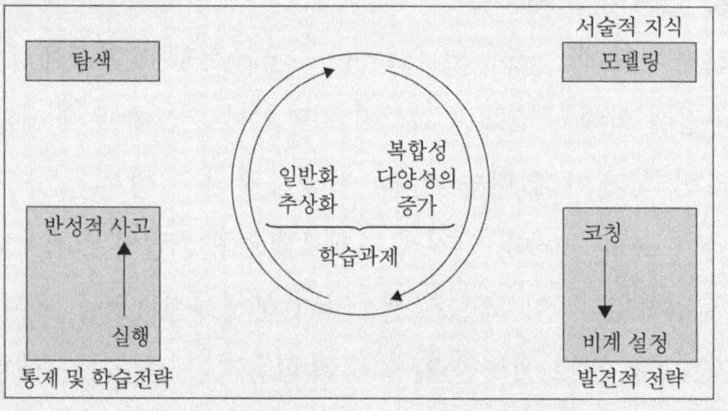

[그림 2-13] 인지적 도제 모델에서 제시하는 학습과정

(출처: Seel & Schenk, 2004)

을 제공하면서 문제해결의 핵심적인 측면에 관심을 갖도록 유도한다.

- **비계 설정**(scaffolding): 교사 혹은 동료 학습자는 문제해결과정에서 어려움을 제거하도록 도움을 주는데, 이들의 도움은 마치 건축물의 비계와 같이 지지대의 역할을 하게 된다. 건축물이 완성되면 비계가 철거되는 것처럼 학습자의 문제해결 경험이 증가함에 따라 교사 혹은 동료 학습자의 도움의 정도도 감소한다(fading).
- **실행**: 학습자는 자신의 문제해결과정이나 사고과정을 언어적으로 정리하여 설명하고 실행한다.

이 밖에 문제를 해결하는 데 사용되는 통제전략도 학습할 수 있는데, 이는 문제해결과정에 대한 반성적 사고에 근거하여 획득된다. 즉, 학습자는 자신의 사고 및 문제해결과정을 동료 학습자나 전문가의 사고 및 문제해결과정과 비교하여 검토한다.

인지적 도제모델에서도 행동주의 학습이론과 마찬가지로 모델학습이 중요하다. 그러나 비계 설정에 의한 효과적인 학습과정과 반성적 사고를 통

[그림 2-14] 인지적 도제모델을 응용한 학습 프로그램

(출처: http://emissary.wm.edu)

한 상위인지기능 등을 강조한다는 점에서 행동주의의 관찰학습과는 구별된다. 인지적 도제모델에서는 개개인이 자신의 경험과 사고를 조직하고 자신이 이해한 바를 다른 사람에게 설명하는 과정에서 학습이 효과적으로 이루어진다고 설명한다.

인지적 도제모델에서는 효과적인 학습을 위해 점진적으로 학습과제가 복잡해지도록 구성한다. 그러므로 학습자는 실제 상황과 유사한 다양한 문제 상황에 직면하여 문제해결에 필요한 지식을 구성해 나간다. 이때 다양한 문제 상황을 제시하여 학습자가 자신이 습득한 지식 및 문제해결전략을 다양한 맥락에서 적용하도록 유도하여 전이 효과를 볼 수 있도록 한다.

곁글

최근에 인지적 도제모델을 e-러닝 환경에서 응용하여 그 학습효과를 검증한 연구가 있었다(Seel & Schenk, 2004).

이 연구에서 '유럽 중앙은행의 화폐정책'을 주제로 하는 경제학 e-러닝 강의를 통해 전문가가 화폐의 흐름을 설명하는 개념적 모델을 설명하고 가상의 경제문제를 해결하는 과정을 보여 주었다(모델링). 이후 학습자가 이를 관찰한 후 코치의 지도 아래 유사한 문제를 해결하는 것을 시도하였다(코칭). 이 새로운 문제를 학습자가 자신이 습득한 문제해결전략을 사용하여 해결하도록 하고 두 명의 학습자가 자신의 문제해결방법에 대해 설명하고 서로의 답과 문제해결전략을 비교한 후 새로운 응용문제를 해결하도록 하였다(비계 설정).

실험 결과 인지적 도제모델을 통해 학습한 학생은 응용문제를 더 잘 해결하였다. 연구 결과를 분석해 보면, 학생은 전문가가 제시한 모델에 근거하여 학습내용을 이해한 반면에 문제해결전략은 전문가가 제시한 모델과 일치하지 않았다. 이에 대해 Seel과 Schenk는 학습자가 전문가를 단순히 모방한 것이 아니라는 구성주의적 해석을 뒷받침하는 결과라고 해석하였다. 여기에서 소개된 연구의 모델링은 e-러닝 코스에서 제공되고, 코칭과 비계 설정은 출석 수업으로 이루어져 e-러닝 강좌와 출석 수업의 혼합형, 즉 blended-learning의 형태를 취하였다. 물론, 코칭과 비계 설정이 이메일이나 채팅과 같이 인터넷을 매개로 하는 상호작용 환경에서도 가능하기는 하지만 아직 프로그램 자체에서 제공하는 피드백으로 코칭과 비계 설정의 기능을 대체할 수는 없다.

3) 문제기반학습

문제기반학습(Problem-Based Learning)은 구성주의에 기초를 두고 복합적이고 실제 상황과 유사한 문제를 활용하여 체계적인 사고와 학습활동을 자극한다. 또한 문제해결능력을 배양하여 응용성이 뛰어난 지식을 구축하도록 한다. 문제기반학습도 다른 구성주의 교수-학습모델과 마찬가지로 학교에서 많은 지식이 전달됨에도 불구하고, 실제 응용되지 못한 채 사장되는 것에 대한 비판에서 개발된 교수-학습모델이다.

문제기반학습은 학습과정에서 지식과 능력의 응용에 초점을 맞추었던 1970년대 말부터 교육과정 편성에 응용되었다. 특히, 의학교육에서 많이 보편화되었는데, 선구적인 역할은 미국의 Case Western Reserve 대학과 캐나다의 AcMaster 대학에서 이루어졌다.

이외에도 공학(Lai & Chu, 2001), 경영학(Brassington & Smith, 1997), 법학(Moust, 1997), 그리고 NASA의 수학이나 자연과학 프로젝트 '미래의 교실(http://pulsar.cotf.edu/)' 등과 같은 경험 연구를 통해 효과가 검증되었다.

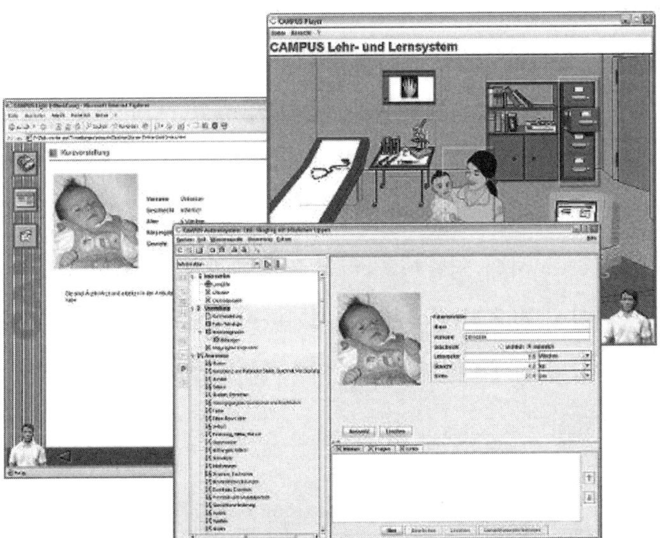

[그림 2-15] 의과대학 소아과 교육을 위한 문제기반 학습 프로그램

(출처:http://www.medicase.de/)

(1) 학습: 지식의 구성과정

문제기반학습모델은 학습이 지식을 구성하고 능력을 키워 가는 과정이라고 전제한다. 즉, 학습은 학습자가 사전지식과 상황에 근거하여 자신의 경험을 지속적으로 해석, 재해석하는 역동적인 과정이라는 것이다. 기존의 수업 상황에서는 문제해결과정을 이미 획득한 지식의 응용과정으로 이해한다. 따라서 학습자는 문제해결 이전에 이미 문제해결을 위한 지식을 습득하고 있어야 한다. 그러나 문제기반학습에서는 학습자가 문제해결과정에서 지식을 구성해 나간다는 의미에서 학습을 생성적 문제해결과정으로 이해한다. 지식과 능력의 구성과정은 수동적이거나 자동적인 과정이 아니고 학습자와 학습 환경(학습내용, 사회적 · 물리적 환경 등) 간의 능동적인 상호작용을 통해 이루어진다.

능동적 학습과정은 학습자의 자기주도적인 학습능력을 필요로 한다. 따라서 문제해결과정에 자율적인 학습을 유도하기 위해서는 학습자의 선행학습내용과 관심 영역에 부합하는 내용을 학습하도록 하는 것이 바람직하다. 또한 학습자가 자신의 학습과정을 검토하는 상위인지적 학습전략을 가지고 있어야 하는데, **상위인지**란 인지과정에 대한 통제, 평가, 반영을 말한다. 학습자는 자신의 학습 및 문제해결과정을 검토하고 문제점을 진단한 후 이에 따라 학습 및 문제해결과정을 변경한다.

행동주의 학습심리학이나 인지심리학에 기반을 둔 객관주의적 전통의 교수-학습모델에서는 교사의 역할이 지식의 전달에 있고, 교수방법도 내용이나 맥락에 관계없이 적용된다. 반면 문제기반학습에서는 지식의 전달보다는 학습자의 지식 구성에 더 초점을 맞추기 때문에 학습자를 지지하고 조언하는 기능이 중요하다.

(2) 학습: 상황적

문제기반학습모델에서도 학습을 상황적이라고 전제한다. 학습내용뿐 아니라 학습 상황의 사회적 · 동기적 · 정서적 조건이 지식과 능력의 획득과 기억, 응용에 결정적인 영향을 미치는데, 학습자가 학습하려고 하는 내용과 관련된 맥락에 관한 정보를 가지고 있지 못하면 이를 응용할 수 있는 가능성이 감소한다. 따라서 문제기반학습에서는 문제 상황이 실제 상황과 유사하게 제시되어야 한다는 것을 강조한다. e-러닝 환경은 멀티미디어의 활용으로 실제 상황과 유사하고 복합적인 문제 상황을 제시하고, 자기주도적인 학습과 사회적 상호작용이 가능한 학습 상황을 제시할 수 있으므로 문제기반학습이 이루어질 수 있는 환경을 제공할 수 있다.

다음은 경영학을 전공하는 학생을 위한 e-러닝 프로그램이다. 이 프로그램은 가상의 구두제조기업에서 발생할 수 있는 경영의 문제를 해결하는 과정에서 경영에 관한 지식을 구성할 수 있는 문제기반학습 프로그램이다. 실제 상황과 유사한 학습 환경을 구성하기 위해 가상 기업의 홈페이지도 제작하였고, 기업의 주요 인물의 배역을 맡는 배우가 출연하여 문제 상황의 시나리오를 연기하는 비디오도 제공하였다. 학습자들은 문제해결에 필요한 지식을 구성하는 과정에서 프로그램에 제공된 학습내용이나 데이터 뱅크, 그리고 관련 포털사이트를 활용한다.

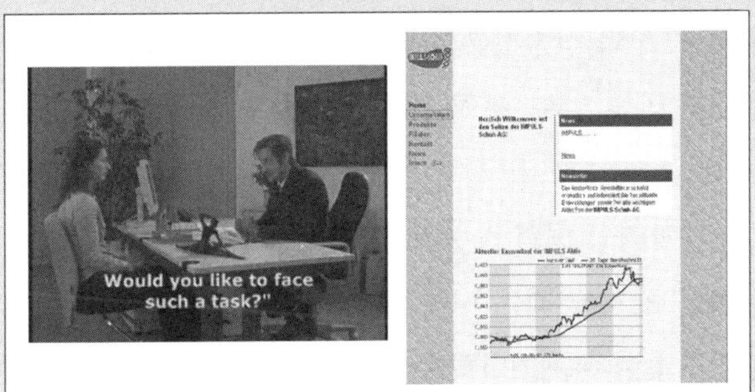

[그림 2-16] 경영학 e-러닝 프로그램-가상기업의 문제 상황을 나타내는 비디오 화면과 가상기업의 홈페이지

(출처: http://impuls-schuh.de)

문제기반학습에서 학습자의 과제는 다음과 같다.

- 복합적인 문제를 스스로 정의하고 파악한다.
- 문제를 분석, 이해, 학습하기 위해서 필요한 지식이 무엇인지 결정한다.
- 문제해결을 위해 필요한 지식을 어디에서 습득할 수 있을지 가능한 출처를 찾는다.
- 자신이 습득한 지식을 활용하여 문제해결을 시도한다.
- 문제해결 결과를 제시하고 문제해결의 질과 자신의 문제해결전략, 문제해결과정을 분석 · 검토한다.
- 적용한 문제해결방법이 다양한 문제 상황에서 일반화될 수 있는지 탐색한다.

4) 구성주의 모델의 비교

지금까지의 구성주의 교수모델을 살펴보았는데, 이들 구성주의 모델은 상이한 학습 상황을 위해 개발되었다. 따라서 이를 응용하기 위해서는 상황조건에 대한 이해가 필요하다. 송해덕(1998)은 다양한 구성주의 모델을 학습자의 역할, 교사의 역할, 학습 절차, 학습과제의 범위, 과제의 구조(복잡성), 상황적 특성, 사회적 상호작용의 특성, 역동적 특성, 적용 대상 및 적용 매체를 기준으로 비교 · 분석하였다. 분석 결과 인지적 도제모델은 특정 영역의 지식(읽기, 쓰기, 수학 등) 획득에 적용되었고, 정착수업이나 문제기반학습은 비교적 포괄적인 영역 학습에 적용되었다. 특히, 문제기반학습에서 복합적인 문제가 제시될 때는 여러 학문 영역을 포함하는 경우도 종종 있었다. 과제의 구조도 문제기반학습이 덜 구조화되고 복잡한 구조를 갖는 경우가 더 많았다. 정착수업이 초등학교 학생에게 적용된 반면에 인지적 도제모델은 적용 대상의 제한이 없었다. 한편, 문제기반학습의 경우 학습자의 사전 지식 수준이 비교적 높은 경우에 많이 적용되었다.

〈표 2-1〉 구성주의 교수모델의 비교

비교 준거 \ 비교 모델		인지적 도제모델	정착수업	문제기반학습
학습 과정	학습자의 역할	• 도제	• 학습자 주도적임	• 매우 학습자 주도적임
	교사의 역할	• 전문가	• 인지적 코치	• 인지적 코치
	학습 절차	• 모델링 • 교수적 도움 발판 제공 • 교수지원 중단	• 충분한 '학습의 여유'를 제공하는 것을 원리로 함	• 문제 발견 • 자기주도적 학습 • 문제 재정의 • 추상화 • 반성
학습 과제	과제의 범위 (포괄성)	• 특정 영역의 지식(읽기, 쓰기, 수학 등)	• 포괄적이며 간학문적임	• 간학문적임
	과제의 구조 (복잡성)	• 실제 전문가의 활동 지식을 대상으로 함	• 복잡한 과제의 사용	• 비구조화된 복잡한 과제
구성주의적 학습 환경의 특성	상황적 특성	• 복잡성 반영 • 상황학습모델에 포함됨	• 복잡성 반영 • 상황학습모델에 포함됨	• 실생활의 복잡성 반영
	사회적 상호작용 특성	• 교사(전문가)와 사회적 상호작용 강조 • 동료와의 사회적 상호작용이 고려되지 않음	• 코치와 사회적 상호작용 • 동료 간의 협동학습 강조	• 코치와 사회적 상호작용 • 동료 간의 협동학습 강조(동료학습자 강조)
	역동적 특성	• 학습과정에서 일어나는 변화의 수용을 인정하지 않음	• 학습과정의 변화를 융통성 있게 수용하나 구체적인 기법은 제시하지 않음	• 문제 발견에서 문제 재정의까지의 과정이 순환적으로 일어남 (매우 역동적 임)
적용 환경의 특성	적용 대상	• 제한 없음	• 초등학생	• 제함 없음(상위 수준의 인지적 능력 소유자)
	적용 매체	• 제한 없음	• 비디오디스크	• 제한 없음

(출처: 송해덕(1998)에서 발췌)

제2절 교수설계모델의 비교

교수설계모델의 비교 기준

- 학습내용의 조직
- 추상화 정도
- 지식의 활용
- 학습통제 소재
- 활동 모드

앞에서 교수설계모델을 크게 행동주의, 인지주의, 구성주의로 구별하였다. 이 절에서는 이들 모델을 체계적으로 비교하고 e-러닝 환경에서의 적용 가능성에 대해 알아보려고 한다. 교수설계모델을 어떤 기준으로 비교하는가에 따라 교수설계모델 간에 유사한 부분과 상이한 부분이 다르게 나타나기 때문에 교수모델을 비교할 때는 다차원적인 비교가 필요하다. Schnotz 등(2004)이 행동주의의 지시적인 교수(direct instruction)와 인지주의의 예로 정교화모델(elaboration theory), 그리고 구성주의적 교수이론으로는 인지적 도제모델과 정착수업을 선택하여 비교하였는데, 이들이 사용한 비교 기준은 다음과 같다.

- 학습내용의 조직
- 추상화의 정도
- 지식의 활용
- 학습 통제 소재
- 활동 모드

1. 학습내용의 조직: 영역별 지식기반 구조와 문제기반 구조

학습내용의 조직은 영역별 지식기반 구조와 문제기반 구조로 구별된다. 즉, 학습내용이 각 영역별로 중요한 지식을 전달하는 데에 초점을 맞추었는가, 혹은 학습자가 문제를 해결하는 과정에서 필요한 지식을 구성해 갈 수 있도록 학습 환경을 조성하였는가로 구별할 수 있다.

[그림 2-17]에서 보는 바와 같이 지시적 교수나 정교화모델은 영역별 지식기반 구조를, 인지적 도제모델이나 정착수업은 문제기반 구조를 갖는다. 지시적 학습이나 정교화모델은 학습자가 각 분야의 핵심 지식을 미리 습득해야 이를 응용할 수 있다고 가정한다. 반면에 구성주의적 모델인 인지적 도제모델이나 정착수업은 모든 분야의 지식을 체계적으로 학습한 이후에야 문제해결전략을 배울 수 있다면 복합적인 문제해결능력을 갖추기 위해서 끝없이 이론 교육을 받아야 한다고 주장한다. 따라서 문제기반 구조를 갖는 구성주의 모델은 계속 변화하는 상황에서 복합적인 문제를 해

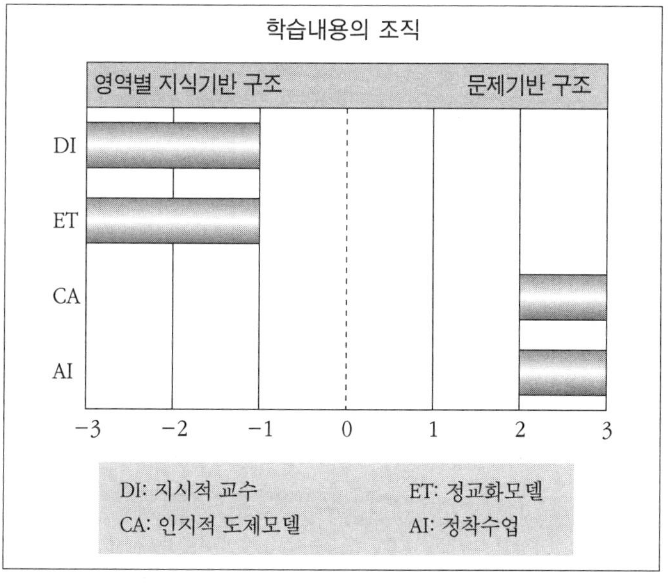

[그림 2-17] 학습내용의 조직을 기준으로 교수설계 모델 비교

결하기 위해서는 학습자가 해당 분야의 문제해결에 필요한 지식을 습득하는 전략을 학습해야 한다고 주장한다.

e-러닝 환경에서는 이들 두 가지 관점을 종합하는 것이 바람직하다. 즉, 학습목표에 기초한 영역별 지식기반을 제공하는 동시에 새로운 문제를 해결하는 과정에서 교수자의 조언과 지지를 받아 필요한 지식을 다시 구성하는 문제기반학습을 함께 응용할 수 있다.

2. 추상화 정도: 탈상황(추상적)과 상황 중심(구체적)

학습내용을 특정한 상황과 관련 없이 추상적으로 제시하거나 구체적 상황과 연결하여 제시할 수 있다. [그림 2-18]에서 보는 바와 같이 지시적 교수나 정교화모델에서는 학습내용이 추상적으로 제시되는 반면에 인지적 도제모델과 정착수업에서는 상황과 연결되어 구체적인 특성을 가지고 있다. 구성주의적 모델의 핵심은 학습한 내용이 죽은 지식으로 남아 있는 것

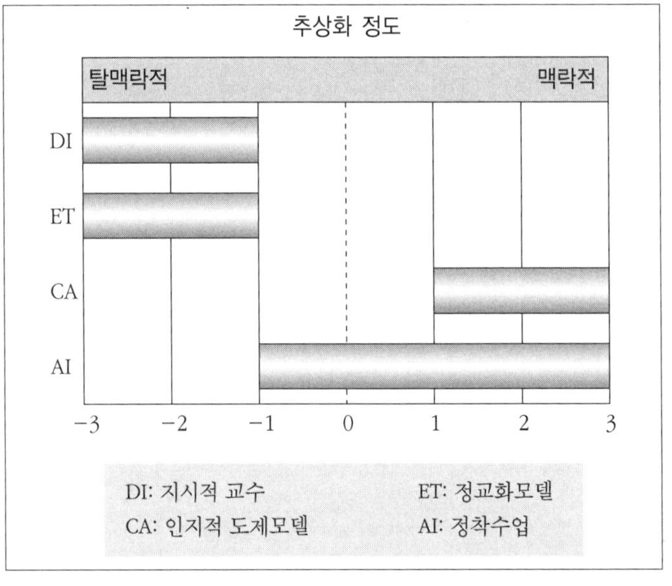

[그림 2-18] 추상화 정도를 기준으로 교수설계모델 비교

을 막고 학습자가 배운 지식을 활용할 수 있도록 학습 환경의 상황성과 실재성을 강조하는 것이다. 특히, 초보자를 위해서는 학습내용이 실제 상황 혹은 시뮬레이션을 통해 제시되는 상황적 경험이 매우 중요하다는 연구가 있었다. e-러닝 환경에서는 초기에 학습내용의 전형적인 사례를 사용하여 상황적이고 구체적인 것을 제시하고 이를 정리하여 다시 추상적으로 제시함으로써 구체적인 지식과 추상적인 지식을 모두 학습하게 하는 것과 같이 두 접근방법을 절충하는 모델이 바람직하다.

3. 지식의 활용: 설명과 응용

지식의 활용을 설명(해석)과 응용의 축으로 구별할 수 있다. 해석 및 설명하는 작업에는 대상을 명확히 하고, 정교화 혹은 세분화하는 작업 모두가 포함된다. 이러한 심층적인 정보 처리를 유도하기 위한 교수모델의 예가 정교화모델이다(Reigeluth, 1999). 정교화모델에서는 처음에 전체적인 윤곽을 제시한 다음 학습자가 세부적인 내용에 초점을 맞추어 심층적으로 살펴보도록 유도한다. 이를 전체적인 내용과 연결하여 설명하고 다시 다음의 세부적인 내용에 초점을 맞추어 심층적으로 살펴보는 과정을 반복한다. 이때 세부적인 내용에 초점을 맞추는 것이 카메라의 줌 렌즈의 사용과 유사하다고 하여 '줌(zoom)효과' 라고 한다. 세부적인 것을 전체적인 내용과 연결하여 살펴보는 것은 정교화 작업에 해당된다.

한편, 지식의 응용을 위해서는 문제 상황에서 이를 해결하기 위한 탐색과 실험활동이 요구된다. [그림 2-19]에서 보는 바와 같이 지시적 학습과 정교화모델은 설명과 해석에 초점을 맞추나 인지적 도제모델은 응용을 더 강조한다. e-러닝 환경에서 효과적인 학습을 위해서는 상호 보완적인 교수모델이 필요하다.

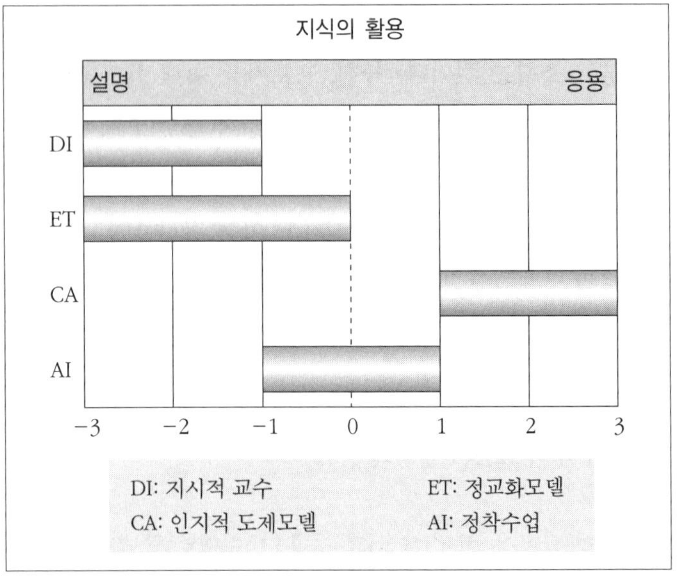

[그림 2-19] 지식의 활용을 기준으로 교수설계모델 비교

4. 통제의 소재: 외부 통제와 내적 통제

통제의 소재는 외부 통제와 내적 통제로 구별된다. 외부 통제적인 학습은 교사, 혹은 학습 프로그램 및 학습 환경이 학습의 진행을 통제하는 데 반해 내적 통제가 가능한 학습 환경은 학습자의 자기주도적인 학습이 이루어진다. 지시적 교수와 정교화모델에서는 외부 통제가 이루어지고 정착수업에서는 내적 통제의 기회가 더 주어진다.

e-러닝 환경에서도 프로그램을 구성할 때 학습목표 선정, 학습 장소 및 시간의 결정, 정보의 출처, 학습과정의 조절, 평가 등을 누가 주도하는가를 결정해야 한다. 그동안의 연구 결과를 살펴보았을 때 초보자에게는 학습과정을 구조화하여 학습자가 학습내용과 과정을 결정하는 부담을 주지 않는 것이 더 바람직하다. 한편, 교사 혹은 프로그램 주도적인 학습 환경에서 학습자가 수동적인 학습 태도를 형성하게 되는 위험성이 있고 자기주도적 학

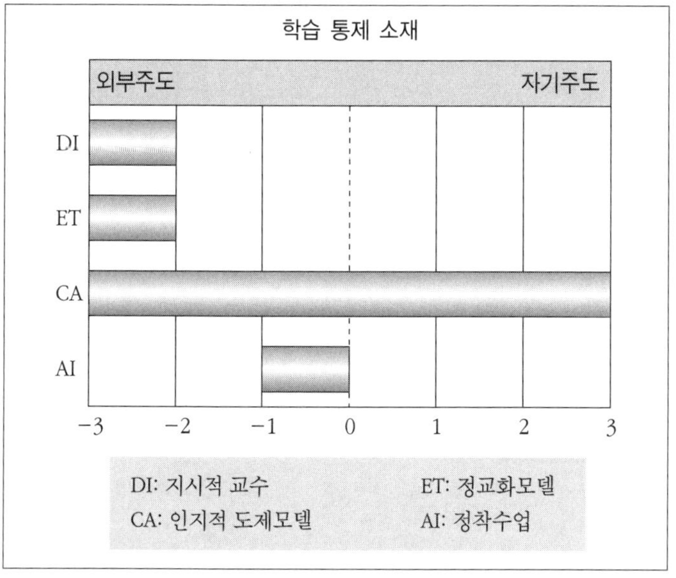

[그림 2-20] 통제의 소재를 기준으로 교수설계모델 비교-그림에서 통제 소재의 범위뿐 아니라 순서를 나타내기도 하는데, 예를 들어 인지적 도제모델에서는 처음에는 교수자의 외부 통제에서 학습자의 내적 통제의 순서로 진행됨을 표시한다.

습은 상위인지능력을 갖추었을 때 효과적이라는 연구 결과가 있다. 그러므로 초보자에게는 구조화된 프로그램을, 그리고 상위인지능력이 있는 학습자에게는 학습자의 통제 가능성을 많이 부여하는 프로그램을 제공하는 것이 바람직하다. 따라서 e-러닝 프로그램을 시작하기 전에 학습자의 지식 수준과 상위인지능력 등을 미리 점검하고 학습자에게 맞는 통제전략을 활용하는 것이 바람직하다.

5. 활동 양식: 지식의 수용과 지식의 생성

학습활동은 지식의 수용과 생성으로 구별할 수 있다. 지시적 교수법과 정교화모델은 교수자에 의해 전달되는 지식이 학습자에 의해 효과적으로 수용되고 재생산되는 데에 역점을 두고 새로운 지식의 창출을 격려하지 않는다. 반면 구성주의적 교수모델은 학습자에 의한 지식의 생성에 관심을 두고 학습자가 문제해결과정에서 학습 환경과 능동적인 상호작용을 통해

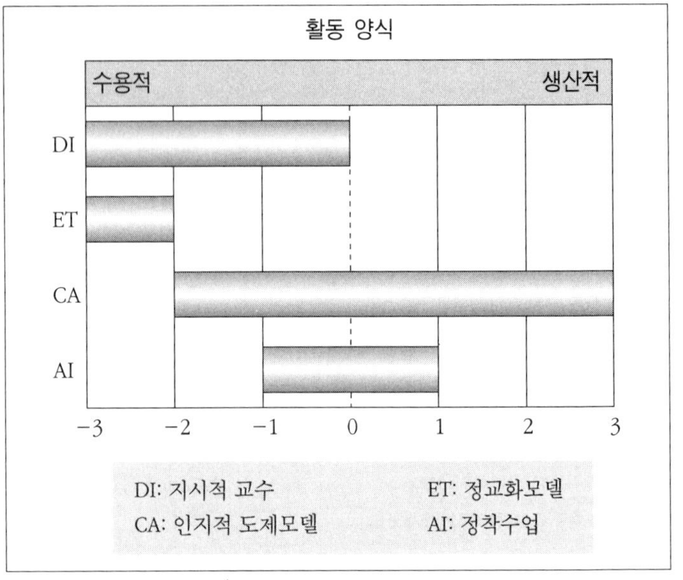

[그림 2-21] 활동 양식을 기준으로 교수설계모델 비교–동일한 교수모델이 다양한 실행 시나리오로 사용될 수 있기 때문에 그 범위를 나타내기 위해 긴 축으로 표시되었다.

자율적으로 지식을 구성하는 것을 지원한다. 한편, e-러닝 환경에서 이메일이나 채팅 같은 인터넷 기반 상호작용의 활용으로 학습공동체에 의한 지식의 생성이 용이해졌다. 따라서 학습공동체의 구성원이 서로 질문을 하거나 힌트 혹은 새로운 정보를 교환하며, 각자의 분야에서 전문성을 활용하여 새로운 지식을 생성하는 데 기여할 수 있는 방안을 강구하여야 한다.

6. e-러닝 환경에서 교수설계모델

이상에서 살펴본 내용을 정리하면 한 모델이 다른 모델을 전적으로 포함할 수 없다. 따라서 어떤 교수설계모델도 불필요한 모델이라고 할 수 없다. 앞에서 제시한 교수설계모델을 비교하는 기준은 어떤 학습 조건에서 어떤 교수모델을 사용하는 것이 바람직한가를 살펴보는 것이고, 교수설계모델을 비교함으로써 새로운 교수모델을 개발할 때 참고자료로 사용하기 위한 것이다.

요약하면 인지적 · 구성주의적 접근 모두 새로운 미디어의 다양한 잠재력을 강조한다. 인지적 모델이 컴퓨터 및 소프트웨어와 상호작용을 통해 개별 학습자의 인지적 과정에 적합한 교수방법을 개발하는 데 초점을 맞춘다면 구성주의 모델에서는 실제와 유사한 학습 상황을 제공하고, 학습자가 능동적으로 지식을 구성하는 것을 지원하는 데 더 주의를 기울인다. 아울러 숙련을 요하는 기술을 반복적인 연습을 통해 습득해야 하는 경우 행동주의 모델을 더욱 유용하게 활용할 수 있다.

다양한 교수모델의 비교 · 분석을 통해 e-러닝 환경에서 필요한 교수모델의 통합을 시도할 수 있다. 교수모델을 결정 혹은 개발할 때에는 학습내용, 학습 집단, 학습목표, 교육 환경의 제한 조건 등을 고려해야 한다. 그러나 지금까지 우리나라에서 개발된 e-러닝 프로그램을 살펴보면 행동주의 원리를 사용한 프로그램에 비해 학습의 인지적 과정에 개입하는 인지심리학적 접근이나 문제기반학습과 같은 구성주의 모델이 구현된 e-러닝 프로그램이 많지 않은 것도 사실이다. 따라서 멀티미디어 기술의 발달을 이용하여 새로운 교수설계모델이 e-러닝 환경 구성에 효과적으로 응용되도록 실천적 방안을 체계적으로 연구하는 것이 요구된다.

용어 풀이

- **리허설(시연)**: 제한된 용량과 저장시간을 가지고 있는 단기기억에서 정보가 장기기억으로 이동하기 전에 정보의 소멸을 막기 위해 소리를 내거나 혹은 속으로 반복하여 망각하는 것을 막는 기억전략.
- **발견적 전략**: 전체 문제해결과정을 단계적으로 거치지 않고 문제해결과정을 건

너뛰면서 시행함으로써 문제해결 시간을 단축하는 전략이다. 문제해결과정을 탐구할 때 정해진 규칙이 있어서 이에 따라 수행하는 것이 아니기 때문에 '주먹구구식' 전략이라고도 하지만 창의적인 문제해결 방법을 찾을 수 있다. 전체 문제해결과정을 단계적으로 거치는 알고리즘과는 대조되는 전략으로 이미 알고리즘이 정립되지 않은 문제를 해결하기 위해서는 발견적 전략을 사용하여 문제해결 방법을 모색한다.

- 상위인지: 인간의 두뇌에서 정보처리와 같은 인지적 과정을 통제하고 조절하는 과정을 말한다. 혹은 학습 상황에서 학습목표를 세우고 학습과정을 통제하며, 학습내용의 난이도에 따라 학습전략을 조절하는 인지과정을 의미하기도 한다.
- 서술적 지식: 역사적 사건, 이름, 전화번호와 같이 사실, 개념에 관한 지식으로 보통 '무엇을 안다' 고 표현할 때 '무엇' 에 해당되는 지식이다. 서술적 지식은 대개 언어적으로 서술되며 아직 숙달되지 않았기 때문에 자동화된 절차적 지식과는 구별된다.
- 절차적 지식: 문제해결 절차나 과정에 관한 지식으로 흔히 사용되는 'know how' 에서 'how' 에 해당되는 지식으로 사실과 개념에 관한 서술적 지식과 구별된다. 절차적 지식은 단계적으로 구성된 연습과정을 통해서 획득되고 일단 숙달되면 대부분 자동화되기 때문에 세세한 부분까지는 의식적 통제가 이루어지지 않아도 실행된다. 절차적 지식의 예로 자전거 타기나 덧셈, 뺄셈과 같이 단순한 계산하기 등을 들 수 있다.
- 정교화: 새로 입력된 정보를 이미 알고 있는 지식과 연관시켜 처리하여 통합된 지식을 형성함으로써 효과적으로 학습하도록 하는 전략이다.
- 정신모델: 실제 환경의 구조적, 기능적 관계를 표상해 내는 것으로 학습자가 학습내용을 나름대로 이해하여 학습내용의 모델을 머릿속에 구성하는 것을 의미한다.
- 청킹(chunking): 학습과정에서 기억해야 할 정보를 재구조화하는 것으로 학습내용을 의미, 기능, 혹은 발음 등을 기준으로 유사한 것끼리 묶어 조직화하는 전략이다. 청킹을 통해 여러 개의 정보가 하나의 단위로 묶여 처리되므로 작업기억의 부담을 줄일 수 있다.

제3장

e-러닝 환경에서 학습자의 특성

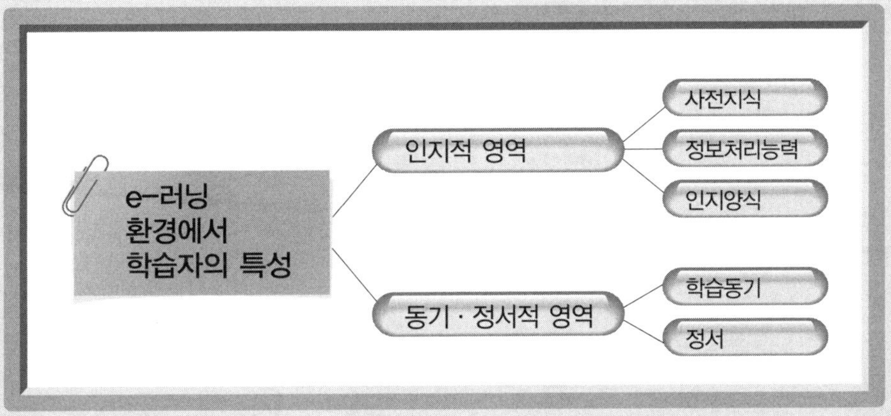

이미 잘 알려진 e-러닝의 장점은 학습자가 시간과 장소에 구애받지 않고 학습할 수 있으며, 자신의 수준에 맞게 학습내용을 선택하고 자신에게 맞는 속도로 학습을 할 수 있다는 것이다. 따라서 e-러닝 환경에서 효과적으로 학습하기 위해서는 학습자의 자기주도적 학습능력이 요구된다. 즉, 학습자가 자율적으로 학습자료를 탐구하고 지식을 구성해 나가는 능력이 e-러닝 환경에서 효과적으로 학습할 수 있는 조건이다. 따라서 e-러닝 콘텐츠를 개발할 때 학습자의 특성을 고려하는 것은 매우 중요하다.

멀티미디어 학습에 필요한 능력을 크게 제공(push)과 수용(pull) 모델로 나누어 생각할 수 있다. 전통적인 학습(push) 상황에서 학습자는 주어지는 정보를 잘 입력하여 조직화하는 능력이 필요하였지만 대부분의 e-러닝 학습(pull) 환경에서는 학습자가 자신에게 필요한 정보를 능동적으로 찾아 학습내용을 이해하고, 자신에 맞게 지식을 구성해야 한다. 따라서 자신의 학습과정을 자율적으로 통제 · 조절하는 능력이 필요하다.

구성주의 입장에서 보면 학습자가 지식을 구성하는 과정에서 자신이 알고자 하는 욕구에 따라 학습자료를 탐색하고 이를 적용한다. 그러므로 구성주의를 응용한 학습 상황에서는 기존의 학습 상황보다도 학습자 변인이 지식획득에 더 영향을 미친다. 즉, 사전지식, 학습동기, 인지양식에 따른 학습방법의 선호도, 자기주도적 학습능력 등이 영향을 미친다.

전통적 학습 환경에서 중요한 학습자 변인으로 연구되었던 주의력, 동기, 관심, 이해력, 학습내용을 구조화할 수 있는 능력, 의사소통능력 외에도 e-러닝 환경에서는 학습자의 적극적 탐색 및 수용이 더욱 중요하기 때문에 자기주도적 학습능력과 다양한 미디어를 사용할 수 있는 능력 등이 학습효과에 영향을 미친다. 특히, 하이퍼미디어를 이용한 e-러닝 환경에서는 학습내용이 순차적으로 제시되지 않기 때문에 이에 상응하는 학습전략이 요구된다(Hasselhorn, 2001). 따라서 e-러닝 환경에서 학습해 본 경험이 적은 초보적인 학습자에게는 학습내용이나 학습경로를 비교적 구조화하여 일단 기본적인 것을 학습하도록 하고, 이 후 학습자가 e-러닝 환경에 어느 정도 적응한 후에 개별적이고 주도적인 선택을 할 수 있도록 하는 것이 바람직하다.

또한 인터넷을 통한 협동학습이 이루어질 때는 면대면 의사소통과는 달리 비언어적 단서가 전달되지 않기 때문에 의사소통이 제한된다. 또한 너무 많은 정보가 체계적으로 정리되지 못한 채 쏟아져 나올 수 있다. 따라서 제공된 정보 중 중요한 것을 구별해 낼 수 있는 능력과 협동학습에의 적극적인 참여, 상대방에 대한 민감한 배려, 다양한 집단 구성원에 대한 적응력 등이 요구된다.

[그림 3-1]은 e-러닝 환경에서의 멀티미디어적 측면을 설명하고 있다. e-러닝 환경에서는 텍스트, 비디오, 음향, 애니메이션 등의 다양한 매체를 활용하여 데이터뱅크, 커뮤니케이션 시스템, 하이퍼미디어 시스템, 시뮬레이션, 교육용 게임 등 다양한 e-러닝 환경을 구성한다. 그러므로 멀티미디어 매체를 동시에 활용할 수 있다는 점과 이들 매체와 학습자 간의 상호작용이 e-러닝 환경의 중요한 특징을 이룬다.

e-러닝 환경에서 학습에 영향을 미치는 학습자 특성과 관련된 심리학적 변인을 살펴보면 다음과 같다.

[그림 3-2]에서 보는 바와 같이 이 장에서 다루려고 하는 학습자의 특성을 인지적 영역과 동기・정서적 영역으로 구별할 수 있다. 인지적 영역에는 사전지식, 정보처리능력, 인지양식, 상위인지능력, 그리고 정서적 영역에는 학습동기와 학습 상황에서의 정서적 경험이 포함된다.

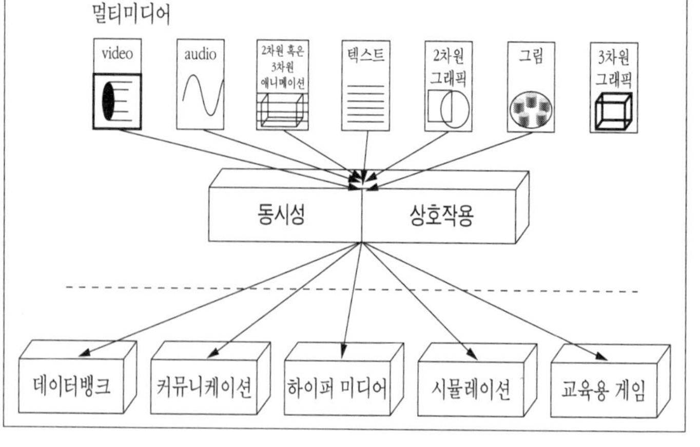

[그림 3-1] e-러닝 환경의 멀티미디어적 측면

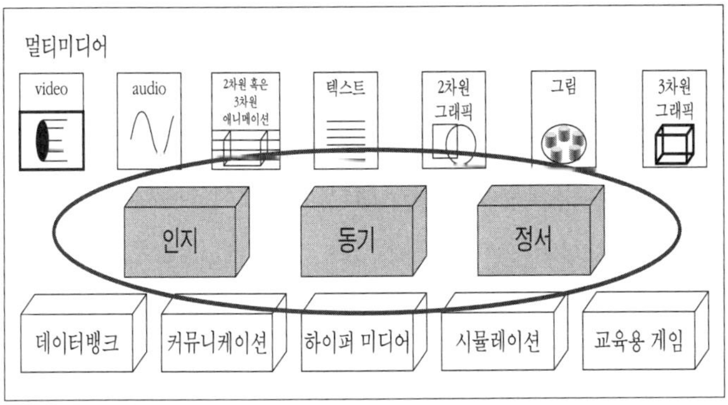

[그림 3-2] e-러닝 환경에서 학습자 특성과 관련된 심리학적 변인

제1절 인지적 영역

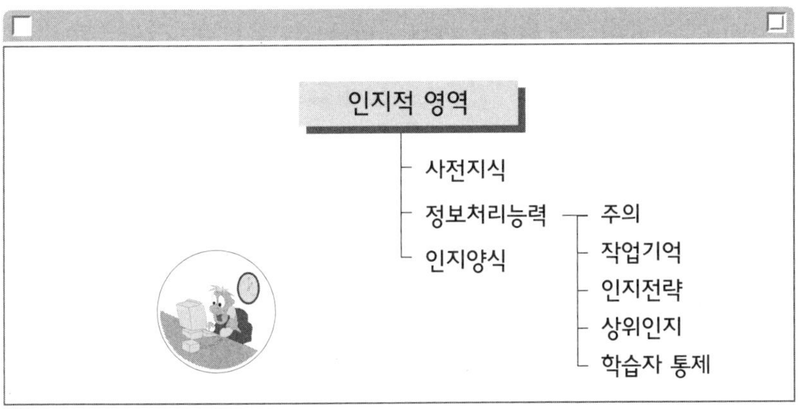

1. 사전지식

학습 상황에서 학습자는 자신이 이미 가지고 있는 지식을 활용하여 새로운 학습내용을 이해한다. 그러므로 사전지식은 학습을 통한 지식 획득의 결정적 요인이 된다. 특히, 학습내용이 분명하지 않거나 다양하게 해석될

수 있는 경우 사전지식은 더욱 중요하다. 사전지식에는 해당 분야에 대한 전문지식인 서술적 지식뿐 아니라 절차적 지식이 포함된다.

e-러닝 환경에서는 학습자가 자율적으로 학습해야 하는 경우가 많기 때문에 사전지식이 중요하다. 예를 들어, e-러닝 환경에서 학습자가 새로운 학습자료를 선택할 때 자신이 이미 가지고 있는 도식에 의해 결정하는데, 이때 사전지식이 없는 학습자는 e-러닝 환경에서 효과적으로 학습하지 못하게 된다(Ross, Morrison & O'Dell, 1989; Haack, 1997). 또한 e-러닝 환경에서 학습하는 것이 너무 어렵거나 쉬울 때 학습자의 동기가 감소될 우려가 있다. 따라서 학습내용의 구성이나 내비게이션툴을 결정하는 것과 같은 기술적 측면에서 학습자의 수준을 고려해야 한다. 또한 학습자의 기대나 과제의 난이도에 따라 주의력이 조절되므로 중요하거나 새로운 정보를 제공하기 전에 미리 알려 주거나 (물론, 이는 하이퍼 환경에서는 응용하기가 어렵다.) 너무 쉽거나 어려운 과제는 미리 제거하는 것도 학습자의 사전지식 수준에 적응하는 한 방법이다. 그러나 열린 집단을 대상으로 하는 e-러닝 환경에서는 학습자의 사전지식 수준이 다양하므로 학습내용의 수준을 미리 정하는 것보다 학습내용을 다양한 수준에서 제공하여 학습자가 스스로 자신의 사전지식 수준을 체크한 다음 적절한 수준의 학습내용을 선택하고 자신에게 맞는 학습경로를 선택할 수 있도록 하는 것이 좋다.

2. 정보처리능력

1) 주의

제2장에서 이미 소개한 정보처리모델에 의하면 감각등록기를 거쳐 단기기억에 이르는 과정에서 주의를 받지 못한 정보는 자연 소멸한다. 일반적으로 자극이 지각되기 위해서는 일단 주의를 기울여야 하는데, 인간의 주

의력의 용량은 제한되어 있어 적은 인지적 과정에만 동시에 주의를 할 수 있다. 한편, 학습자의 지각과정은 감각기관을 통해 들어온 정보뿐 아니라 학습자의 지식 수준의 영향을 받는다. 즉, 학습자의 사전지식을 활성화하는 것이 주의력 향상에 도움이 된다는 것이다. 따라서 학습자가 잘 아는 내용을 예로 드는 것이 효과적이고, 중요하거나 새로운 내용에 대해서는 미리 알려 주어 주의를 환기시키는 것도 좋다.

또한 색상, 애니메이션 등과 같은 시각적인 자극을 활용하는 방법도 있다. 그러나 시각적인 자극을 활용하였을 때 **인지적 과부하**가 발생할 수 있기 때문에 본래의 학습내용을 읽는 것 이상으로 힘이 들거나 학습자의 정보처리 활동이 제대로 이루어지지 않아 학습의 본 내용에 대한 주의를 떨어뜨릴 수 있다. 특히, 멀티미디어 학습 환경에서는 인지적 과부하의 위험성이 높기 때문에 주의를 산만하게 하여 오히려 학습을 방해하는 요소(예: 배경음악, 계속 반짝거리는 단어나 그림 등)를 남용하지 않는 것이 바람직하다.

2) 작업기억

정보처리모델에서는 작업기억이 정보의 수용 · 처리과정에서 용량과 시간적 제한성을 가지고 있다고 설명한다. 따라서 e-러닝 환경에서는 이와 같은 **작업기억**의 특징을 고려하여 학습자가 중요한 정보에 주의를 기울이도록 유도하는 것이 중요하다(Alessi & Trollip, 1991). 즉, 학습자가 e-러닝 환경에서 학습내용에 주의를 집중하게 하기 위해서는 지나치게 많은 정보를 한꺼번에 제시하지 않는 것이 좋다. 경우에 따라 새롭고 중요한 내용을 제시하기 전에 미리 알려 주거나 전체적인 윤곽을 잡을 수 있도록 **인지적 지도**나 사전 조직자 같은 것을 활용하는 것도 바람직하다.

학습내용의 구성과 작업기억

하이퍼텍스트 구조 전형적인 비선형 구조를 가지는 하이퍼텍스트를 활용한 e-러닝 환경에서는 학습자의 작업기억에 대해 특별히 고려해야 한다. 학습내용 간에 링크로 연결되어 있어 하이퍼텍스트 구조를 갖는 학습내용은 학습자의 선택 가능성을 넓혀 준다는 의미에서 유연성을 제공하는 반면 학습자가 방향성을 잃기 쉽다는 문제점을 가지고 있다. 기억의 과부하는 하이퍼미디어 환경에서 학습경로를 선택해야 한다는 것에서도 기인한다. 학습자는 자신이 지금까지 들어가 본 사이트가 어디고, 거기에서는 어떤 내용을 학습하였고, 어떤 경로로 그 사이트를 다시 갈 수 있는지 등을 기억해야 하기 때문에 작업기억 용량이 이미 소모되어 학습내용을 심층적으로 이해하거나 기억할 수 있는 작업 용량이 감소된다. 따라서 e-러닝 교육환경을 구성할 때 학습 자체에 작업기억 용량이 많이 할당될 수 있도록 설계해야 한다. 즉, 학습자의 선택 폭을 너무 많게 하여 방향성을 잃어버리는 것을 방지해야 한다. 이를 위해 e-러닝 환경의 투명성을 높이는 것이 바람직하다(이에 대해서는 제4장을 참고). 하이퍼 환경에서 학습해 본 경험이 없는 학습자는 초기에는 선형적인 학습을 하도록 유도한 다음 익숙해진 후에 하이퍼텍스트 구조를 활용하도록 하는 것도 좋다(Wedekind, 1997). 즉, 하이퍼 환경에서의 학습 경험 정도에 따라 e-러닝 환경에서 프로그램의 기능 일부를 제한할 수 있다는 것이다.

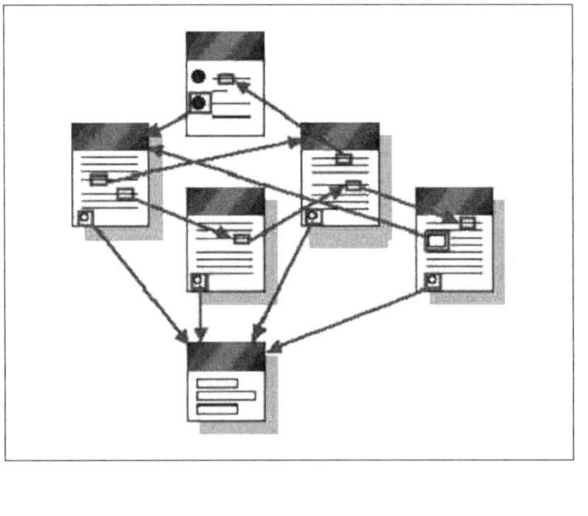

[그림 3-3] 하이퍼텍스트 구조에서는 학습내용 간에 링크로 연결되어 있다.

계층구조 대부분의 학습용 소프트웨어는 책의 구조처럼 장, 절, 항의 형식을 갖는 계층구조로 이루어졌다. 한 단계에서 다음 단계로 진행하기 위한 메뉴 화면이 있고, 가장 아래 단계에 개별적인 내용이 배치된다. 상위개념, 하위개념을 학습하거나 학습내용이 위계적인 연계성을 가지고 있을 때 적합하다. 계층구조에서는 계층의 폭과 깊이 사이에 균형이 필요한데, 계층의 폭은 각 단계에서 분류한 항목 수며, 깊이는 단계의 수다. 계층의 폭은 앞 장에서 설명한 것과 같이 단기기억의 용량을 고려하여 Miller의 마법의 수 7을 기준으로 5~9개로 한다. 깊은 단계로 들어온 학습자에게는 지금의 현 위치를 알 수 있도록 내비게이션 도구로 표시하는 것이 바람직하다. 또한 전 단계 혹은 그 이상의 전 단계로 바로 이동할 수 있도록 경로를 표시해 주는 것이 좋다.

선형구조 영화나 텔레비전 방송 프로그램같이 연속된 내용을 순차적으로 볼 수 있게 한 것은 선형구조에 해당된다. 이것은 확정된 줄거리가 있는 이야기를 사용자에게 전달하는 것으로, 예를 들어 Living Books사의

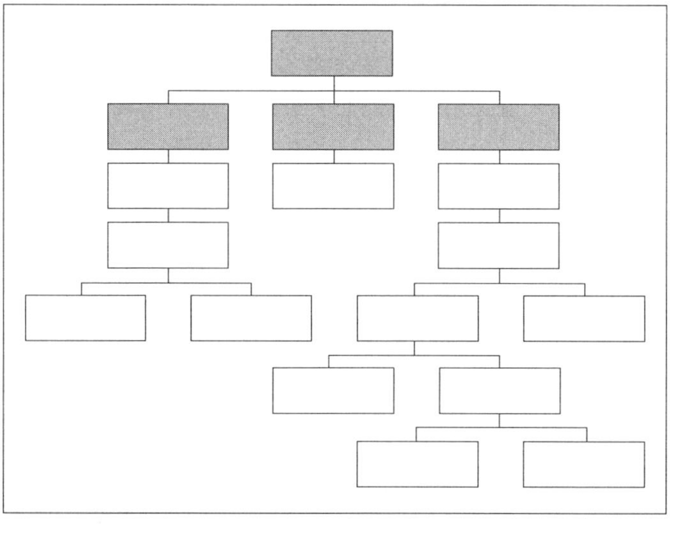

[그림 3-4] 계층구조는 학습내용이 위계적인 연계성을 가지고 있을 때 적합하다.

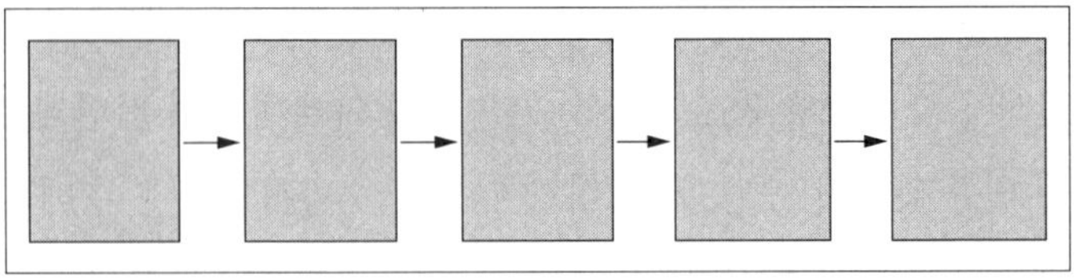

[그림 3-5] 순차적인 학습이 가능한 선형구조는 특히 e-러닝 환경에서의 학습 경험이 없는 초보자에게 적합하다.

이야기책 시리즈를 들 수 있다. 이야기 진행 속도를 학습자가 조절할 수 있으나 다른 각도에서 학습내용을 탐색하기 어렵고, 프로그램 개발자가 정한 방식으로만 내용물을 학습하게 된다. 따라서 전체 내용의 구조를 한눈에 볼 수 있도록 구조화하고 내비게이션 도구를 활용하여 학습자가 원하는 곳으로 바로 이동할 수 있도록 보완하는 것이 좋다.

학습내용이 데이터베이스 구조를 가지고 있을 때는 검색기능을 활용한다. 검색을 위한 대화상자에 학습자가 원하는 키워드를 입력하면 그 결과를 볼 수 있다는 점에서 작업기억의 부담을 덜어 줄 수 있다. 이와 같이 e-러닝 환경에서는 학습내용의 구성에 따라 학습자의 제한된 작업기억의 특징을 고려하여 설계해야 한다. 그러나 이미 인지심리학에서 알려진 바와 같이 정보처리과정은 능동적 과정이다. 학습자는 이미 알고 있는 것을 지각할 때는 자신의 지난 경험에 근거하여 지각하기 때문에 작업기억의 부담이 줄어들 수 있다. 따라서 e-러닝 환경을 구성할 때 학습자의 사전지식을 활용하는 방안을 강구하는 것이 바람직하다.

곁글

선형구조를 가지고 있는 대표적인 것이 책이다. 물론 책을 보면서 학습하는 학습자가 원하는 부분을 오고 가면서 선택하여 읽을 수 있으나 하이퍼텍스트 환경과의 근본적인 차이는 책이 물리적으로 저장된 순서가 그대로 정신모델에도 반영된다는 점이다. 예를 들어, 책의 마지막 부분의 내용을 먼저 학습한다고 해도, 여전히 학습자의 정신적 모델에는 이 내용이 마지막에 배치된 것으로 인식된다.

3) 인지전략

일반 학습 장면과 마찬가지로 e-러닝 환경에서도 다양한 인지전략을 활용하는 것이 요구된다. 인지전략의 대표적인 예로 정교화와 조직화를 들 수 있다. 정교화는 새로 학습하는 내용을 학습자가 이미 알고 있는 내용과 연결지어 통합하는 것으로 언어적 학습내용을 이해하는 데 유용하다. 정교화를 촉진하는 학습 환경을 구성하기 위해 학습내용을 실제 상황과 유사한 상황에서 제시하거나 학습내용을 다양한 각도와 맥락에서 소화할 수 있도록 유도한다. 때로는 의도적으로 모순되거나 학습자의 기대에 어긋나는 내용을 제시하여 학습자가 이를 해결하기 위해 다른 정보를 찾는다든지 심층적인 학습을 할 수 있도록 유도할 수 있고, 학습자가 잘 알고 있는 예나 상징을 활용하여 유추활동을 촉진할 수 있다. 또한 학습내용의 이해 정도를 확인하는 질문을 제시할 수도 있다.

조직화는 학습내용의 범위가 넓을 때 이를 체계화하여 고차원적인 지식구조를 형성하는 것을 말한다. 조직화 전략을 활용하는 방법으로는 학습내용 중 논리적으로 관계가 있는 학습내용 단위를 근접하게 배치하거나 학습한 내용에 대해 체계화할 수 있는 요약을 제시하는 방법이 있다. 중요한 내용에 대해서는 별도의 공간에 배치하여 강조하는 것이 학습내용을 조직화하는 데 도움이 된다.

심도 있는 정보처리와 학습을 유도하기 위해서는 새로운 정보를 탐색하고 연합하는 과정을 지원하고, 학습자 스스로 학습한 내용을 기반으로 자신의 지식체계를 구성할 수 있는 기회를 제공해야 한다. 아울러 학습자가 학습전략 및 문제해결전략에 대해 성찰하고 학습한 것을 응용할 수 있는 기회를 갖게 한다.

4) 상위인지

물론, 기존의 학습 환경에서도 상위인지가 중요하였지만, e-러닝 환경에서는 특히 학습자의 주도적 학습활동이 강조되기 때문에 학습자가 스스로 자신의 학습 행동을 반성하며 조절하는 것이 중요하다. e-러닝 환경에서는 학습자에게 자신의 학습과정을 체크하여, 다음은 무엇을 해야 할지 스스로 결정하는 가능성이 주어진다. 즉, 학습자는 자신이 이미 학습한 내용을 얼마나 잘 소화하였는지 검토한 후 자신이 이미 학습한 정도와 학습목표를 비교하여 다음의 학습경로를 결정해야 하는데, 상위인지능력이 부족한 경우 e-러닝 환경에서 학습효과가 현저히 떨어진다(Balcytiene, 1999). 따라서 e-러닝 경험이 없는 초보 학습자나 상위인지능력이 발달하지 않은 아동에게는 상위인지능력을 증진시켜 줄 수 있는 교수자의 역할이 중요하다(Kinzie & Berdel, 1990).

[그림 3-6]에서 보는 바와 같이 e-러닝 학습 환경에서 성공적으로 학습하기 위해서는 학습자가 정보처리활동을 통해 학습을 시작하기 전에 학습상황을 파악하고 계획하는 것이 필요하다.

- 훑어보기: 일단 학습과제, 학습자료를 한번 훑어본다(무엇을 해야 하는가, 어떤 학습자료가 제시되었는가).
- 학습목표 설정: 학습목표를 설정한다(다음에 무엇을 해야 하는가).

곁글

많은 연구가 상위인지 기술에 관심을 기울였는데 Clark와 Mayer(2003)는 상위인지 기술이 문제해결에 영향을 미치는 요인이라는 것을 예를 들어 설명하였다. 예를 들어, '36명 탑승 군용 버스로 1,128명의 군인을 훈련장으로 싣고 가야 될 때 버스 몇 대를 대절해야 하는가?' 라는 질문에 18%의 사람이 31대라고 답을 하였는데, 물론 이들은 나눗셈을 제대로 계산하기는 했으나 문제의 의미를 잘 파악하지 못하였다(Schoenfeld, 1987). 즉, 1,128/36=31.33이나 32대의 버스가 준비되어야 1,128명의 군인을 이동시킬 수 있다는 것을 미처 생각하지 못하였다는 것이다. Clark와 Mayer는 이를 문제해결을 위한 인지적 기술(나눗셈)은 가지고 있으나 문제상황에 비추어 검토하는 상위인지 기술은 결여된 것으로 설명하였다.

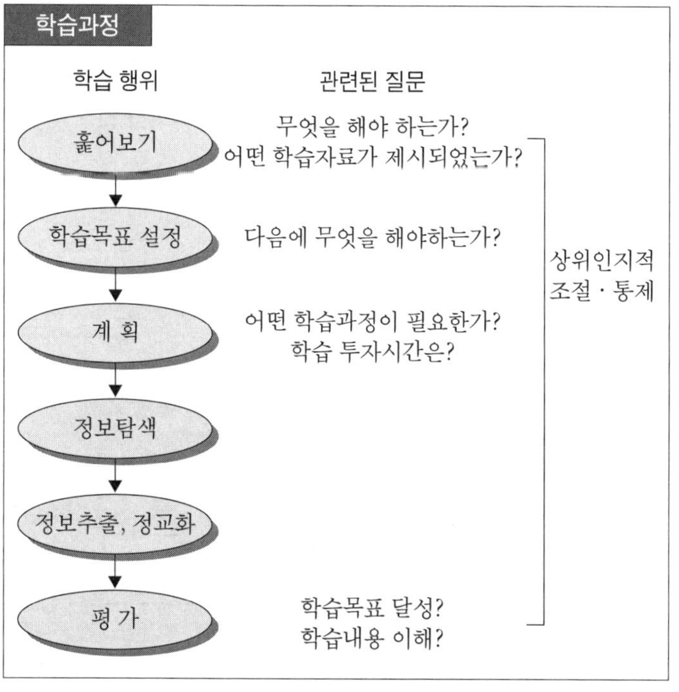

[그림 3-6] e-러닝 환경에서의 학습과정

- **계획:** 학습과정에 대한 계획을 세운다(어떤 학습과정이 필요한가, 얼마나 많은 시간을 학습에 투자할 수 있는가).
- **정보탐색:** 실제 e-러닝 학습과정에서 학습자는 학습에 필요한 정보를 스스로 찾아내야 한다. 이 과정에서 학습자가 찾아낸 정보가 학습에 필요한 정보인지를 판단한다.
- **정보추출 · 정교화:** 경우에 따라 링크된 사이트에서 꼭 필요한 정보를 추출하거나 이를 학습과정에 맞게 정교화하는 과정을 통해 심화된 정보처리과정을 수행한다.
- **평가:** 학습과정이 완료되면 학습 결과를 평가하는데, 이때 학습목표와 비교하여 평가가 이루어진다(학습목표를 모두 달성하였는가, 학습내용을 이해하였는가 등).

물론, 이와 같은 이상적 학습과정은 학습자 변인(예: 사전지식, 상위인지 지식, 학습동기) 외에도 외적인 조건, 즉 학습내용의 특성, e-러닝 학습 환경 변인(예: 내비게이션 도구의 특성, 길잡이 투어가 제시되었는지의 여부 등. 자세한 설명은 제4장 참고)에 의해 영향을 받는다.

곁글

Schoenfeld(1987)는 상위인지 연구를 위해 수학 전문가와 초보자를 비교하였는데, 초보자는 문제를 읽고 바로 이리저리 풀기 시작하는 데(탐색) 반하여 전문가는 문제를 읽고 계획, 실행, 평가를 순환적으로 반복하는 것을 발견하였다.

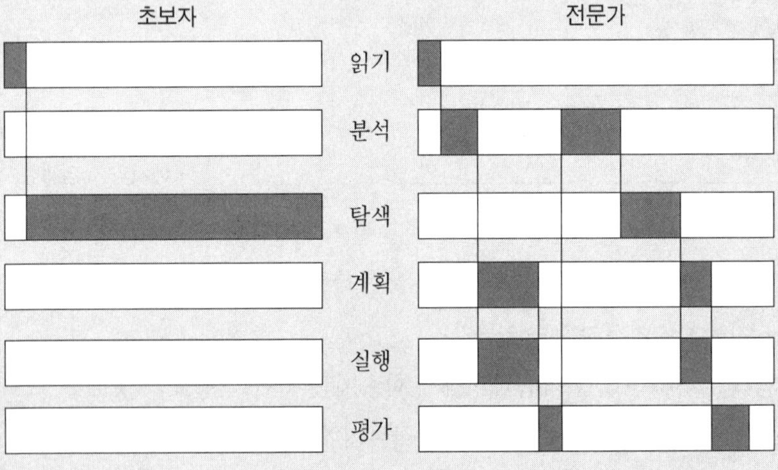

이를 e-러닝 환경에 적용한다면, 예를 들어 학습자가 자신의 문제해결과정을 성찰할 수 있도록 '지금 무엇을 하고 있습니까?', '왜 그것을 하고 있습니까?', '다른 해결방법도 생각해 보았습니까?' 와 같은 상위인지전략 질문을 제공할 수 있다. 또한 다른 학습자의 문제해결과정을 보여주면서 이를 평가하고 자신의 문제해결과정과 비교하여 다른 학습자와 토론하도록 하는 방법을 활용할 수 있다.

5) 학습자 통제

e-러닝 환경에서 학습자가 프로그램에 짜인 순서대로 학습을 하는가, 혹은 학습자 스스로 자신의 학습 진행을 결정하는가는 중요한 변수다. 자기주도적 학습의 가능성이 e-러닝 환경에서 장점으로 언급되기도 하지만 학습자 통제에 관한 경험적 연구가 모순적인 결과를 보여 주고 있는 것도 사실이다. 예를 들어, 학습자가 무엇을 학습할지 그 순서를 스스로 정하고 통제할 수 없을 때 오히려 학습효과가 더 높았다는 연구도 있다(Steinberg, 1989; McNeil & Nelson, 1991). 학습자 통제의 효과는 학습자 특성, 특히 사전지식과 상위인지능력에 따라 차이를 보인다.

선행학습 정도가 낮거나 상위인지능력이 부족한 학습자에게는 학습자 통제가 많이 주어지는 것보다 잘 구조화된 학습 환경이 제공되는 것이 바람직하다(Schin, Shallert, & Savenye, 1994). 따라서 선행학습 정도나 상위인지능력에 따라 학습자료의 양이나 순서를 학습 프로그램 안에서 제한, 조절할 필요가 있다. 혹은 연습문제, 예시, 추가자료 등과 같은 학습보조

(출처: Lernen Aktiv-Springer, 저자 번역)

[그림 3-7] 학습자가 학습 프로그램이 구성된 순서로 순차적으로 학습할 것인지, 혹은 자신이 원하는 부분을 선택하여 학습 순서를 정할 것인지 결정할 수 있도록 하여 학습자 통제 가능성을 높일 수 있다.

내용을 선택하여 효과적인 학습을 할 수 있도록 배려하는 것도 좋다.

하이퍼미디어 환경에서는 어떻게, 어떤 순서로 학습하는 것이 효과적인지 학습자에게 설명해 주었을 때 더 학습효과가 있었다(Staninger, 1994). 그러나 기본적으로 학습 프로그램 자체에서 정해진 순서대로 할 수 있는 모드와 학습자가 스스로 결정하는 모드를 선택 사항으로 제시하여 학습자가 학습과정 중 자신에게 맞는 모드로 전환할 수 있도록 유연성을 제공하는 것도 좋다.

3. 인지양식

인지양식은 개개인이 정보를 수집하고 조직하는 특징적 양식을 말한다(Jonassen & Grabowski, 1993). 즉, 시각정보를 선호하는 사람이 있는 반면에 촉각을 통해서 자극을 더 잘 수용하는 사람도 있다. 마찬가지로 학습 환경에서 그림의 시각적 정보와 텍스트의 언어적 정보에 대한 구별이 가능하다.

Treichler는 1967년에 학습에 각각의 감각 채널이 어느 정도 이용되는가에 대한 실험을 하여 미각 1%, 촉각 1.5%, 후각 3.5%, 청각 11%, 시각 83% 관여한다는 결과를 발표하였다(Weidenmann, 1997, 재인용). 이 수치를 증명하는 연구가 다시 있었던 것은 아니나 다양한 매체를 사용하는 것이 효과적이라는 것을 짐작할 수 있다.

인간의 학습에 읽기 10%, 듣기 20%, 보기 30%, 보기와 듣기 50%, 보기와 말하기 70% 보기와 직접 해보기가 90% 영향을 준다는 연구도 있었는데, 이는 단순히 보는 것보다는 보기와 듣기를 함께하는 것이 좋다는 것을 의미한다(Weidenmann, 1997).

앞의 연구는 이른바 모드효과, 즉 시각과 청각 등 감감기관의 중복 활용으로 작업기억의 시각적인, 그리고 청각적인 영역이 모두 활성화된다는 것

곁글

인지양식을 알아보기 위한 질문을 예시하면 다음과 같다.

① 나는 내가 기억할 내용을 머릿속에 그림으로 그리면 더 잘 기억한다.
② 나는 글을 읽고 그대로 따라하는 것보다 듣고 하는 것이 더 편하다.
③ 나는 그림이나 도표로 그려진 내용을 더 잘 이해한다.
④ 나는 다른 사람이 설명하는 것을 듣는 것보다 직접 읽어 보는 것이 더 잘 이해된다.
⑤ 나는 라디오 뉴스를 듣는 것이 신문을 읽는 것보다 더 좋다.
⑥ 나는 손으로 물건을 만져서 고치는 것을 잘한다.
⑦ 나는 수학문제를 풀 때 속으로 숫자를 말한다.
⑧ 나는 글로 쓰는 것보다 말로 설명하는 것이 편하다.
⑨ 나는 손으로 만지며 하는 일을 잘한다.
⑩ 나는 다른 사람이 발표를 하거나 토론을 할 때 나중에 읽어 보기 위해 메모를 한다.

을 설명하는 것이다. 시청각 학습자료를 사용하였을 때 시각과 청각의 이중 부호화로 말미암아 더 잘 기억된다는 연구 결과도 이를 뒷받침한다(Mayer & Moreno, 1998; Mousavi, Low, & Sweller, 1995). 이와 같은 일반적인 효과에도 불구하고 대부분의 학습자는 다양한 학습양식을 사용하면서도 자신이 주로 사용하는 인지양식에 있어 개별적으로 차이가 생긴다.

이 밖에도 정보처리를 하는 양식에 따라 순차적 처리와 전체적 처리로 구별한다. '순차적' 처리를 하는 학습자는 세부적인 것에 초점을 맞추다가 후에 개념과 같은 추상적인 정보처리 작업을 한다. 반면 '전체적'으로 정보처리를 하는 경향이 있는 학습자는 처음에 전체에 초점을 맞추고 상세한 것에 대해서는 상대적으로 주의를 적게 주는 경향이 있다.

인지양식에 따라 학습자의 유형을 구별함에 있어 학자에 따라 구체적 학습자와 추상적 학습자로 분류하기도 한다. 이때 구체적 학습자는 직접적인 경험을 선호하고, 추상적 학습자는 개념에 기초해 추상적으로 정리된 학습을 원한다(Kolb, 1981).

따라서 e-러닝 프로그램 개발 이전에 학습자의 정보 부호화 양식을 미리 고려하는 것이 좋다. 학습자의 인지양식을 고려하여 e-러닝 환경에서는 학습자료를 제시하는 모드, 교수방법, 프로그램 및 학습자의 통제 가능성 정도를 조절하는 것이 바람직하다. 이 외에도 학습 시간, 학습 환경의 사회적 맥락과 같은 상황 요인에 대한 고려도 필요하다. 따라서 e-러닝 환경을 구성할 때 다양한 양식으로 학습자료를 구성하여 학습자가 개별적으로 선택할 수 있는 가능성을 높이는 것도 좋은 방법이 된다(Schulmeister, 1997).

물론, 학습자의 인지양식이 다양하기 때문에 인지양식에 따른 선택 가능성을 제공하더라도 e-러닝 환경을 구성할 때는 일반적으로 다음과 같은 점을 고려하는 것이 바람직하다.

학습자는 눈으로 설명을 읽을 때보다는 눈으로 그림을 보면서 귀로 설명을 들을 때, 시각적인 용량을 더 활용할 수 있기 때문에 그림을 더 자세히 볼 수 있다. 따라서 복잡한 그림을 제시하여 학습내용을 이해하는데, 시각적인 정보처리가 많이 요구될 때 녹음된 텍스트를 통해 청각적으로 설명을

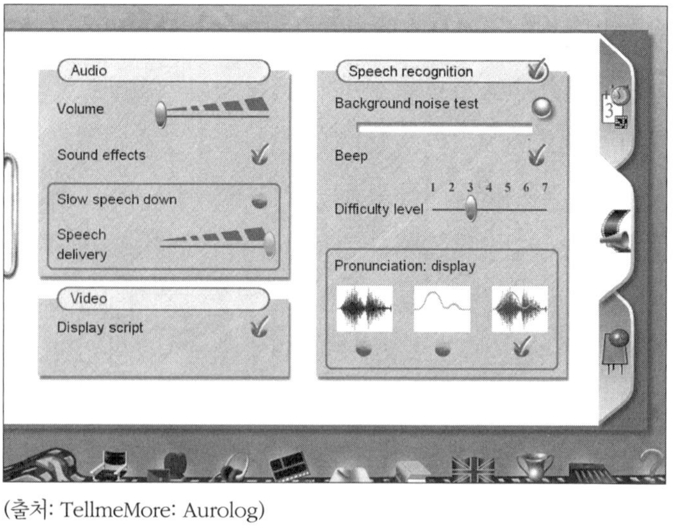

(출처: TellmeMore: Aurolog)

[그림 3-8] 영어 학습 프로그램에서 학습자가 소리의 크기, 속도 및 발음 표시방법을 선택하게 하여 학습자 통제 가능성을 높일 수 있다.

제시해 주는 것이 효과적이다. 그러나 텍스트를 보여 주면서 동시에 그대로 읽어 주는 것은 오히려 학습에 방해가 된다. 녹음된 텍스트로 설명을 들을 때 반복해서 듣는 것이 용이하지 않은 경우나 한 번 듣고 이해하기 어려운 내용은 주요 정보(예: keyword)를 시각적으로 다시 제시해 주는 것이 바람직하다. 또한 문장은 간략하게 문어체와 구어체를 적절하게 활용하는 것이 좋으나 너무 많은 내용을 나열하는 것은 바람직하지 않다.

텍스트는 규칙을 서술하거나 추상적인 개념을 설명할 때는 좋다. 복잡한 과정을 시각적으로 나타내려고 할 때는 연속된 그림, 즉 애니메이션이나 시뮬레이션 등을 활용하는 것이 좋다. 애니메이션은 공간적 구조뿐 아니라 시간적인 흐름을 파악하기에 적합하여 학습내용에 대한 정신모델을 형성하는 것을 용이하게 한다. 따라서 멀티미디어를 활용한 e-러닝 프로그램이 다양한 표상양식을 취한 복합적인 정신모델을 형성하는 것을 촉진한다. 특히, 애니메이션은 학습자 스스로 정신적 시뮬레이션을 할 수 있는 능력이 없는 경우 효과적이다. 애니메이션으로 학습할 때 정지, 되감기 등의 기능이 제공되면 학습자가 반복하여 학습을 할 수 있다는 장점도 있다.

[그림 3-9]에서는 애니메이션이 진행되는 동안 녹음된 텍스트를 들려주는 것을 보여 준다. 물론, 애니메이션의 진행이 연속적이나 여기에서는 몇 개의 정지 화면과 해당되는 텍스트의 내용이 제시되었다.

[그림 3-9]와 같이 애니메이션과 녹음된 텍스트로 제시되는 방법이 있는 반면에 글상자처럼 전체 텍스트가 글로 제시되는 방법도 있다.

다음에 두 가지 방법을 모두 제시하였는데, 학습자에 따라 선호하는 방법이 다르다. 그러나 가능하면 학습자가 자신의 인지양식에 따라 두 가지 방법(글로 제시된 텍스트 vs. 애니메이션+녹음된 텍스트) 중에서 선택하게 하는 것이 바람직하다.

한편, e-러닝 환경에서 텍스트의 내용을 그림으로 표현하여 제시하였을 때 더 잘 기억하였다는 연구가 있다(Peeck, 1994). 이 연구에서 그림은 학

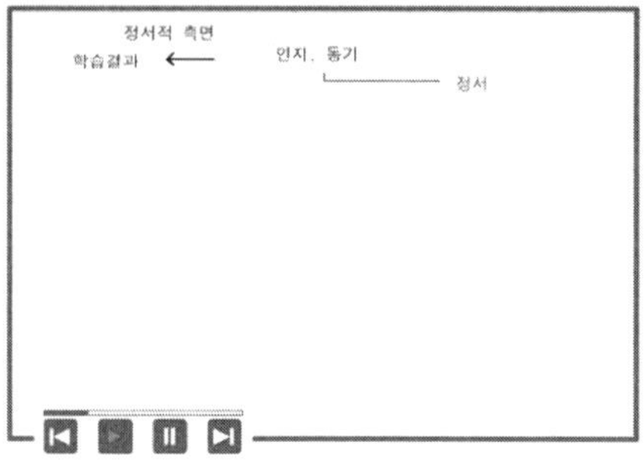

교육심리학에서 학습 결과는 인지적 측면뿐 아니라 동기적 측면의 영향을 받는다는 것은 이미 널리 알려진 사실이다.

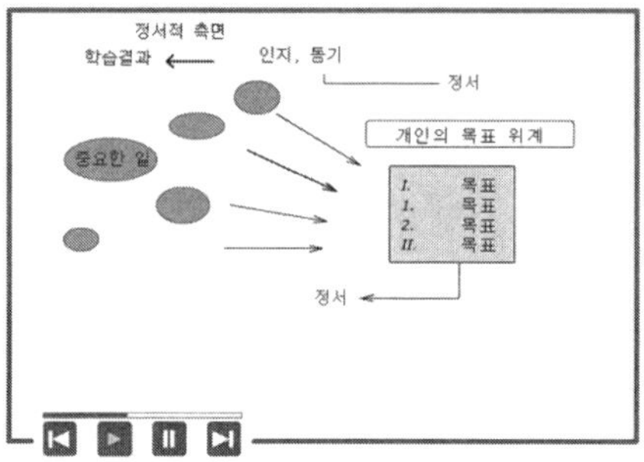

정서적 반응은 특히 개인의 목표 위계에서 중요한 일과 관련되어 있을 때 나타난다는 점에서 동기가 정서적 반응의 필요조건이라 할 수 있다.

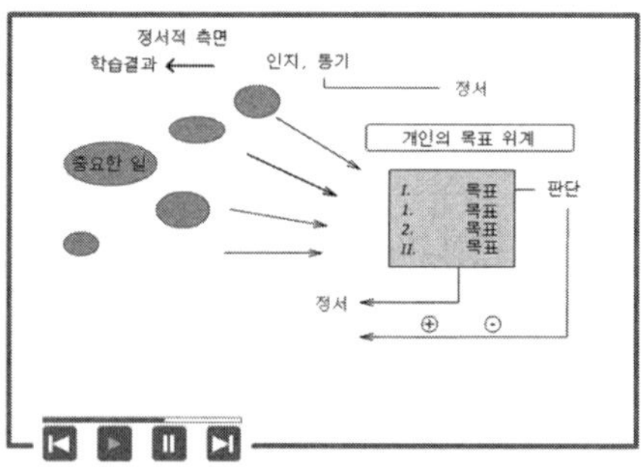

학습과정에서 학습자는 그때까지의 학습 결과를 평가하게 되는데, 자신의 학습목표와 비교하여 긍정적 혹은 부정적인 정서반응을 경험하게 된다.

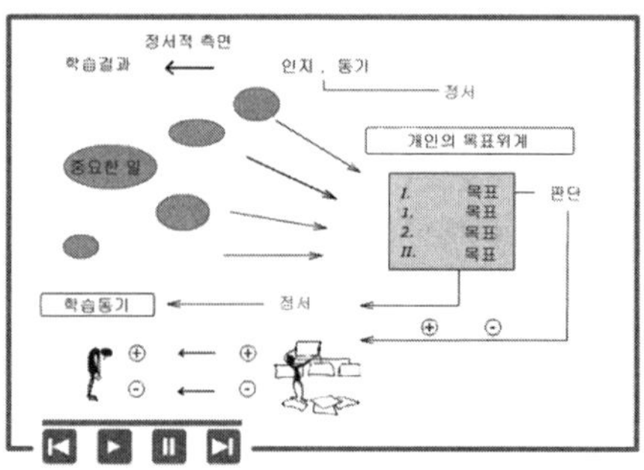

유쾌한 감정은 학습활동을 지속시키는 반면에 불쾌한 감정은 반대로 작용한다. e-러닝 과정에 참여하는 학습자도 학습내용을 잘 이해하지 못할 때 자신이 무능하다고 느끼게 되고, 학습동기를 저하시켜 중도에 학습을 포기하는 상황이 발생할 수 있다.

[그림 3-9] 애니메이션의 정지 화면

교육심리학에서 학습 결과는 인지적 측면뿐 아니라 동기적 측면의 영향을 받는다는 것은 이미 널리 알려진 사실이다. 동기는 정서와 서로 다양한 방법으로 연결되어 있다. 정서적 반응은 특히 개인의 목표 위계에서 중요한 일과 관련되어 있을 때 나타난다는 점에서 동기가 정서적 반응의 필요조건이라 할 수 있다. 학습과정에서 학습자는 그때까지의 학습 결과를 평가하게 되는데, 자신의 학습목표와 비교하여 긍정적 혹은 부정적인 정서반응을 경험하게 된다. 유쾌한 감정은 학습활동을 지속시키는 반면에 불쾌한 감정은 반대로 작용한다. e-러닝 과정에 참여하는 학습자도 학습내용을 잘 이해하지 못할 때 자신이 무능하다고 느끼게 되고, 학습동기를 저하시켜 중도에 학습을 포기하는 상황이 발생할 수 있다.

습자의 호기심과 재미를 높여 주어 학습동기에 긍정적으로 작용하기 때문으로 해석된다. 그러나 그림을 사용하였다고 하여 자동적으로 기억이나 학습에 긍정적인 영향을 주는 것이 아니다. 따라서 학습자가 어디에 주의를 집중해야 하는지 잘 유도해야 한다.

전반적으로 e-러닝 환경에서 멀티미디어를 활용할 때 간섭효과에 유의하여야 한다. 이는 학습자의 주의가 분산(split-attention-effect)되어 주어진 자극을 적절하게 통합하는 것이 용이하지 않을 수도 있기 때문이다(멀티미디어를 활용한 e-러닝 콘텐츠 개발에 대한 설명은 제5장에서 더 자세히 다룰 것이다).

제2절 동기 · 정서적 영역

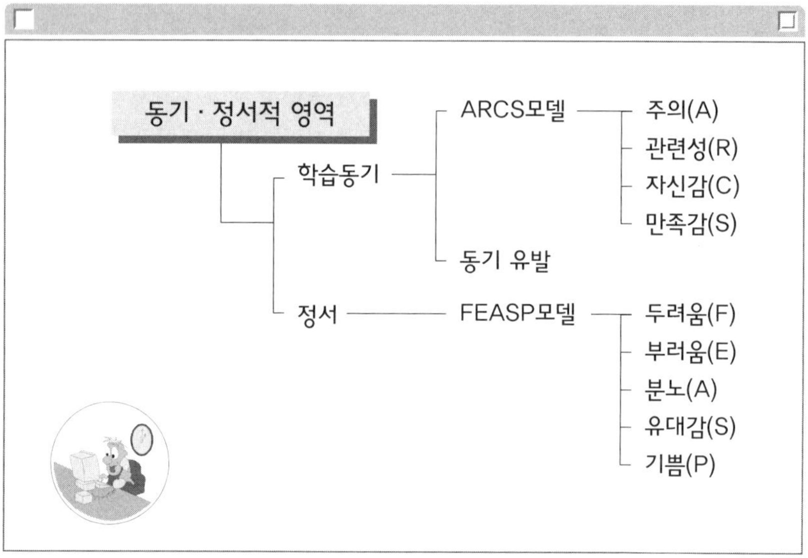

1. 학습동기

대부분의 e-러닝 프로그램의 경우 학습 대상 집단이 분명히 정의되지 않기 때문에 학습자의 동기를 높이는 일이 용이하지 않다. 또한 e-러닝 환경에서는 교사가 학습자에게 동기를 부여하는 기능이 기존의 학습 환경에 비해 약하기 때문에 중도 포기(drop-out) 문제가 자주 발생한다(Astleitner, 2002). e-러닝 환경에서는 학습자 스스로 자신의 학습과정을 계획, 실행, 감독해야 하므로 학습과정에서 자기 스스로 동기를 유발하고, 다른 것에 주의가 분산되는 것을 방지하는 것이 요구된다. 즉, 학습자의 의지가 중요하다. e-러닝 환경에서 학습동기와 관련된 질문을 정리하면 다음과 같다.

- 어떻게 학습자의 주의를 끌고 계속 주의를 집중할 수 있도록 e-러닝 환경을 구성할 것인가?
- 어떻게 학습동기를 저해하는 정서적 상태(실망, 분노, 불안)를 피할 수 있는가?
- 어떻게 학습자가 스스로 설정한 계획을 추진할 수 있도록 도울 수 있는가?

동기라는 개념은 일상에서 많이 사용하고 있으나 학습자의 동기가 얼마나 큰가를 직접 관찰할 수 있는 것은 아니다. Rheinberg(2000)는 동기를 미래의 목표 상황에 긍정적인 영향을 미칠 수 있도록 현재의 상태를 미래 지향적으로 활성화하는 것이라고 정의하였다. 이러한 동기는 흥미, 기대, 만족도에 의해 결정된다. 학습동기에 영향을 주는 것은 개인의 성향뿐 아니라 학습 상황이 함께 작용한다. 즉, 학습 상황에서 예시를 활용하고, 학습자가 예상하지 못한 실험 결과를 제시하는 방법 등으로 흥미를 유발할 수 있는 것이다(Keller, 1983).

Malone(1981)은 아동이 컴퓨터 게임을 하는 동기로 도전(미지의 결과에 대한 긴장감), 상상의 세계에 대한 호기심을 들고 있다. 이를 위해서는 따분하거나 너무 어려운 게임보다는 적절한 정도로 복합적인 정보를 제공하는 것이 좋다고 하였는데, 멀티미디어를 활용한 e-러닝 환경에서도 제공되는 정보의 양과 복잡한 정도를 잘 조절할 필요가 있다.

학습심리학에서는 학습내용 자체에 대한 흥미를 내적 동기라 하며, 학습결과에 의한 보상(예: 좋은 성적, 상, 벌을 받지 않음 등) 때문에 학습하는 것을 외적 동기라 한다. 이미 학습심리학 연구에서 내적 동기의 중요성을 강조하였다. 내적 동기를 가지고 있는 학습자는 별도의 외적 조건이 필요하지 않지만 정보를 충분히 제공하고 학습자가 학습과정, 학습모드, 학습 장소에 대해 자율적으로 통제를 할 수 있도록 하는 것이 중요하다. 또한 학습자가 학습된 내용이 자신의 목표를 성취하는 데 유용하다는 느낌을 받을 때 학습동기가 더 높아진다. 문제는 학습자가 내적 동기 없이 학습에 임할 때 학습 환경을 어떻게 구성하여 학습자의 동기를 고양시킬 수 있는가다. 외적 동기에 의해 학습하는 학습자에게는 특히 휴식, 피드백, 분명한 학습목표, 학습내용을 구성하는 것이 중요하다.

1) ARCS모델의 응용

최근 교육공학에서 많이 인용하는 Keller(1983)의 ARCS모델로 e-러닝 환경에서의 학습동기 향상에 대한 답을 찾아보자. Keller의 ARCS모델은 좀 단순하다는 비판도 있지만 현장에서 많이 활용하고 있다. ARCS모델은 동기에 영향을 주는 요인을 주의(**A**ttention), 관련성(**R**elevance), 자신감(**C**onfidence), 그리고 만족감(**S**atisfaction)의 4단계로 정리하였다.

(1) 주의(**A**ttention)

학습자의 주의와 흥미를 끌고 유지하는 단계다.

[그림 3-10] 그림자의 크기가 다양하다는 것을 경험함으로써 동기를 유발하여 빛의 성질을 학습하는 프로그램

(출처: 원터치 초등과학-하이테크)

(출처: Lernen Interaktiv-Springer−저자 번역)

[그림 3-11] 'e−러닝이 모두에게 효과적인가?' 라는 질문을 제시하고 이에 대한 응답의 가능성이 노란색 포스트 잍(post it) 종이 위에 제시되었다('그렇다', '아니다', '모르겠다').

- A1(새로운 자극의 활용): 새로운 자극을 제시하거나 모순적이거나 의외의 상황을 제시하여 관심을 끈다. e−러닝 환경에서는 시청각 효과, 즉 애니메이션, 음향효과, 경우에 따라서는 그림을 거꾸로 제시함으로써 이와 같은 효과를 얻을 수 있다. 혹은 뜻밖의 텍스트나 그림을 제시하여 비슷한 효과를 볼 수 있으나 너무 과장하여 학습자의 주의를 분산시키는 일은 삼가야 한다.
- A2(호기심이나 질문 유발): 문제 상황이나 궁금한 내용을 제시하여 질문을 하도록 유도한다. e−러닝 환경에서는 일련의 질문 · 대답 · 피드백 게임을 진행하여 학습자의 발견적 탐색을 유도할 수 있다. [그림 3-11]에서는 'e−러닝이 모두에게 효과적인가?' 라는 질문을 통해 학습자의 관심을 불러일으킨다.
- A3(다양성을 통해 학습자의 주의를 계속 끈다): e−러닝 환경에서는 학습 단위를 짧게 하고 다양한 화면을 제시하며 상호작용을 촉진한다. 그러나 화면의 짜임새는 일관성을 유지하면서 시각적 · 청각적인 자극을 변화시키도록 한다.

(2) 관련성(Relevance)

Keller는 관련성을 목적 관련성과 과정 관련성으로 구별하였다. 학습을 한 후 시험에 합격하는 것과 같이 미래의 효용성을 고려하는 것을 목적 관련성이라고 하고, 학습과정 자체에 관심을 갖는 것을 과정 관련성이라 한다. 학습내용에 대한 관심을 높이기 위해서는 먼저 e-러닝 환경을 친밀감 있게 구성하는 것이 필요하다.

- R1(친밀성, familiarity): 구체적 언어와 예시를 활용하여 학습자의 사전 지식이나 가치관과 관련지어 친밀성을 높인다. 그러기 위해 e-러닝 환경에서 마스코트나 인물을 등장시켜 대화체를 활용하는 방안이 있다. 또한 추상적인 개념을 비유로 설명하거나 학습자와 친근한 상황을 예로 제시하여 설명하는 것도 효과적이다.
- R2(학습목표 제시): 학습목표는 학습내용의 중요성과 효용성을 나타낼 수 있도록 제시하는 것이 좋다. 경우에 따라서는 학습자가 학습방법과 학습내용의 응용범위를 선택할 수 있도록 가능성을 제공하는 것도 효과적이다.

(출처: 수학 3학년–삼성출판사)

[그림 3-12] 어린이에게 친밀감을 주기 위해 마스코트를 사용한 수학 학습 프로그램

(a)

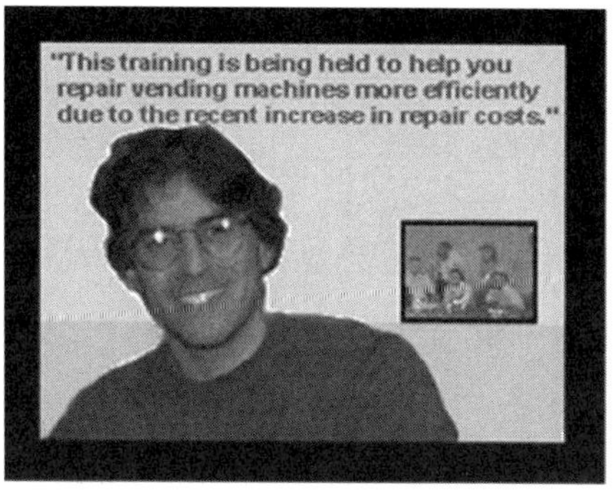

(b)

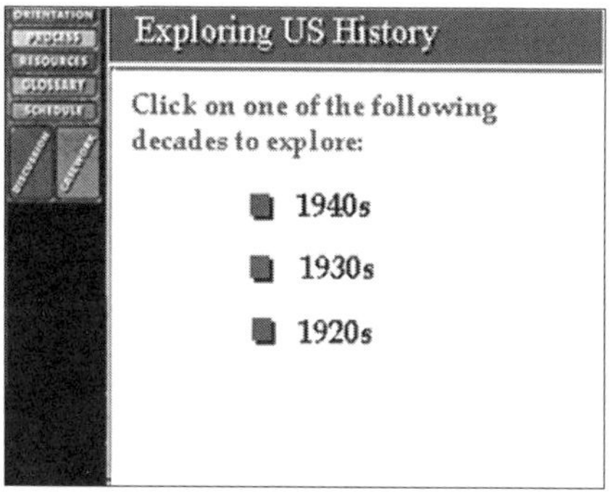

[그림 3-13] (a) 학습목표의 제시, (b) 학습자가 학습내용을 선택할 수 있도록 하였다.

(출처: http://ide.ed.psu.edu/idde/tree/treef.asp?start=1)

- R3(학습자의 동기에 적응): 학습자의 동기에 맞는 학습전략의 선택이 필요한데, e-러닝 환경에서는 다양한 연습문제를 제공하여 학습자가 선택할 수 있도록 한다. 이때 투명한 평가 기준을 적용하는 것이 중요하다. 기술적으로 가능하다면 채팅이나 화상회의 등을 통한 협동학습의 기회를 제공하는 것이 바람직하다.

(3) 자신감(Confidence)

성공에 대한 긍정적 기대는 학습자의 동기를 유발하기 위한 주요 조건이다. 도전을 통해 학습자가 성취감을 느끼도록 하는 것이 중요한데, 이때 위험 부담의 정도를 너무 크지 않게 해야 한다. 학습자의 자신감에 영향을 주는 요인으로 능력의 지각, 성공 경험이 있다.

- C1(학습내용의 전체적인 윤곽 제시): 학습에 필요한 능력에 대해 학습자가 제대로 알 수 있도록 e-러닝 환경에서는 학습목표, 학습내용의 전체적인 윤곽을 분명하게 제시하는 것이 좋다.
- C2(성공 경험 제공): 학습내용의 수준을 다양하게 제공함으로써 수준별 학습이 가능하게 하여 학습자가 성공 경험을 할 수 있는 기회를 제공한다. 너무 쉽거나 어려운 내용으로 학습하지 않도록 학습자의 사전지식과 능력을 알아보고 수준별 학습을 할 수 있도록 유도한다. 또한 e-러닝 환경에서는 학습내용을 제시할 때 단순한 것에서 복잡한 내용으로 구성하는데, 사전지식에 따라 학습경로를 자유롭게 선택할 수 있도록 하는 것이 좋다.

(a)
(b)

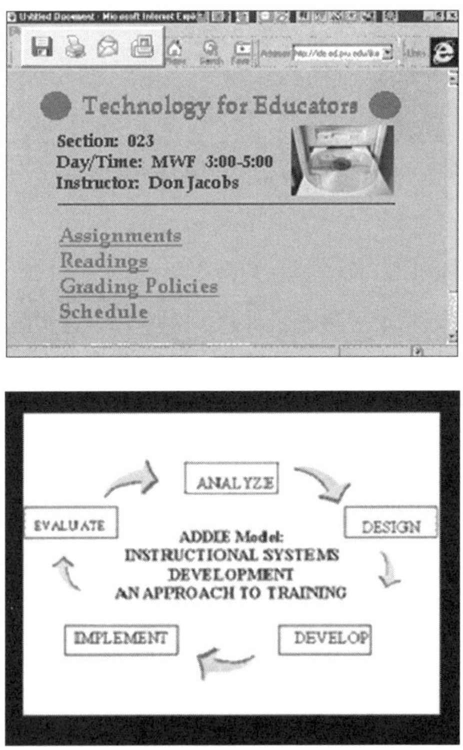

[그림 3-14] 학습내용의 전체적인 윤곽을 알려 주는 예

(출처: http://ide.ed.psu.edu/idde/tree/treef.asp?start=1)

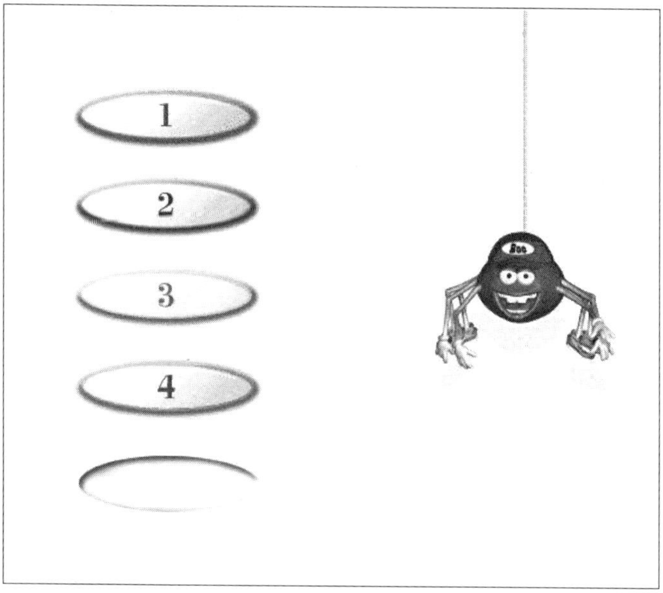

(출처: 미아수학교실-EBS)

[그림 3-15] 학습자가 자신에 맞는 수준을 선택하게 하여 성공 경험을 할 수 있도록 한다.

(출처: 명화이야기-joun i soft)

[그림 3-16] 초기 화면을 클릭하였을 때 처음의 오리엔테이션 내용을 건너 뛸수 있도록 왼쪽 상단에 SKIP 기능을 첨가하였다.

• C3(통제의 지각): e-러닝 환경에서는 학습 중에 언제든지 중지할 수 있고 원하는 내용으로 돌아갈 수 있어야 한다. 또한 학습자가 학습 속도를 결정할 수 있어야 한다. 따라서 자동적으로 다음 화면으로 이동하는 것은 좋지 않다. 학습내용의 첫 부분에 나오는 프로그램에 대한 설명과 같이 오리엔테이션을 하는 내용은 건너뛸 수 있도록 하는 것이 좋다. e-러닝 프로그램으로 학습을 하다가 다른 부분으로 가기 위해 초기 화면을 클릭하였을 때 다시 처음의 오리엔테이션 내용이 반복되는 경우 학습자는 짜증을 낼 수 있다.

(4) 만족감(**S**atisfaction)

• S1(연습 기회의 제공): 학습한 내용을 바로 응용할 수 있도록 구성하는 것이 좋은데, e-러닝 환경에서는 연습문제를 제시하여 학습한 내용을 바로 응용할 수 있는 기회를 제공한다. 경우에 따라서는 학습자에게 바로 학습한 것을 적용하도록 제안하거나 기초 지식을 획득한 후에 시뮬레이션 상황을 제시하여 응용할 수 있도록 한다.

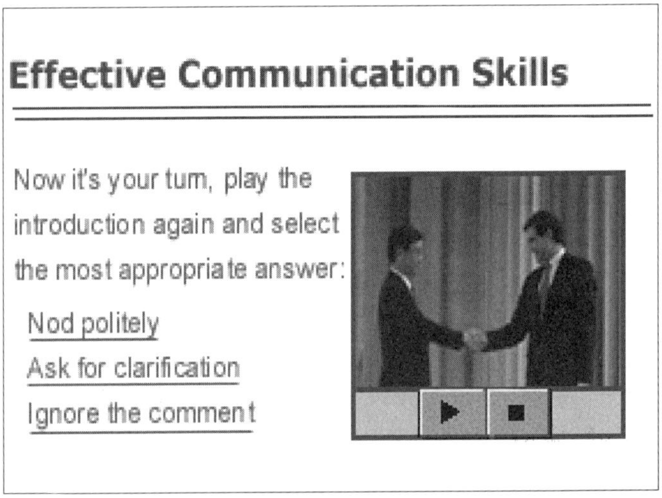

(출처: http://ide.ed.psu.edu/idde/tree/treef.asp?start=1)

[그림 3-17] 실제 상황과 유사한 맥락에서 연습할 수 있는 기회를 갖는 것은 동기 형성에 긍정적으로 작용한다.

(a)

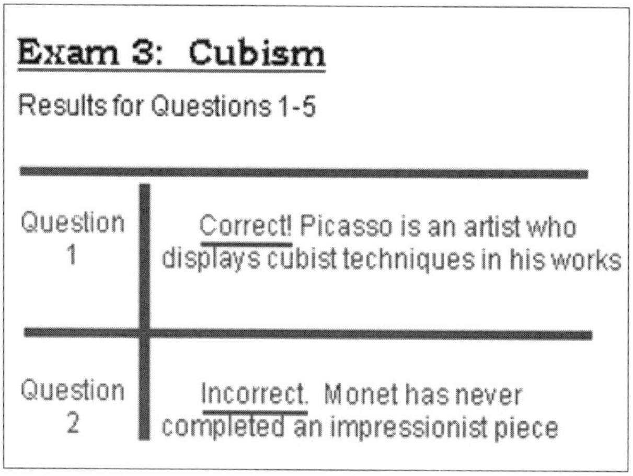

(b)

(출처: http://ide.ed.psu.edu/idde/tree/treef.asp?start=1)

[그림 3-18] (a) 단순히 결과를 확인하거나, (b) 긍정적인 내용으로 동기 향상을 유도하는 피드백의 예

- S2(긍정적 피드백): 학습 초기에는 긍정적 피드백을 자주 줄 수 있도록 구성한다. 피드백을 줄 때 단순히 오류를 지적하는 것보다는 긍정적 개선에 초점을 맞춘 평가를 하거나 긍정적인 격려를 하는 것이 효과적이다. 그러나 너무 과장된 피드백은 오히려 학습자의 능력이 과소평가되는 것으로 오해를 불러일으켜 역효과를 낼 수도 있다. 또한 학습에 대한 보상으로 제공되는 게임이 학습내용보다 더 흥미로운 것은 바람

직하지 않다. 한편, 피드백에서 유의할 점은 학습자가 연습문제를 풀 때 철자가 틀리는 것 같은 작은 오류는 묵인하는 것이 바람직하다. 사소한 실수에 대해 컴퓨터가 오류를 지적할 때 컴퓨터가 정말 멍청하다는 생각을 하였던 사람이 많이 있을 것이다.

- S3(일관성): 학습목표와 내용, 평가에서 일관성 있도록 한다. 또한 평가기준을 투명하게 제시하여 학습자가 납득할 수 있도록 한다.

[그림 3-19] 학습효과를 평가하는 기준을 투명하게 제공하는 것이 학습동기 형성에 도움이 된다.

(출처: http://ide.ed.psu.edu/idde/tree/treef.asp?start=1)

Keller(1999a, 1999b)는 그의 후속 연구에서 e-러닝 환경에 어떻게 ARCS 모델을 체계적으로 적용할 수 있는지에 대해 예시하였다.

2) 동기 유발

e-러닝 환경에서 동기를 유발하는 요인으로는 다양한 매체 및 활동의 활용, 다양한 학습경로의 선택 가능성, 사회적 상호작용 등을 들 수 있다. 학습과제는 학습자가 도전해 볼 만하다고 느끼는 것이 동기 유발에 긍정적으로 작용하나 불특정 다수를 대상으로 하는 e-러닝 환경에서는 학습자의 관심 영역이 다양하기 때문에 난이도를 결정하는 것이 쉽지 않다. 따라서 학습내용을 구성할 때 공통이 되는 기본학습 내용 외 심화학습 내용은 선택 사항으로 제시하는 것이 좋다. 학습자에게 여러 수준의 난이도를 제공하여 선택할 수 있도록 하는 것 외에 학습한 내용에 대한 테스트를 실시하여 학습자가 자신의 지식 획득 정도와 능력의 성장 정도를 알고 다음 단계의 학습내용을 선택하도록 하는 것이 좋다. 이렇게 함으로써 학습자에게 능동적인 학습을 유도할 수 있다(호기심을 유발하기 위해 제2장에서 소개한 구성주의 교수모델을 적극적으로 응용할 수 있다). 예를 들어, 문제기반학습을 활용할 경우 학습단원 처음에 시나리오로 구성된 문제를 제공하고, 학습자 스스로 정보를 획득하여 문제를 해결하는 발견학습을 유도할 수 있다. 물론, 이때 학습자가 해결해야 할 문제를 포함한 시나리오를 비디오 등과 같은 멀티미디어를 활용할 경우 학습자의 호기심을 더욱 자극할 수 있다.

필요에 따라 유머, 수수께끼, 애니메이션의 활용을 통해 재미있게 학습할 수 있도록 하는데 대개 이런 부분을 프로그램의 앞부분에 제시한다. 그러나 학습자의 흥미가 일단 유발된 다음에는 애니메이션이 반복적으로 너무 많이 제공되면 오히려 지식 구성의 흐름에 방해가 될 수 있다. 따라서 처음에는 관심과 호기심을 끌 수 있는 애니메이션을 활용하되 학습이 진행됨에 따라 심화학습을 할 수 있는 텍스트나 그림으로 전환하는 것이 바람직하다.

멀티미디어 기술의 발달로 e-러닝 환경에서 학습자의 동기를 형성할 수 있는 가능성이 넓어지기는 하였으나 새로운 기술의 응용만으로 동기 형성의 조건이 충분히 만족되는 것은 아니다. 기술적인 요소는 많은 요인 중에 하나일 뿐이며, 또한 너무나 많은 기술적 가능성의 적용은 부정적인 효과를 불러올 수도 있다(Finke, 1985; Salomon, 1994). 즉, 학습내용과 관계없이 학습자의 학습동기를 어떤 식으로라도 높이려고 제시된 그림, 동영상 등은 오히려 학습에 방해가 된다(Mayer, 2001). 또한 동기를 유발하는 요소를 학습 프로그램을 완성한 다음에 추가적으로 첨가할 수 있는 것이 아니므로 프로그램을 구성할 때 이러한 동기 유발 요소를 처음부터 고려해야 한다.

지금까지 우리나라에서 개발된 대개의 멀티미디어 교육 환경은 '활동', '선택', '재미'와 '도전'의 측면에서는 양호한 편인 반면에 피드백과 학습 진도에 따라 동기를 유발하는 것은 부족한 편이다. 특히, e-러닝 환경과

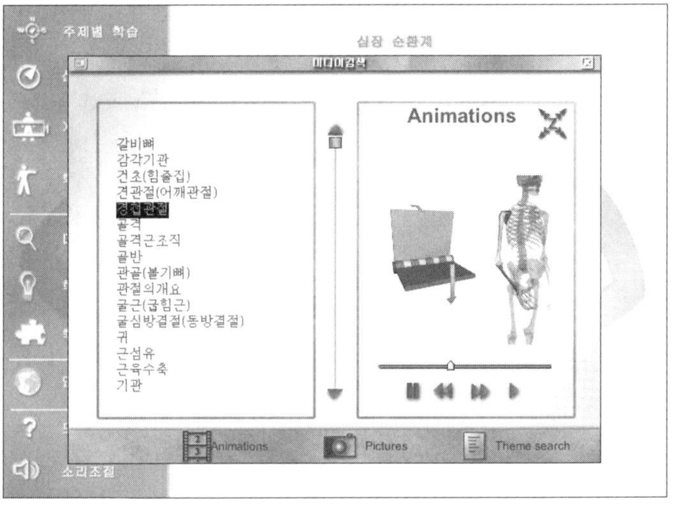

[그림 3-20] 뼈의 관절을 경첩의 원리에 비유하여 설명할 때 애니메이션을 활용할 수 있다.

(출처: 인체의 신비-미디어채널)

같이 자기주도적인 학습 상황에서 학습자는 좌절감을 쉽게 느낄 수 있다는 점을 감안한다면 정교화된 피드백을 통해 학습자가 인정과 격려를 받는 것은 중요하다.

2. 정 서

우리가 일상에서 감정이라고 부르는 정서는 학습에서 과소평가되고 있는 영역이다. 좋은 학습 결과에 대한 기쁨이나 시험불안과 같은 것이 학습 상황에서 대표적인 정서반응인데, 지금까지 시험불안에 대해서는 비교적 많이 연구되었으나 학습 상황에서 다른 정서적 변화에 대한 연구는 미흡하였다. Pekrun 등(Pekrun et al., 2002)과 Titz(2001)와 같은 사람들이 학습 상황에서 발생할 수 있는 정서 변화에 대해 경험적 연구를 하였다(〈표 3-1〉).

이러한 정서적 반응은 e-러닝 환경에서도 발생한다. 예를 들어, 자료를 다운받는 데 시간이 많이 걸리거나 원하는 사이트에 접속이 잘 되지 않아 짜증이 났던 경험은 누구나 있을 것이다.

e-러닝 환경에서 정서적 요인을 잘 고려하지 않는 이유를 Astleitner (2002)는 '차가운' 기술로서 인간의 감정과 같은 복잡한 영역을 다루기 힘

〈표 3-1〉 학습 상황에서 발생할 수 있는 정서 변화에 대한 경험적 연구

		긍정적	부정적
활동과 관련된 정서		학습에 대한 흥미	지루함
과제와 관련된 정서	기대	희망 설렘	두려움 절망적
	회상	결과에 대한 만족감, 안도감, 자부심	슬픔 실망, 수치심
대인관계 관련 정서		감사, 존경 유대감	분노, 질투 멸시

들 것이라는 것과 감정이 개입되면 복잡한 내용의 학습이 방해를 받을 것이라는 편견이 작용한 것으로 분석하였다.

1) 학습 상황에서의 정서적 경험

Astleitner(1997)는 이른바 FEASP모델로 학습 상황에서 경험할 수 있는 정서를 다음과 같이 5가지로 구분하였다.

- 두려움(**F**ear)
- 부러움(**E**nvy)
- 분노(**A**nger)
- 유대감(**S**ympathy)
- 기쁨(**P**leasure)

이 중 두려움, 부러움, 분노는 부정적 정서고, 유대감이나 기쁨은 긍정적 정서다. 이들을 어떻게 e-러닝 환경에서 억제 내지 활성화시킬 것인가를 정리하면 다음과 같다.

(1) 두려움(**F**ear)

- 컴퓨터나 인터넷 활용 경험이 많지 않은 사람의 경우 e-러닝 환경에서의 학습을 부담스럽게 생각할 수 있다. 그러므로 학습 초기의 두려

[그림 3-21] 아동이 재미있어 하는 게임(호랑이 우리 짓기, 먹이주기 등)으로 흥미를 가지고 자연에 대해 학습할 수 있도록 배려하는 것이 학습에 대한 두려움을 덜어 줄 수 있다.

(출처: http://www. nationalgeogrphic.com/tigers/html/)

움을 덜어 주기 위해 흥미를 유발할 수 있는 재미있는 그림이나 애니메이션을 활용할 수 있다. 또한 다양한 난이도의 학습내용을 제공하여 학습자가 선택할 수 있도록 한다.

- 실수를 학습을 위한 기회로 삼는다. 이를 위해 Q&A를 활용하여 다른 사람도 자신과 비슷한 문제를 경험하였음을 확인할 수 있고, 질문에 대한 답을 통해 자신이 가지고 있는 문제를 해결할 수도 있다.
- 이완적인 상황을 만들기 위해 멀티미디어를 활용한 긴장이완 훈련 프로그램을 적용할 수도 있다.

(2) 부러움(Envy)

- 다른 사람과의 비교보다는 자신의 학습 진도와 같은 내적 준거나 학습 목표와 비교하도록 권장한다. 이를 위해 학습 진도를 보여 주는 도구(예: History list)나 학습 진행에 관한 피드백을 제공한다.
- 웹기반 환경에서는 학습에 참가하는 사람들(교수자, 동료 학습자)에 대해 게시판에 소개하여 누가 누구인지를 알 수 있는 개방적인 환경을 조성하는 것도 긍정적으로 작용한다.

[그림 3-22] 게임을 통해 수학 연산을 학습하면서 점수를 저장하여 자신의 학습 진행 정도를 알 수 있도록 하였다.

(출처: Treasure MathStorm-The Learning Company)

(3) 분노(**A**nger)

- 학습자 수준에 맞는 내용을 학습하도록 하여 좌절감을 느끼지 않도록 한다. 다운로드나 로그인과 같은 가장 기본적인 부분에서 기술적인 문제가 일어나지 않도록 하는 것이 매우 중요하다. 또한 프로그램 진행의 투명성을 높이고(제4장 참조) 내비게이션 도구의 효과적인 활용을 통해 학습자가 전체적인 프로그램 흐름에 대한 윤곽을 잡을 수 있도록 한다.
- 연습문제에 대한 피드백에서도 사소한 실수는 그냥 넘어가는 것이 학습자가 분노하는 것을 방지할 수 있다.

(4) 유대감(**S**ympathy)

- 학습자 간의 관계 형성: 웹기반 교육 환경에서 기회가 있을 때마다 학습자 간에 친밀한 관계를 형성할 수 있는 기회를 제공한다. 이를 위해 사적인 정보를 교환할 수 있도록 실시간(채팅, 화상회의) 및 비실시간(e-mail, 토론 방) 커뮤니케이션의 기회를 제공한다.
- 학습자 간에 협동할 수 있는 과제를 제공하고, 협동학습이 가능하도록 그룹웨어와 같은 소프트웨어를 사용한다.
- 새로 들어온 학습자가 필요할 때 도움을 주고받을 수 있도록 환경을 조성한다.

(5) 기쁨(**P**leasure)

- 학습자에게 우호적인 e-러닝 환경을 구성하는 것이 매우 중요한데, 웹기반 교육의 경우 가상교실을 통해 활발한 커뮤니케이션이 이루어지도록 한다.
- 필요에 따라 시뮬레이션 게임이나 에듀 게임 등을 활용하여 흥미로운 내용을 삽입한다.

(출처: 미아수학교실-EBS)

[그림 3-23] 수학 연산을 학습할 수 있는 에듀 게임

용어 풀이

- 인지적 부하: 학습할 때 작업기억에서 동시에 처리되어야 할 정보의 양을 의미한다. 작업기억의 용량이 제한되어 있기 때문에 학습자의 정보처리에 인지적 과부하가 발생하지 않도록 학습내용을 구성하고 제시하는 것이 바람직하다.
- 인지적 지도: 학습내용의 인지적 구조를 공간적 혹은 물리적인 관계로 시각화한 것이다. 인지적 지도에는 어떤 주제에 관한 내용이 어디에 있고, 이 주제는 무엇에 대해 설명하며, 그 특성이 무엇인지를 그래픽으로 시각화하여 표시되어 있다. 마치 지도를 보면 원하는 곳을 찾아갈 수 있는 것처럼 인지적 지도는 학습자가 원하는 학습내용을 찾아갈 수 있도록 도와주는 기능을 한다.
- 작업기억: 외부에서 감각등록기를 거쳐 새롭게 입력된 정보나 장기기억에서 인출된 정보를 능동적으로 처리하는 기억체계의 일부다. 단기기억과 같은 부분에 해당되나, 단순한 저장기능을 표시하거나 저장 시간이나 용량이 제한됨을 강조할 때는 단기기억이라는 개념이 사용되고 단순한 저장기능뿐 아니라 능동적 정보처리기능을 포함해서 설명할 때는 작업기억이라는 개념으로 표현한다.

■ 장기기억: 단기기억에서 이동된 정보를 영구히 저장하는 기억체계의 일부로 단기기억과는 달리 용량과 저장 시간이 무한대라고 알려져 있다. 학습자가 피곤할 때 '더 이상 머리에 들어가지 않는다.' 라는 표현을 사용하는데, 이는 장기기억의 용량이 부족해서가 아니라 정보가 감각등록기를 거쳐 부호화될 때 주의를 기울여야 하는데, 이때 필요한 정신적인 에너지가 소진되었을 때 이런 느낌이 드는 것이다.

제4장

e-러닝 환경 구성의 심리학적 원리

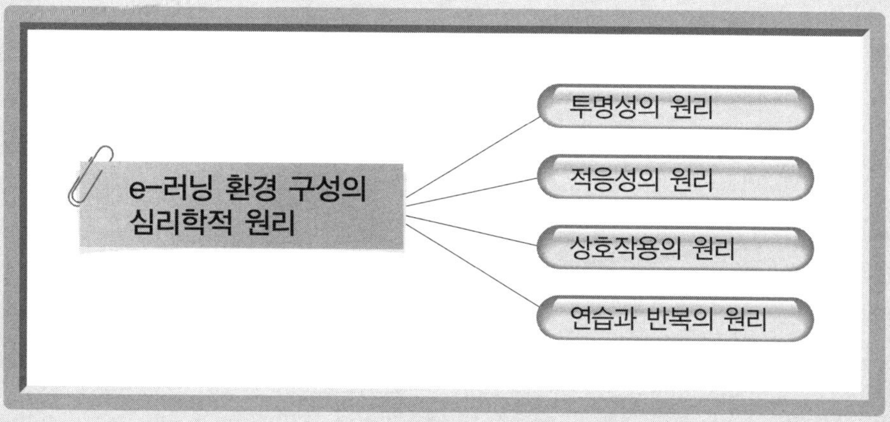

최근의 정보통신기술의 발달로 e-러닝 환경 구성의 기술적인 가능성이 많아졌다. 그러나 e-러닝 프로그램이 학습자의 학습과정을 제대로 이해하지 못한 채 개발되고 교육현장에 투입된다면 학습이 효과적으로 이루어지지 못하거나 심지어는 학습자가 중도에 포기하여 애써 개발한 프로그램 CD가 활용되지 못한 채 사장될 수 있다. 따라서 효과적인 학습이 이루어지는 e-러닝 환경을 구성하기 위해서는 무엇보다도 교육심리학적 측면을 반영해야 한다. 이 장에서는 e-러닝 환경을 구성할 때 고려해야 할 교육심리학적 기본 원리를 살펴보고자 한다.

제1절 투명성의 원리

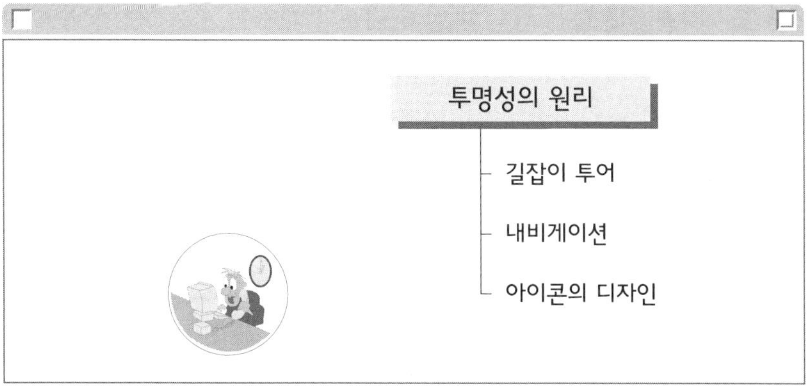

e-러닝 환경에서는 자기주도적 학습이 요구되므로 학습자가 무엇을 어떻게 학습하는 것이 자신에게 효과적인지 알고 있어야 한다. 학습자의 선택 가능성이 많은 e-러닝 환경에서는 학습자가 방향성을 잃어버리면 이의 능동적 이용이 어려워진다. 특히, 학습자가 자신이 어느 것을 이미 학습하였고, 다음에는 무엇을 학습해야 하는지를 결정해야 하는 하이퍼 학습 환경에서 학습자가 방향성을 잃어버릴 경우 학습효과가 떨어진다는 연구는 이미 많이 발표되었다. e-러닝 환경에서 학습자의 오리엔테이션을 돕는 방법으로는 e-러닝 과정의 학습목표를 명확히 하는 방법 외에도 학습내용의 구성과 학습방법, 또 학습 프로그램의 사용방법을 미리 알려 주는 이른바 길잡이 투어(guided tour)를 제공하는 방법이 있다. 이 밖에 효과적인 내비게이션 도구로 e-러닝 환경에서 항해하는 것을 용이하게 하는 방법, 학습활동 궤도가 저장되어 학습 진행 중에 학습자가 자신의 학습활동을 확인할 수 있도록 하는 방법 등을 제공하는 것이 바람직하다.

1. 길잡이 투어

길잡이 투어(guided tour)는 e-러닝 과정의 구성과 기능, 학습방법에 대한 전체적인 윤곽을 제공한다. 학습내용을 소개하는 방법으로 목차 또는 선행 조직자를 이용하여 간단히 전체 내용의 개관을 제시하는 방법도 있다. 경우에 따라서는 해당 e-러닝 환경의 구성 요소 기능에 대해서도 미리 알려 주는 것이 좋다. 예를 들어, 학습내용이 기본학습과 심화학습으로 나뉘었다든지, 연습문제가 제공된다든지, 음악을 듣고 휴식을 취할 수 있거나 간단한 게임을 할 수 있는 사이트가 있다든지, 모르는 개념이 있을 때 참고할 수 있는 용어풀이가 내장되어 있다는 것에 대한 정보가 제공되는 것이 바람직하다.

길잡이 투어를 통해서 e-러닝 환경의 장단점이나 해당 e-러닝 환경에서 효과적으로 학습할 수 있는 방법에 대해서도 설명할 수 있다. 예를 들어, 문제기반학습에서는 문제를 해결하는 과정 중에 학습자가 효과적으로 지식을 구성해야 하기 때문에 문제해결에 필요한 정보를 능동적으로 찾고

[그림 4-1] 학습 프로그램의 구성 요소인 피드백, 연습문제, 학습평가 등에 대해 안내하는 길잡이 투어-우측 하단에 표시되어 있는 것과 같이 길잡이 투어를 애니메이션과 음향 혹은 텍스트 모드로 선택할 수 있다.

(출처: IMPULS-저자 번역)

이를 통합해야 한다는 것을 설명한다. 길잡이 투어에서 이러한 설명을 통해 문제기반학습이 기존의 학습방법과 차이가 있다는 것을 미리 알려 주어 e-러닝 환경을 효과적으로 활용할 수 있도록 유도하여야 한다. 이 외에도 프로그램의 사용법 등에 대해서도 소개하여야 한다. 이때 각각의 메뉴 아이콘의 기능뿐만 아니라 프로그램을 중지하는 방법과 그때까지 한 학습내용이 저장되는지, 다시 시작하였을 때 중지하였던 부분으로 바로 들어갈 수 있는지의 여부 등에 대해 설명하여 프로그램의 투명성을 높인다.

2. 내비게이션

e-러닝 환경에서 자기주도적 학습이 효과적으로 이루어지고 학습자가 방향성을 잃지 않고 능동적으로 학습할 수 있도록 하는 데에 내비게이션 기능은 매우 중요하다. 하이퍼 학습 환경에서 학습자가 방향성을 잃고 학습에 필요한 정보를 제대로 얻지 못하였다는 연구 결과가 있었다. 물론, 이와 같은 학습자의 주관적인 판단이 실제의 학습 결과와 일치하지 않았으나 (Hofmann & Simon, 1995), e-러닝 환경에서 효과적으로 학습이 이루어지기 위해서는 내비게이션 기능을 효율적으로 활용하는 것이 필요하다 (Chen & Rada, 1996).

Gall과 Hannafin(1994)은 하이퍼 환경에서 학습자의 내비게이션 활동을 다음과 같이 구별하였다.

- 찾아보기(searching)
- 훑어보기(browsing)
- 연결하기(connecting)
- 수집하기(collecting)

이 중 특히 찾아보기, 연결하기와 수집하기가 유용한데, 학습자가 필요한 정보를 헤매지 않고 찾으며, 가지고 있는 지식을 연결하고, 정보를 수집하여 더 큰 지식체계로 재구조화하는 것이 필요하다. 이 작업은 효과적인 학습을 위한 활동이다. 한편, 학습자의 선택 가능성이 많은 e-러닝 환경에서 학습자가 별 목적 의식 없이 계속 둘러보고 훑어보기만 한다면 제대로 된 학습을 하기가 어렵다.

내비게이션 도구는 학습자가 e-러닝 환경에서 화면 간, 혹은 단원 간 위치 이동을 용이하게 하는데, 다음과 같은 정보를 제공할 수 있다.

- 학습자의 현재 위치
- e-러닝 환경의 구성 요소
- 이미 현재의 화면을 학습하였는지에 대한 정보
- 현재의 화면을 나중에 다시 보고 싶을 때 표시하는 방법

잘 구조화된 내비게이션 도구를 제시하는 것은 학습자가 하이퍼 공간에서 방향을 잃지 않도록 자신의 학습경로를 효과적으로 구조화할 수 있게 하며, 이로써 학습 만족도를 높일 수 있다(Gay & Mazur, 1991).

내비게이션에는 프로그램 전체에 적용되는 글로벌 내비게이션과 학습내용 일부에만 적용되는 로컬 내비게이션이 있다. 글로벌 내비게이션을 디자인할 때 화면의 위치, 모양, 크기는 화면이 바뀌어도 일관성 있게 유지되어야 하고, 학습자의 현재 위치를 알려 주어야 한다. 글로벌 내비게이션 도구로 내비게이션바나 풀다운 메뉴를 활용할 수 있다. 풀다운 메뉴는 메뉴를 선택하였을 때 하위메뉴가 선택한 메뉴의 옆이나 아래쪽에 펼쳐지도록 구성되어 있어 좁은 공간에 많은 옵션을 넣어야 할 경우 유용하다.

내비게이션 도구는 앞으로, 뒤로 버튼과 같이 가장 간단한 방법을 포함하

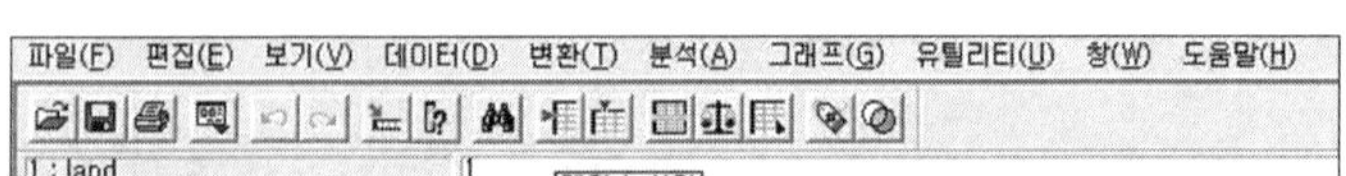

[그림 4-2] SPSS 프로그램의 글로벌 내비게이션 도구

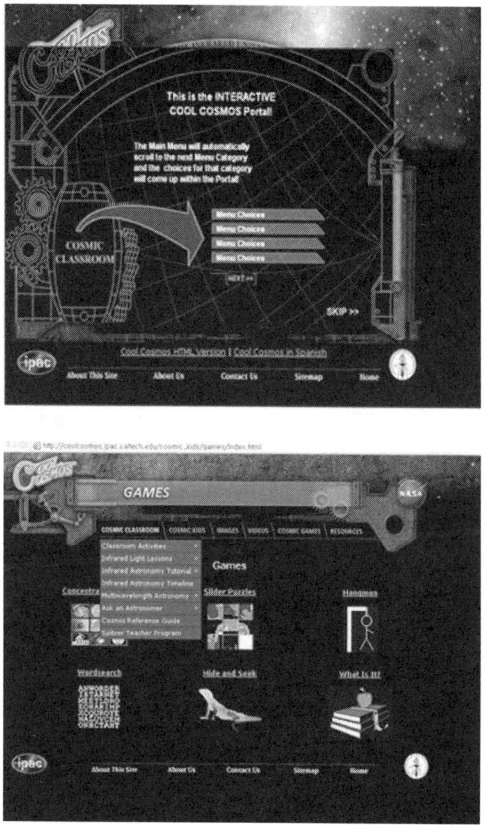

[그림 4-3] 풀다운 메뉴를 활용한 내비게이션 도구-좁은 공간에 많은 옵션을 넣을 수 있다.

(출처: http://coolcosmos.ipac.caltech.edu)

여 e-러닝 과정의 메뉴 좌측에 별도로 주제별로 제시할 수 있다. 학습자가 무엇을 학습하고 있는지 알게 하기 위해서 해당 주제를 밝게 하는 방법이 있고, 짧은 제목으로 학습내용을 알리기 곤란할 때는 학습자가 해당 주제에 마우스를 댈 때 별도의 팝업 창을 띄워서 간단히 설명을 추가하는 것이 바람직하다. 팝업이나 마우스 오버를 통해 새로운 창을 열지 않고도 추가적인 정보를 획득할 수 있는데, 이런 방법으로 링크의 남용에 의한 부작용을 막을 수 있다. 일반적으로 링크의 사용은 자제하는 것이 좋은데, 이는 링크의 남용으로 말미암은 인지적 과부하 때문에 학습에 역효과를 미칠 수 있기 때

(출처: Tellme More-Auralog)

[그림 4-4] 마우스오버기법을 사용한 내비게이션 도구-마우스를 중앙 상단에 있는 마이크에 대면 'Pronunciation' 이라는 설명이 나타난다.

문이다(Niederhauser, Reynolds, Salmen, & Skolmoski, 2000). 화면을 스크롤 해야 하는 경우 내비게이션 도구도 함께 움직이도록 하는 것이 좋다.

이 외에도 Hofmann과 Simon(1995)은 다음과 같은 내비게이션 도구를 정리하였다([그림 4-5]).

- 그림 브라우저(graphic browser): 그물망이나 나무 구조로 e-러닝 환경에 대한 전체적인 윤곽을 제시하는 방법이다.
- 물고기 눈 조망(fisheye views): 물고기 눈의 렌즈 기능과 같이 멀리 떨어진 것에 대해서는 전체적인 윤곽만 보여 주고 가까운 것에 대해서는 상세하게 표시하는 방법이다.
- 학습기록(history lists): 학습자가 둘러본 학습 영역에 대한 목록을 제시하여 학습자가 자신이 학습한 내용의 기록을 가지게 되고, 이미 학습한 내용을 되돌아가서 다시 학습하고자 할 때 바로 들어갈 수 있도록 한다. 학습자가 지금까지 학습한 내용을 알려 줄 때 연료탱크 표지판과 같은 상징을 이용하여 학습자가 자신의 학습한 양과 앞으로 해야

(a)

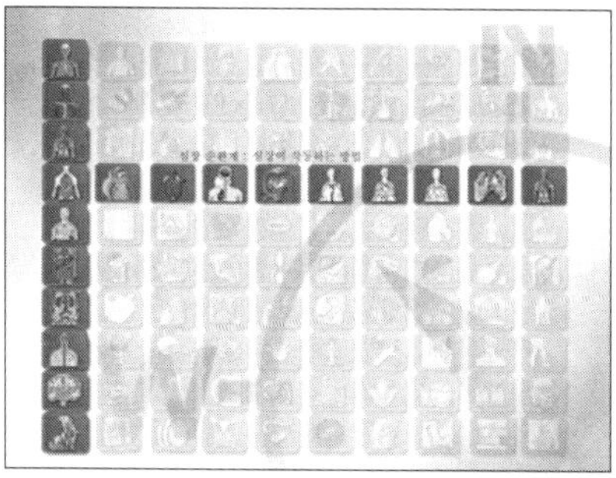

(출처: 인체의 신비-미디어채널)

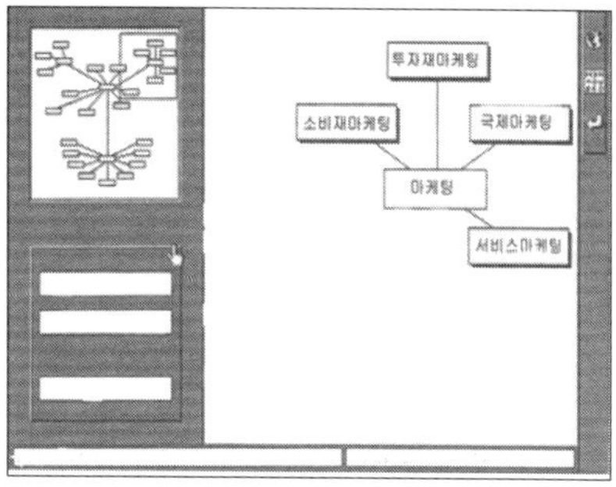

(출처: HERMES)

(b)

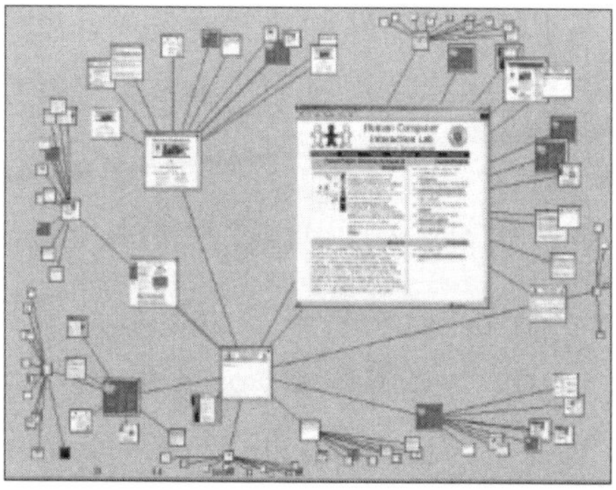

(출처: http://www.e-teaching. org/didaktik/gestaltung/navigationen/hilfen/)

(c)

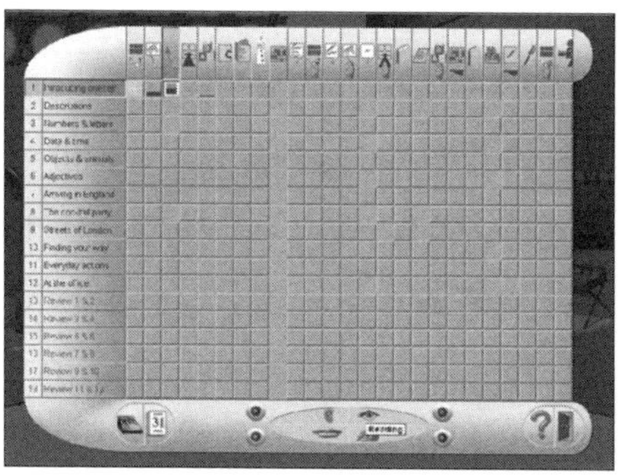

(출처: TellmeMore - Auralog)

(d)

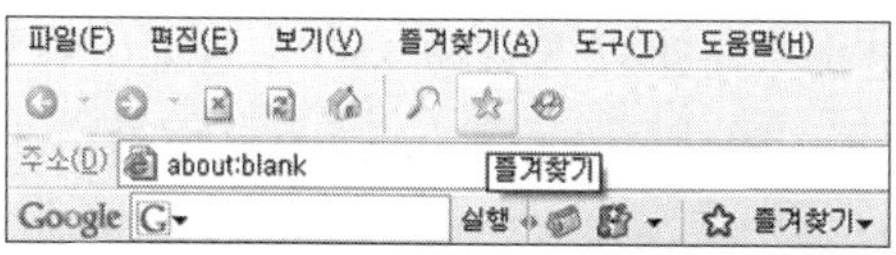

[그림 4-5] 내비게이션 도구-(a) 그림 브라우저: 학습내용의 각 부분을 그림으로 표시하거나 나무 구조로 전체적인 윤곽을 제시하고 관심있는 부분을 확대해서 볼 수 있는 내비게이션 도구, (b) 물고기 눈 조망: 전체적인 윤곽과 상세 내용을 표시한 내비게이션 도구, (c) 학습기록: 학습자가 이미 학습한 내용(좌측 그림에서는 1단원 2, 3영역)을 그 비율만큼 색깔을 다르게 표시, (d) 북마크의 예-Microsoft Internet Explorer의 즐겨찾기

될 양을 표시해 주는 것도 좋다.

- 북마크(bookmarks): 학습자가 자신이 중요하다고 생각하는 학습내용을 표시할 수 있게 한다.
- 저자의 표시(thumb tabs): 학습내용 중 저자가 특히 강조하고 싶은 부분을 표시해 놓는 방법이다.

이 밖에 학습경로가 이미 지정되어 학습자가 자유롭게 항해하는 것을 막는 방법이 있다. 이때 주제별로 이미 정해진 경로를 정하되 세부적인 면으로 내려가 가지를 친 것에서는 학습자가 선택할 수 있도록 하거나 선수학습 혹은 학습한 내용의 이해 정도에 따라 들어갈 수 있는 부분을 제한한 조건부 경로를 제시하는 방법이 좋다.

자신이 어떤 주제의 내용을 잘 알고 있는지를 판단할 수 있는 학습자는 내비게이션 도구를 통해 자신의 학습경로를 선택할 수 있는데, 그 효과는 학습자의 상위인지능력에 따라 다르다. 선수학습 수준이 높거나 상위인지능력이 우수한 경우, 그리고 e-러닝 과정이 고급과정인 경우 학습자가 주도적으로 학습할 수 있어 통제의 가능성을 높일 수 있으므로 내비게이션 기능이 더욱 중요하다. 이때 학습자는 스스로 선택하여 학습을 하고 있다는 느낌을 갖게 된다. 경우에 따라 필수 학습내용, 특히 연습문제는 내비게이션에 지정해 두어 학습자가 피해 가지 못하도록 하는 방법도 좋다. 학습자가 자신의 능력을 평가할 수 있도록 검사나 질문을 첨가하고, 그 결과를 기준으로 권고사항을 제시하여 학습자가 필요 없는 내용을 학습하거나 필요한 내용을 빼놓는 일이 없도록 배려하되 학습 보조내용(연습문제, 예시, 추가자료 등)을 추가적으로 학습할지는 선택사항으로 학습자 스스로 결정할 수 있도록 하는 것이 좋다.

e-러닝 환경에서 내비게이션을 설계할 때 학습자 중심의 설계가 이루어져야 하는데, 기본적으로 학습자가 이것저것 너무 많이 클릭을 하지 않도

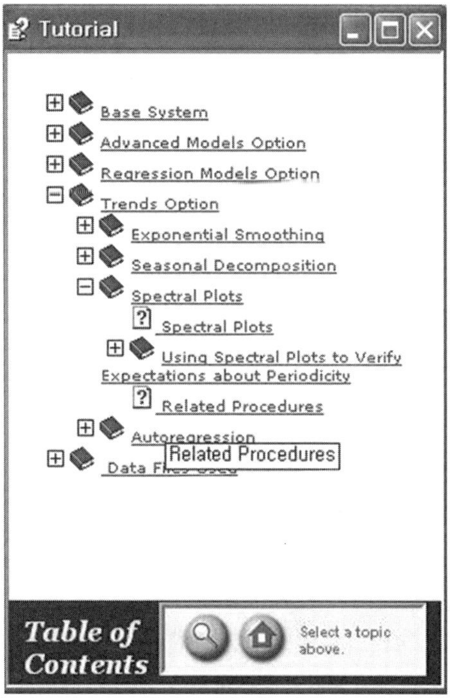

(출처: SPSS)

[그림 4-6] 위계 구조의 **내비게이션 도구**-최상위 메뉴에서 현재의 위치까지 알려준다. 메뉴에서 보는 바와 같이 +부분을 클릭하면 -로 전환되면서 하위메뉴를 볼 수 있다.

록 하는 것이 좋다. 이는 학습내용 자체보다도 클릭활동에 의해 주의가 분산될 수 있기 때문이다. 학습자가 방향성을 잃어버리지 않게 현재 선택된 내비게이션 단추를 색상으로 구별하거나 위계 구조인 경우 최상위 메뉴에서 현재 위치까지를 나열하여 보여 준다.

아이콘의 디자인

내비게이션을 위해 활용되는 아이콘은 학습자가 직접 조작하는 인터페이스자 화면을 구성하는 디자인 요소다. 따라서 한눈에 그 기능을 확인할 수 있도록 명확하게 디자인하는 것이 좋다. 아이콘의 크기는 눈동자를 움직이지 않아도 파악할 수 있게 하고 너무 상세하지 않게 디자인한다. 학습자가 봐서 바로 아이콘으로 인식하고 조작할 수 있는 실마리를 제공하는 것이 좋은데, 예를 들어 그림자를 넣거나, 마우스를 갖다 대면 돋보이거나 커서의 모양이 바뀌는 것과 같은 방법을 활용한다. 아울러 기능상 중요도에 따라 위치, 크기를 조절할 수 있다. 아이콘을 디자인할 때는 학습에 꼭 필요한 요소만 포함시킨다. 복잡한 아이콘으로 학습자에게 부담을 주지 않도록 하고 명료하게 디자인하여 혼란을 방지하여야 한다.

아이콘을 디자인할 때 일상적인 언어나 사고체계의 메타포(metaphor)를 활용하여 학습자가 아이콘의 기능을 직관적으로 알 수 있도록 하고 내용이나 스타일에서 일관성 있게 디자인하는 것이 좋다. 휴지통으로 파일 지우기를 나타낸 것은 성공적인 예라 할 수 있다. 집 모양은 홈페이지 혹은 초기 화면으로의 이동을 나타내고, 열쇠 모양은 로그인, 물음표는 도움말을 표시하는 메타포로 이미 인터넷에서 널리 통용되고 있다. 그 밖에 편지봉투 혹은 우체통은 메일을, 프린터는 인쇄, 돋보기는 검색기능을 나타낸다. 메타포가 분명하지 않을 때 마우스를 갖다 대면 문자 정보를 보여 주어 메타포의 해석에 도움을 줄 수 있다.

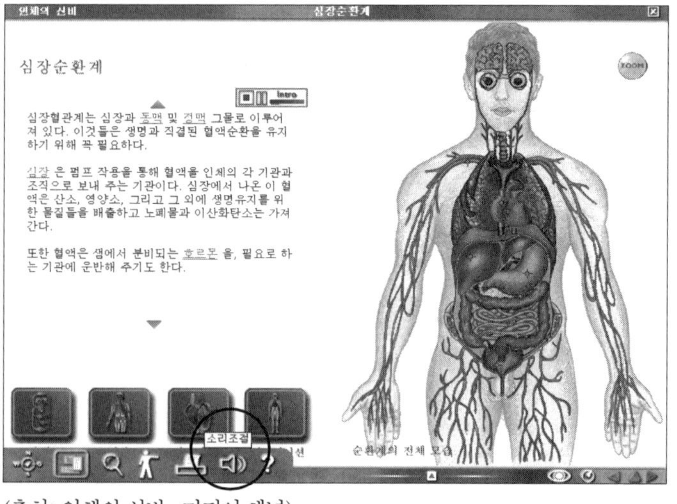

[그림 4-7] 아이콘을 활용한 내비게이션 도구 – 왼쪽 하단 부 스피커에 마우스를 갖다 대면 '소리조절' 이라는 문자 정보를 제공하여 각 아이콘의 기능을 알려 준다.

(출처: 인체의 신비 – 미디어 채널)

인터엑티브 아이콘은 항상 모니터상에서 볼 수 있어야 하고, 아이콘을 클릭하였을 때 그 결과를 바로 볼 수 있어야 하며, 클릭한 후의 과정을 다시 되돌릴 수 있어야 한다.

한편, 모니터에 주의를 자연스럽게 기울이는 정도가 모니터 화면상의 위치에 따라 다르다. 보통 사람이 좌측 상단(I 면)에 가장 많이 주의를 기울이는 반면에 우측 하단(IV 면)에 가장 적게 주의를 기울인다. 따라서 항상 사용하는 기능 단추는 좌측 상단 I 면에 배치하고 기능적으로 유사한 것끼리 가깝게 배치하는 것이 바람직하다.

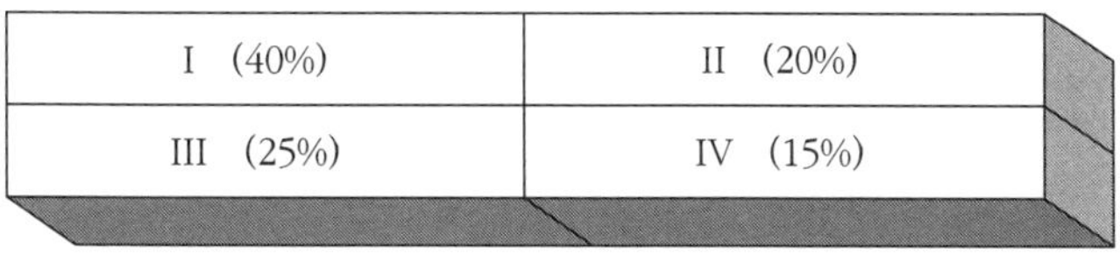

메뉴는 길게 많은 것을 표시하는 것이 짧게 위계적으로 제시하는 것보다 좋다. 왜냐하면 위계적으로 구성된 메뉴에서 필요한 기능을 찾으려면 우선 어디에서 찾아야 할 것인지를 알아야 하기 때문이다.

제2절 적응성의 원리

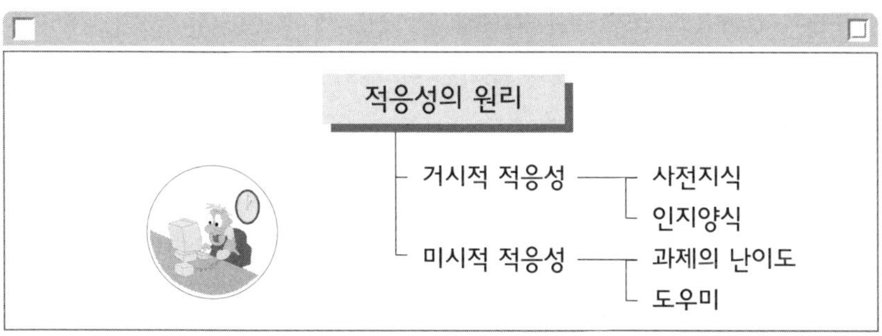

e-러닝 환경에서 지원 형태는 학습내용에 대해 전혀 아는 바가 없어서 체계적인 학습이 필요한 학습자(초보자)와 학습내용에 대해 잘 알고 있고 어느 특정 부분만 보충하려는 학습자(전문가)가 서로 달라야 한다. 또한 개별 학습자는 학습의 진행과 더불어 '초보자'에서 '전문가'로 변하기 때문에 학습 진행 정도에 따른 지원도 달라져야 한다.

교수-학습기술은 학습자의 학습 의도와 학습 환경이 얼마나 조화를 이루는가에 달려 있다. 즉, 학습 환경이 학습자의 요구에 얼마나 잘 적응할 수 있는가에 따라 학습효과는 달라진다. e-러닝 환경의 적응성은 자기주도적 학습 환경과 시스템(혹은 교수자) 주도 학습의 양극을 형성한다. 자기주도적인 학습 환경에서는 학습목표, 학습방법, 학습효과의 평가까지 학습자가 스스로 결정한다. 그 반대의 경우에는 이들 요소가 e-러닝 시스템이나 교수자에 의해 일방적으로 결정된다. 문제는 학습자의 특성을 진단하고 이에 맞게 두 가지 형태에서 적절한 정도의 지원을 하는 것이다. 또한 앞서 지적한 바와 같이 학습의 진행에 따라 학습자의 실력이 향상되기 때문에 이에 따른 변화에도 적응할 수 있는 유연성이 요구된다. 따라서 적응성의 실현이 간단하지 않게 된다.

1. 거시적 적응성

외부의 조작으로 시스템을 조절할 수 있을 때 그 시스템은 거시적 적응성을 가지고 있다고 한다. 예를 들어, 자동차의 좌석 높이나 히터의 강도를 조절하여 운전자에게 알맞게 조절하는 것이 거시적 적응에 해당된다. 교육학에서도 일정한 간격을 두고 적어도 학습이 시작되기 전에 한 번 학습자에 맞춰 학습 단위를 조절하는 것과 같은 거시적 적응이 필요하다(Cronbach, 1967). 거시적 적응성은 학습이 진행됨에 따라서도 별로 변화시킬 필요가 없는 부분에만 적용된다. 예를 들어, 학습자의 지능, 인지양식, 사전지식,

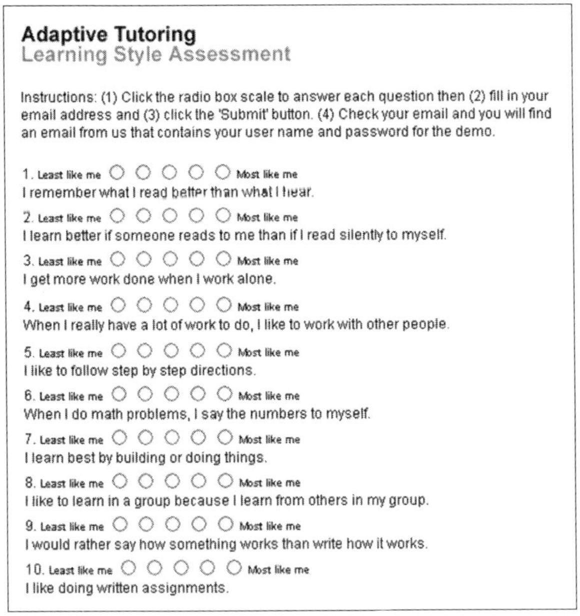

Adaptive Tutoring
Learning Style Assessment

Instructions: (1) Click the radio box scale to answer each question then (2) fill in your email address and (3) click the 'Submit' button. (4) Check your email and you will find an email from us that contains your user name and password for the demo.

1. Least like me ○ ○ ○ ○ ○ Most like me
I remember what I read better than what I hear.
2. Least like me ○ ○ ○ ○ ○ Most like me
I learn better if someone reads to me than if I read silently to myself.
3. Least like me ○ ○ ○ ○ ○ Most like me
I get more work done when I work alone.
4. Least like me ○ ○ ○ ○ ○ Most like me
When I really have a lot of work to do, I like to work with other people.
5. Least like me ○ ○ ○ ○ ○ Most like me
I like to follow step by step directions.
6. Least like me ○ ○ ○ ○ ○ Most like me
When I do math problems, I say the numbers to myself.
7. Least like me ○ ○ ○ ○ ○ Most like me
I learn best by building or doing things.
8. Least like me ○ ○ ○ ○ ○ Most like me
I like to learn in a group because I learn from others in my group.
9. Least like me ○ ○ ○ ○ ○ Most like me
I would rather say how something works than write how it works.
10. Least like me ○ ○ ○ ○ ○ Most like me
I like doing written assignments.

(출처: http:// www.adaptivetutoring.com)

[그림 4-8] 학습자가 자신의 인지양식에 따라 학습내용의 제시방법을 선택할 수 있는 학습 사이트

학습양식 등을 미리 진단하고 이에 맞추어서 e-러닝 환경에 적응하는 것을 말한다. 이러한 부분에 대해서는 교육심리학 분야에서 이미 적성-처치-상호작용(Aptitude-Treatment-Interaction)이라는 개념으로 잘 알려져 있다(Cronbach & Snow, 1977; Jonassen & Grabowski, 1993). 이와 관련하여 많은 연구에서 지적 능력이 부족한 학습자에게 잘 구조화된 학습 환경이 효과적인 반면에 지적 능력이 우수한 학습자에게는 너무 구조화된 환경이 오히려 학습에 역효과를 미치게 된다는 보고가 있었다. 인지양식도 거시적 적응의 대상이 되는데, Jonassen과 Grabowski(1993)는 시각적인 정보를 선호하는 학습자와 언어적 정보를 선호하는 학습자의 인지양식을 구별하였다. 이들은 하이퍼텍스트를 활용한 연구에서 텍스트를 선호하는 학습자와 그림과 비디오를 선호하는 학습자가 자신의 인지적 양식에 맞게 학습 환경이 조성되었을 때 더 효과적으로 학습하는 것을 관찰하였다.

2. 미시적 적응성

주어진 환경조건의 변화에 맞추어 시스템이 계속해서 적응해 가는 것을 미시적 적응성이라고 한다. 예를 들어, 자동변속기어나 온도조절 난방 시스템이 이에 해당된다. 소프트웨어 활용에서 사용자의 상황에 따라 도움을 제공하는 능동적 도우미 기능도 미시적 적응의 한 예라 할 수 있다. 처음 한 번 진단 결과에 맞추는 거시적 적응과는 달리 미시적 적응에서는 학습자의 학습 진도에 따른 조건의 변화를 계속해서 점검하고 이에 맞추어 나간다.

한 과제를 계속 풀지 못하였을 경우 단계를 낮추어서 학습내용을 제공하는 방법은 이미 1960년대에 Skinner를 중심으로 활용된 프로그램 수업모델에서도 적용되었다. 이와 같이 학습자의 성취 정도에 따라 과제의 난이도를 조절함으로써 학습목표에 더 빨리 도달할 수 있게 된다(Weinberg, Hornke, & Leutner, 1994).

또한 학습자의 수준에 맞추어서 도우미가 제공되는 것이 바람직하다. 예를 들어, 학습자가 자신의 학습목표와 필요한 시간을 계획하도록 하고, 학습목표에 부합하지 않은 링크를 클릭하거나 시간이 지나치게 경과하였을 경우 피드백을 주는 것을 통해 학습과정을 조절할 수 있다. 또한 자주하는

곁글

e-러닝 환경에서는 학습자의 학습 정도에 따라 학습해야 할 양과 시간을 조절할 수 있다. 예를 들어, 한 영역에서 학습자가 다섯 번 연속 해당 과제를 맞게 해결한 경우 다음 단계로 넘어가는 결정을 할 수 있다. Leutner(2002)는 다섯 과제를 연속해서 맞힌 경우 해당 내용의 과제 중 75% 이상을 맞게 풀 수 있는 확률이 75% 정도 된다고 계산을 하였는데, 이와 같이 학습내용의 몇 %를 학습해야 하는가를 결정함으로써 몇 문제를 연속해서 맞혀야 하는가를 결정할 수 있다.

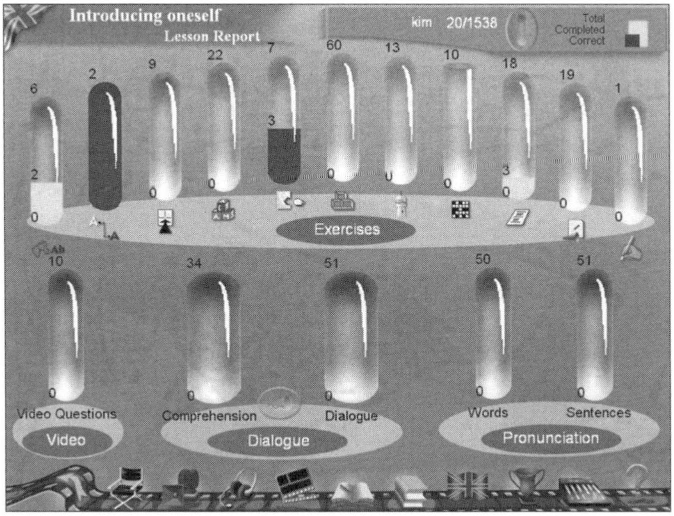

(출처: TellmeMore-Auralog)

[그림 4-9] 학습 진도에 대한 정보를 제공하여 학습자가 어느 정도 학습목표를 달성하였는지 알려 줄 수 있다.

질문에 대한 정보를 제공하는 도우미를 활용하는 방안도 있다. 기존의 학습 환경에서 학습효과를 평가하여 학습자가 자신이 어느 정도 학습목표를 달성하였는지 알려 주는 피드백으로 학습자의 학습 진도에 대한 정보를 제공하는 것과 같은 방법이 e-러닝 환경에서도 활용되는 것이 바람직하다.

일반적으로 교육심리학자가 학습자의 수준에 맞는 프로그램 개발의 필요성에 대해서는 모두 인식하고 있으나, e-러닝 환경에서 이를 기술적으로 실현하는 것이 용이하지 않은 것도 사실이다. 따라서 학습자 변인을 진단하는 방법의 개발과 이에 맞는 학습 환경을 분석하고 개발하는 일이 시급히 요구된다. 이에 대한 시도의 예로서 다음과 같은 사이트를 들 수 있다.

- Learning Machines, Ins(http://www.learningmachines.com)
- AdaptiveTutoring.com(http://www.adaptivetutoring.com)

제3절 상호작용의 원리

상호작용의 원리

- 상호작용 촉진방법
- 도우미의 활용
- 피드백의 활용
- 학습자 간의 상호작용

상호작용이란 다수의 주체가 서로에게 미치는 영향을 주고받는 것이라고 정의할 수 있다. 학습 상황에서는 한 주체가 상대방의 정신적 활동을 촉발하고, 이에 대해 상대방은 응답을 하거나 피드백을 주는 것을 말한다. 디지털 시대에 이르러서는 전자매체와의 상호작용으로까지 확대・적용되며, e-러닝 환경에서는 학습자와 학습 프로그램과의 상호작용을 포함한다.

e-러닝 환경에서 상호작용이란 기술적으로는 학습자가 학습내용의 어느 부분에서든지 마우스를 클릭하여 학습을 시작하거나 그만둘 수 있고, 하이퍼 환경과 마찬가지로 임의로 항해를 할 수 있음을 의미한다. 그러나 교육심리학적으로는 e-러닝 환경을 통해 학습자의 학습동기가 유발되고, 학습에 필요한 정보가 제공되어 이해를 촉진하며, 기억과 응용의 증진과 학습과정의 조직・통제할 수 있도록 도움을 주는 것을 의미한다(Klauer, 1985). 따라서 컴퓨터와의 상호작용을 사용자의 마우스 클릭, 자판을 친 횟수(입력한 양) 등과 같이 양적으로 측정할 뿐 아니라 e-러닝 환경에서 학습자에게 이루어지는 인지적 과정에 대한 분석이 함께 이루어지는 것이 바람직하다(Sims, 1997).

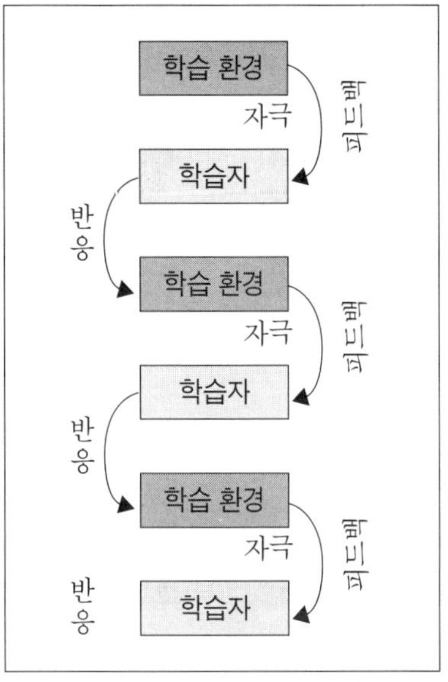

[그림 4-10] e-러닝 환경에서 학습자와 학습 프로그램 간의 상호작용

1. 상호작용 촉진방법

e-러닝 환경에서 프로그램과 학습자 간의 상호작용을 촉진할 수 있는 방법을 살펴보면 다음과 같다.

- **정보양식**: 학습내용을 제시할 때 다양한 모드(텍스트, 애니메이션, 녹음, 비디오 등)를 활용하여 학습자에 맞는 모드를 선택하도록 한다.
- **화면 구성**: 화면 구성이 짜임새 있고 통일감이 있어야 학습 환경의 투명성을 높이고 학습자와 프로그램의 상호작용이 촉진된다. 화면 구성은 너무 복잡하지 않은 것이 좋으며, 심층적으로 보충하는 내용이나, 표, 그림에 대한 추가 설명은 학습자가 필요할 때 마우스를 그림에 갖다 대면 팝업 창을 띄워 이에 대한 설명을 보여 주거나 링크된 창이 열리도록 설계한다. 이와 같이 학습자와 프로그램의 상호작용이 가능한 부분에 대해서는 색상, 외곽선 등으로 별도의 표시를 해 두는 것이 좋다.

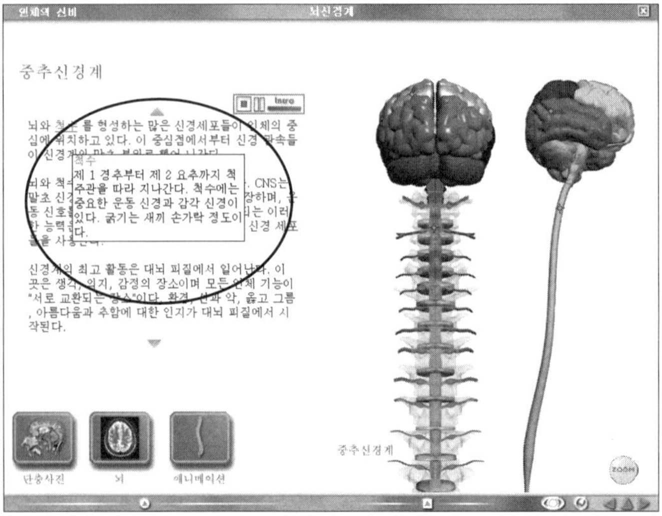

[그림 4-11] '척수'라는 개념을 클릭하면 별도의 팝업창이 떠서 용어 설명이 제공된다.

(출처: 인체의 신비-미디어 채널)

- **과제의 제공**: 과제를 통해서도 학습자와 학습 프로그램이 상호작용할 수 있는데, 대부분의 저작도구가 다양한 종류의 과제를 구성할 수 있게 한다. 많이 사용하는 과제의 형태는 빈 칸 채우기, 다지선다형, 드래그 엔 드롭(drag and drop)형, 자유입력형 등이 있다([그림 4-12] 참조). 이 외에도 **개념도** 구성의 방법이 있는데, 학습자가 만든 개념망을 전문가의 개념망과 비교하는 방법이다(Eckert & Hofer, 1999).
- **도우미의 활용**: 도우미는 학습자와 프로그램의 전형적인 상호작용의 예다. 학습자가 요구하지 않아도 도우미가 화면에 제시될 수 있는데, 이때는 언제 도우미가 필요한지를 결정할 수 있는 기준이 마련되어야 한다. 인공지능 분야에서 추천하는 방법으로 학습자가 자판이나 마우스를 움직이지 않고 가만히 있는 시간이 길 때, 혹은 반복적으로 되풀이 되는 전형적인 오류가 있을 때 도우미를 활성화시킬 수 있다. 이때 중요한 것은 학습자가 언제든지 도우미를 거절할 수 있어야 한다는 것이다(도우미의 활용에 대해서는 뒤에서 좀 더 자세히 다루었다).

(a)
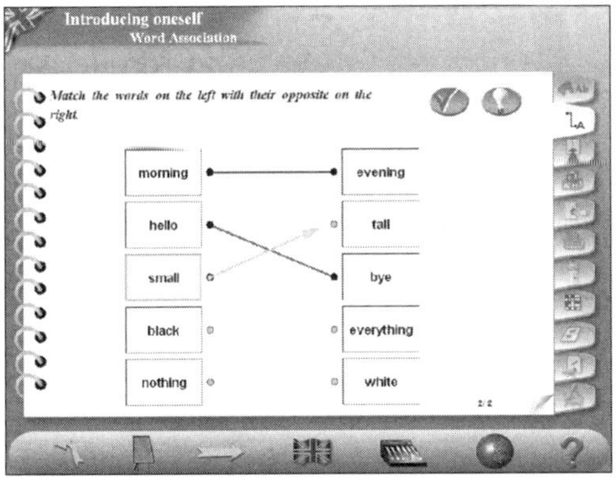

(출처: TellmeMore-Auralog)

(b)
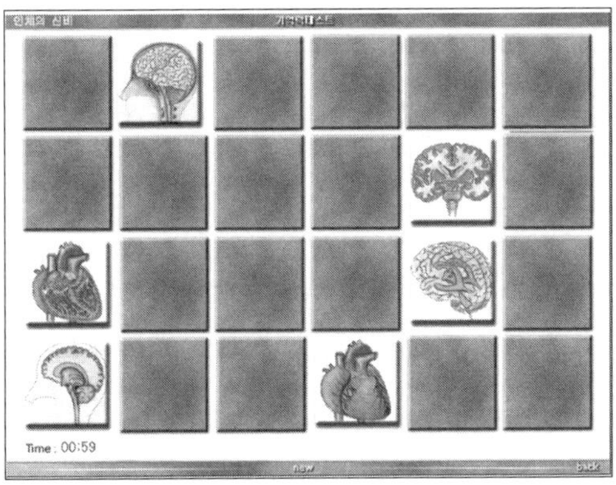

(출처: 인체의 신비-미디어 채널)

(c)
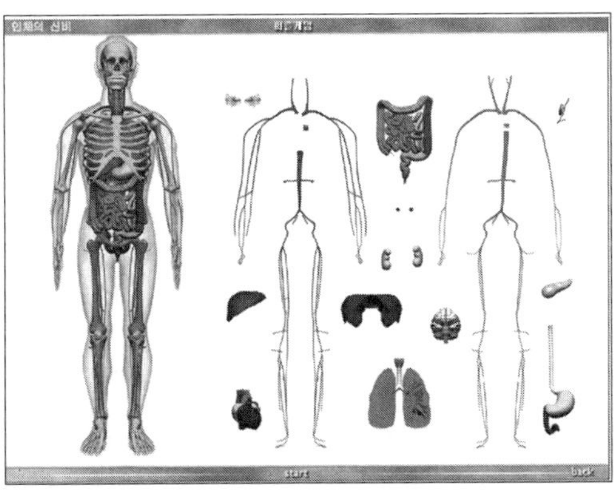

(출처: 인체의 신비-미디어 채널)

[그림 4-12] 연습문제 유형-(a) 연결형 연습문제, (b) 메모리형(그림 짝 맞추기) 연습문제, (c) 드래그 앤 드롭형 연습문제: 모니터상에서 글자나 그림을 마우스로 끌어다 다른 위치로 옮기는 기술을 활용한 연습문제다.

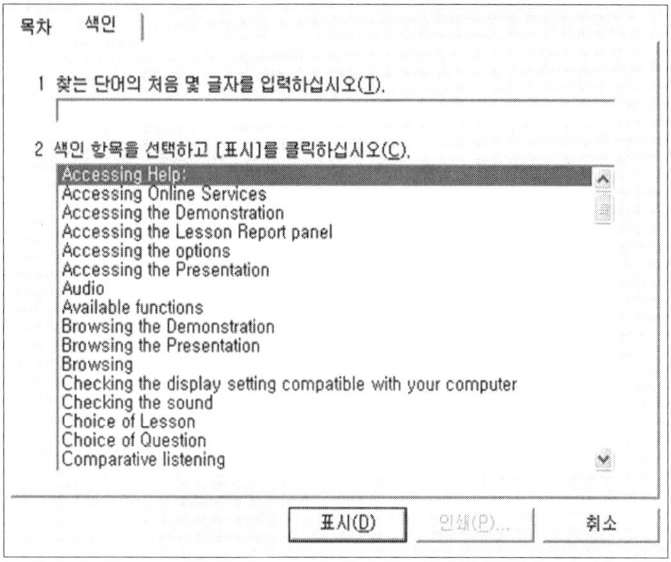

[그림 4-13] 도움말 항목

(출처: TellmeMore-Auralog)

- 피드백: 피드백은 학습자의 활동에 대해 학습 프로그램이 응답하는 것으로 e-러닝 환경에서 가장 중요한 상호작용 형태다. 단순히 맞고 틀린 것을 알려 주는 피드백뿐만 아니라 필요에 따라 정답을 알려 주거나 오류에 대한 설명을 제공할 수 있다. 이렇게 하기 위해서는 사전에 오류에 대해 분석하고 이를 프로그램에 반영해야 한다. 이를 위해 학습자가 흔히 보이는 오류를 수집, 분석하여 기초 자료로 삼는다(피드백의 활용에 대해서는 뒤에서 좀 더 자세하게 다루었다).

이 밖에도 다음과 같은 경우에 대화상자를 활용하여 상호작용을 도울 수 있다([그림 4-14] 참조).

- 프로그램에서 사용자에게서 정보를 입력받은 후 다음 단계로 진행할 수 있는 경우에도 사용자와 프로그램의 상호작용이 이루어진다. 예를 들면, 백과사전에서 키워드를 입력하면 이에 대한 설명이 제공되는 것

(a)

(출처: 재미있는 과학실험 시리즈–대교)

(b)

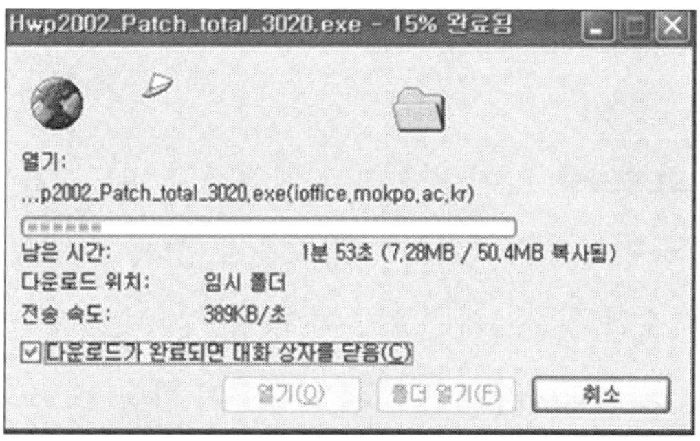

[그림 4-14] 대화상자의 예 – (a) 프로그램을 종료할 것인지를 확인한다. (b) 내려받기 진행 정도를 알려 주는 프로그래스바

을 들 수 있다. 이때 필요에 따라 특정한 내용, 즉 전문용어에 대한 설명이 추가적으로 소개되도록 링크로 연결할 수 있다.

- 학습 프로그램의 주된 내용이 아니라 부가적인 활동을 삽입할 때에도 학습자가 개입하도록 할 수 있다. 예를 들어, 영어 회화를 공부하는 프로그램에서 학습효과를 검증하기 위해 테스트를 불러와 시행할 경우에도 학습자와 프로그램 간의 상호작용이 이루어진다.
- 학습자의 확인을 받는 것이 안전한 경우, 예를 들어 프로그램 종료 단추를 눌렀을 때 정말 프로그램을 종료할 것인지 확인하는 경우에도 상호작용이 요구된다. 이 밖에도 내려받기를 할 때 너무 오래 시간이 걸릴 경우, 즉 플래시로 만들어진 큰 파일을 로딩하기 위해서 10초 이상

시간이 걸릴 경우 화면 아래 부분에 로딩의 진행 상황을 알려 주는 프로그래스바나 진행과정을 알려 주는 문장을 활용하고, 학습자가 기다리는 동안 지루하지 않게 간단한 음악을 들려주는 것도 좋다.

흥미로운 것은 컴퓨터로 학습을 하거나 작업을 하는 사람이 컴퓨터와의 상호작용 상황에서 마치 다른 사람과 상호작용을 하는 것처럼 정서적인 반응을 보인다는 것이다(Reeves & Nass, 1996). 예를 들어, 컴퓨터와의 상호작용 실험에서 사람들은 다음과 같은 행동을 보인다.

- 예의를 갖추려는 경향: 학습 소프트웨어를 평가하는 과정에서 "내가 어땠어요?"라고 직접화법으로 묻는 질문에 대해 더 긍정적으로 평가하는 경향을 보였다.
- 칭찬에 대한 반응: 학습자를 많이 칭찬하고 긍정적인 피드백을 주는 학습 프로그램을 더 긍정적으로 평가하는 경향을 보였다.
- 비판에 대한 반응: 단순한 칭찬보다는 학습자의 행동에 대해 객관적으로 평가하는 상대를 더 지적이라고 평가하는 경향이 학습 프로그램에도 적용되었다.
- 전문가에 대한 태도: 학습 프로그램의 좋은 성능에 대한 정보를 미리 알려 줌으로써 학습 프로그램에 대한 학습자의 태도를 변화시킬 수 있음을 보였다.
- 성에 대한 편견: 과학기술 영역의 학습내용이 여성의 음성으로만 녹음되었을 경우(여성이 과학기술에 대한 지식이 부족하다는 선입견이 작용하여) 학습내용의 신뢰도가 떨어지는 것으로 평가되는 경향을 보였다.

앞에서 e-러닝 환경에서 프로그램과 학습자의 상호작용을 촉진할 수 있는 방법을 살펴보았는데, 흔히 e-러닝 상황에서 상호작용이 가능한 그래픽, 동영상 등을 제공함으로써 동기 유발이 자동적으로 되는 듯 선전하는 경우가 많다. 물론, 학습자가 단순히 수동적으로 지식을 수용을 하는 것보다는 능동적인 활동이 필요하지만, 중요한 것은 그래픽, 동영상 등의 활용이 학습자의 지식 생성과정에 긍정적으로 작용하여야 한다는 것이다.

2. 도우미의 활용

도우미를 통해 프로그램의 사용방법을 알려 주고, 자주하는 질문에 대한 정보를 제공할 수 있다. 특히, e-러닝 환경에서는 학습자에게 학습내용에 대한 추가 설명이나 과제 해결을 지원할 수 있다. 도우미를 작성할 때는 학습자가 이해하기 쉽게 서술하고 형식의 일관성을 유지하는 것이 중요하다. 사실 길잡이 투어와 e-러닝 과정의 내용 구성을 소개하는 목차, 그리고 색인, 검색도구 등도 넓은 의미의 도우미에 포함된다.

도우미에는 온라인 도우미, 사용 설명, 상황에 따른 도우미 등이 있는데, 크게 e-러닝 환경에서 학습자가 별도로 요구하지 않아도 학습자의 활동에 근거하여(예: 학습자가 자판이나 마우스를 움직이지 않고 가만히 있는 시간이 길 때) 프로그램 자체에서 제공하는 능동적 도우미와 학습자가 필요할 때 학습자가 활성화시키는 수동적 도우미가 있다. 능동적 도우미는 학습자가 요구하지 않아도 화면의 일정한 장소에 제시된다. 예를 들어, 마이크로 소프트 사에서 제작한 워드 프로그램에서 사용자가 화면 상단에 주소를 입력하는 경우 작성하는 문서에 편지형식을 자동적으로 제공하는 것이 좋은가를 물어보는 도우미가 이에 해당된다.

프로그램에 따라서 일정한 시차를 두고 도우미가 계속 제공되기도 한다. 도우미를 제공할 때 중요한 것은 문제 상황별로 꼭 필요한 정보만을 정리하여 제공하는 것인데, 대부분 학습자가 모든 설명을 읽기 전에 실행해 보는 경향이 있기 때문에 도우미의 설명이 지나치게 자세하면 학습활동에 오히려 방해가 될 수도 있다.

[그림 4-15] 아동용 수학 학습 프로그램의 도입 부분에서 제공된 도우미-왼쪽 하단부에 마스코트가 등장하여 프로그램의 개요에 대해서 설명한다.

(출처: 수학 3학년-삼성출판사)

온라인 도우미

웹기반 학습 상황에서는 e-mail이나 채팅을 통해서 제공되는 도우미도 있다. 이때 학습자는 e-mail이나 채팅으로 동료 학습자나 교수자 혹은 외부의 전문가와 접촉하여 학습내용의 어려움이나 기술적인 문제의 해결을 위해 정보를 요청하거나 질문을 통해 문제를 해결하는 도움을 청할 수 있다. 이러한 방법은 특히 구체적인 문제가 있을 때 활용할 수 있다.

그 밖에 자주 사용되는 도우미로 FAQ(Frequently Asked Questions)가 있다. 이것은 e-러닝 과정에서 자주하는 질문을 모아 그 답변을 미리 정리한 것으로 학습자는 질문과 답변을 검색함으로써 자신의 문제를 해결할 수 있는 답을 구하거나 유사한 질문의 답변으로 문제해결의 힌트를 얻을 수 있다. 또한 학습자는 자신의 문제와 유사한 문제를 가지고 있는 다른 학습자와 접촉을 시도하여 이후에도 서로 도움을 주고받을 수 있다. 특히, FAQ는 질문에 대해 비교적 전형적인 답변을 할 수 있는 e-러닝 환경에서의 기술적인 문제와 관련된 질문에 적합하다.

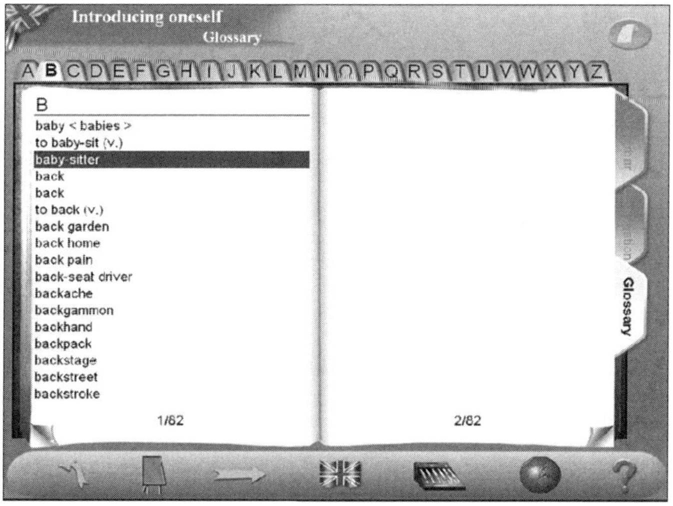

(출처: TellmeMore-Auralog)

[그림 4-16] 용어 풀이도 도우미의 기능을 갖는다.

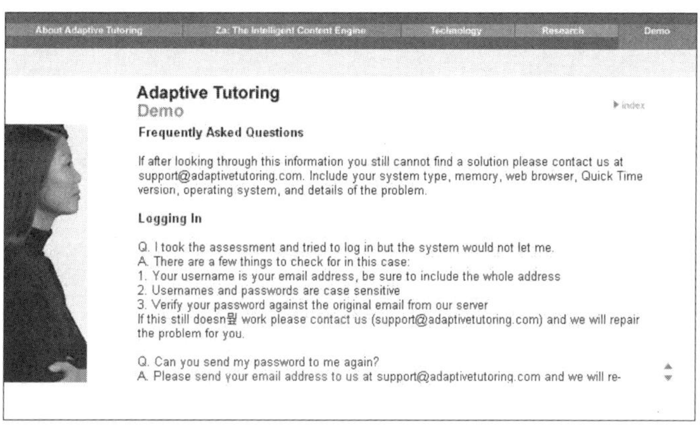

(출처: http://www.adaphivetutoring.com)

[그림 4-17] FAQ(Frequently Asked Questions)

3. 피드백의 활용

Skinner는 자신의 프로그램화된 교수모델에서 간단한 기계적 조작을 이용하여 학습이 이루어질 때 즉각적인 피드백이 주어져야 한다고 주장하였다(제2장 참조). 그러나 현재와 같은 기술적 가능성이 풍부해진 상황에서는 e-러닝 환경에서 피드백이 어떻게 주어져야 하는가에 대한 질문은 다시 제기되어야 한다.

1) 피드백의 정의

넓은 의미로 피드백은 학습자가 자신의 행동 결과라고 지각하는 학습 환경의 변화로 정의할 수 있다. 피드백의 이론적 근거로 이미 학습이론에서 Thorndike의 **효과의 법칙**에 의해 만족할 만한 결과를 초래한 행위는 비슷한 상황에서 다시 발생할 확률이 높다는 것이 알려졌다. 이후 Skinner의 조작적 조건화 실험에서 강화에 의해 행동이 반복될 확률이 높아진다는 것이 증명되었다. 그러나 Skinner의 강화이론은 동물실험에서 증명되었고,

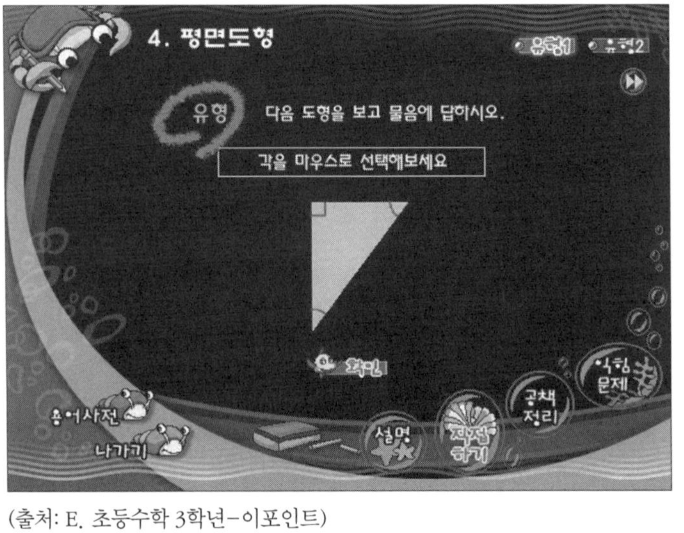

(출처: E. 초등수학 3학년-이포인트)

[그림 4-18] 문제풀이 이후에 정답인 경우 색연필로 동그라미를 그려 피드백을 준다.

인간의 학습, 특히 인간의 지식 획득을 설명하는 데에는 문제가 있다는 것이 지적되었다(Lindsay & Norman, 1981). 인간의 학습은 동물의 학습처럼 단순한 행동의 연속이 아니라 목표 지향적이고 장기간에 걸친 정보처리과정이기 때문에 단순한 강화이론으로 설명하기에는 한계가 있다. 컴퓨터 기반 학습에서 조작적 조건화에 근거한 피드백이 효과가 없다는 연구 결과도 이를 증명해 준다(Kullhavy & Stock, 1989).

2) 피드백의 시점

피드백을 주는 시점으로 Skinner와 같은 행동주의 학자는 즉시 피드백을 줄 것을 권유하였으나 학습내용이 피드백에 포함될 경우 피드백을 통해 학습내용을 다시 한 번 환기시킬 수 있는 장점이 있으므로 지연된 피드백이 더 효과적일 수도 있다(Musch, 1999). 학습내용이 복잡할 경우도 지연된 피드백으로 반복학습의 기회를 제공할 수 있다.

3) 피드백의 종류

피드백은 학습자의 학습전략, 학습능력, 학습목표의 달성 정도를 교수자(교사 및 학습 프로그램)가 평가하고 이를 알려 주는 것으로 정의한다. 이러한 피드백은 평가적 피드백과 설명적 피드백으로 구별할 수 있다(Hargreaves et al., 2000).

평가적 피드백은 학습자에게 단순히 강화를 주는 것에 반해 설명적 피드백은 답의 맞고 틀림에 대한 정보를 제공하고 경우에 따라 왜 답이 맞고 틀린지에 대해 설명하며, 학습자가 성취한 것이 무엇이고, 성취하지 못한 것이 무엇인지를 알려 준다. 아울러 학습목표를 달성하기 위한 방안을 제시하거나 학습 성취도를 높여 줄 수 있는 다양한 방법을 제시하는 정교한 피드백도 설명적 피드백에 해당된다. 세분화된 피드백이 학습에 효과가 있는 것은 학습자의 오류에 대해 정답이 무엇이고, 왜 학습자의 답이 틀린 것인지

[그림 4-19] 정교화된 피드백의 예

(출처: http://ide.ed.psu.edu/idde/tree/treef.asp?start=74)

[그림 4-20] 수화를 학습하는 프로그램에서 비디오의 교사가 가구 배치에 관한 지시문을 수화로 제공하면 학습자가 이에 따라 가구를 배치한다. 학습자가 과제를 수행한 후 오른쪽 상단 부의 그림이 제공됨으로써 학습자가 자신이 수행한 과제에 대한 피드백을 받을 수 있다.

(출처: http://www.e-teaching.org/didaktik/gestaltung/interaktiv/Interaktivitaet Schulmeister.pdf)

알려 주는 것이 학습자의 지식 구성에 도움이 되기 때문이다. 이렇게 정교화된 피드백은 특히 학습내용이 복잡할 때 바람직하다(Reimann, 1997).

4) 피드백 방법

효과적인 학습을 위해서는 학습자의 오류를 학습을 위한 기회로 생각하는 의식이 중요하다. 따라서 피드백을 교수자가 학습자에게 주는 도움으로 이해하는 것이 바람직하다. 즉, 학습자의 오류를 제거하여 더 발전적인 학습을 위한 제안을 하고, 오류가 제거되었을 때 긍정적 피드백을 주는 것이 좋다. 한편, 긍정적인 귀인을 포함하는 피드백은 학습자에게 부정적인 정서반응을 불러일으키지 않으며, 학습자의 동기 형성에도 긍정적으로 작용한다. 학습자의 자존심을 건드리는 피드백은 학습동기를 저하시키므로 삼가는 것이 좋고, 필요 없는 설명이나 학습자를 의기소침하게 하는 내용은 피하는 것이 좋다. 그러나 격려하는 내용의 피드백은 학습자의 동기 형성과 만족도에 긍정적인 영향을 미친다.

5) 자동화된 피드백

오류를 분석한 피드백을 줄 수 있도록 프로그램을 짜는 것은 매우 번거로운 일이다. 특히, 오류를 한 번 범하였다고 학습자가 그 내용에 대해 잘 모른다고 단정할 수 없으므로 몇 번의 반복된 오류에 대해서만 제대로 된 오류 진단을 할 수 있다. Graesser 등(Graesser et al., 1999)이 e-러닝 환경에서 세분화된 피드백을 활용하기 위해 자동화된 교수 프로그램(Auto Tutor)을 개발하였는데, 학습자의 반응에 따라 다음과 같은 여섯 가지 형태의 피드백이 주어졌다.

• 격려(pumping): 긍정적이거나 중립적인 피드백과 함께 학습자에게 '좀 더 설명해 보세요.' 혹은 '다음에는 어떻게 되지요?' 와 같은 질문

이 주어진다. 이로써 학습자는 자신의 생각을 좀 더 정리하고 자신의 지식을 체계화하도록 격려를 받는다.

- 알림(prompting): 과제가 여럿일 경우 학습자가 이를 수행하기에 용이하도록 사전지식을 테스트하여 학습자 수준에 맞는 과제를 표시한다.
- 힌트의 제공(hinting): 학습자가 과제를 해결하기가 어려울 때 데이터, 규칙, 문제해결에 도움이 되는 단서를 제공하거나 과제를 다시 설명하는 것과 같은 다양한 힌트를 제공한다.
- 정교화(elaborating): 학습자가 학습내용을 이해하는 데 필요한 추가 정보를 제공한다.
- 수정(correcting): 학습자가 부주의로 한 실수를 수정한다.
- 요약(summarizing): 학습자가 학습내용을 스스로 요약하게 함으로써 능동적인 지식 구성을 격려한다.

이와 같은 자동화된 교수 프로그램은 잠재적 의미 분석(Latent Semantic Analysis: LSA), 즉 텍스트에 사용된 단어를 기초로 텍스트의 내용을 파악하는 방법과 같은 인공지능에 근거하여 개발되었으며, 경험 연구에 의해 그 효과가 검증되었다(Person et al., 2001; Link et al., 2001). 자동화된 교수 프로그램은 비교적 복잡한 내용의 e-러닝 환경에서 사용할 수 있는 피드백 도구다. 이와는 달리 기술적으로 비교적 간단하게 이용할 수 있는 피드백 방법으로는 모범 답을 제시하는 것 외에도 학습자의 답을 평가하는 기준을 함께 제시하는 방법이 있다.

6) 피드백의 활용

피드백을 제시할 때 유사한 내용의 정보는 표로 작성하여 제시하는 것이 경제적이다. 또한 너무 자세한 설명은 피하는 것이 좋고, 사용되는 개념은 이해하기 쉬워야 한다. 학습자가 내용적으로는 옳은 대답을 하였어도 철자

곁글

어떤 종류의 피드백을 제공할 것인가를 학습자의 자신감과 관련지어 분석한 연구가 있었는데, 자신감이 있는 학습자의 경우 정답에 대한 피드백보다 오답에 대한 피드백이 더 효과적이다. 이 때 학습자가 피드백 내용을 더 면밀히 살피고, 이후 학습에 이를 반영하기 때문에 더 비중 있게 작용한다는 것이다(Musch, 1999).

한편, 학습동기와 관련지어 피드백을 설명하기도 한다. 학습동기를 학습능력 향상 자체에 관심이 있는 과제 지향적인 동기와 다른 사람보다 잘하려고 하는 사회비교적인 동기로 구별할 수 있는데, 사회비교적인 동기를 갖는 사람은 어려운 과제를 선택하지 않으려는 경향을 보이고 과제 지향적인 동기를 가지고 있는 사람은 복잡한 내용을 더 잘 학습한다는 연구 결과가 있다(Dweck & Legget, 1988). 이를 피드백과 관련지어 고려할 때 과제 지향적인 학습자에게는 학습자의 노력에 대해 더 강조하는 것과 같이 과제 지향적인 피드백을 주는 것이 바람직하다.

학습 결과에 대한 피드백은 개인 내적인 준거를 사용하는 것이 좋다. 예를 들어, "이 전에 비해 많은 진보가 있었습니다."라고 피드백을 주는 것이 사회비교적 준거, 즉 '당신의 성적은 전체의 중간 정도에 해당 됩니다.' 와 같은 피드백보다 더 바람직하다. 또한 학습내용에 근거한 피드백, 예를 들어 "당신은 분모가 다른 분수의 계산을 이해하고 있습니다."라고 하는 것도 좋다.

가 틀리게 입력되었을 때 e-러닝 프로그램이 이를 오류로 지적하여 학습자가 답답하게 느끼는 경우가 있다. 따라서 주관식 답에 대한 평가를 하는 상황에서는 특히 맞춤법이 틀릴 때 어느 정도를 수용할지 문제가 된다. 한편, e-러닝 상황에서도 지나친 칭찬은 역효과를 줄 수 있다. 너무 쉬운 과제를 풀었을 때 혹은 프로그램으로부터 많은 도움을 받은 후에야 문제를 해결하였음에도 지나친 강화가 주어질 경우 학습자가 과소평가되고 있다는 부정적인 정서 인식을 할 수도 있다.

4. 학습자 간의 상호작용

웹기반 학습 상황에서는 컴퓨터와 학습자 간의 상호작용 외에도 교수자 및 동료 학습자 간의 상호작용이 중요하다. 특히, 웹기반 학습 상황에서는 다양한 의사소통이 이루어질 수 있다. 즉, 실시간 의사소통의 방법으로는 채팅, 화상회의 등이 있다. 이 외에도 비실시간 의사소통의 방법으로 e-mail과 토론방을 활용할 수 있다. 교수자 및 동료 학습자 간의 상호작용은 질문하기, 대답하기, 정교화, 토론, 문제해결, 분석, 평가 등 다양한 활동으로 이루어진다. 이 외에도 그룹웨어(groupware) 활용으로 같은 화면을 보면서 함께 작업을 할 수 있는 방법이 활용된다.

웹기반 학습의 경우 출석 수업 형태보다 e-러닝 환경에서 토론의 참여율이 더 높을 수 있다. Hsi와 Hoadley(1997)의 연구에 의하면 기존의 수업 장면에서는 15% 정도만 토론에 참여한 반면에 토론방을 이용하였을 때에는 75%가 참여하였다. 게시판을 활용할 경우 참여자가 충분히 생각을 하여 자신의 견해를 피력할 수 있으며, 게시판에 글을 올리면서 자신의 글 내용을 검토할 수 있기 때문이다.

1) 학습공동체에서의 상호작용

e-러닝 환경에서 교수자 중심의 상호작용은 정보의 제공과 예시, 그리고 연습의 기회를 제공하고, 피드백과 학습자의 성취를 지지하는 것이 주 내용인 반면에 학습자 중심의 상호작용은 사례 연구, 토론 등의 활용을 통한 협동학습이 포함된다. 예를 들어, Camp Habitat(http://mentor.coe.uwf.edu/camphabit/)과 같은 상황 학습의 기회를 통해 학습자가 플로리다의 서식환경을 전문가의 도움을 받으며 가상세계를 체험하며, 인간이 환경에 미치는 영향에 대해 탐구할 수 있다. 서식지의 문제를 해결하는 과정에서 다양한 도구를 활용하여 상호작용이 이루어지고, 자신의 문제해결 방법과 다른 학습자의 결과를 비교하기도 한다. 이때 다른 학습자가 학습의 모델로 기능하기도 한다.

기존의 수업장면에서 교사와 동료 학생 간의 상호작용보다 인터넷을 통

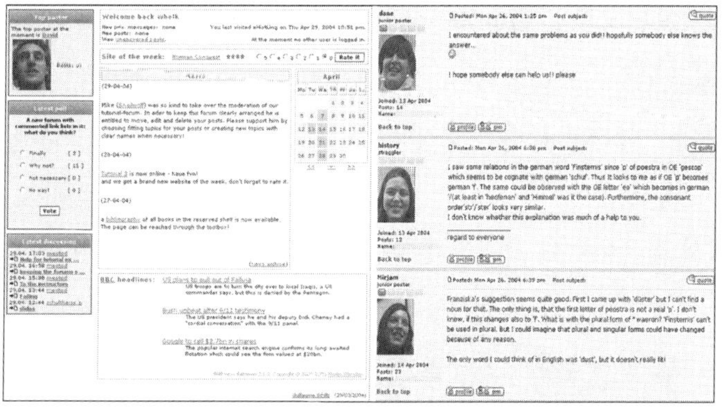

[그림 4-21] 학습자 간의 상호작용이 가능한 포럼의 예

(출처: http://www.ehistling-pub.meotod.de/)

해 형성된 학습공동체에서 학습자가 자신의 활동에 대해 즉각적인 피드백을 받을 때 본인의 활동이 더 의미 있게 작용한다는 느낌을 갖게 되어 동기 형성에 긍정적으로 작용한다는 보고도 있었다(Ross et al., 1989). 또한 지속적으로 상호작용이 이루어지는 집단에서는 학습자가 인터넷을 통해서만 교류를 하는 것과 같은 제한된 상황에서도 정서적인 상호작용을 할 수 있는 길을 찾기도 한다.

학습내용과 직접적으로 관련되지 않은 내용이라도 학습자 간의 상호작용은 정의적 · 동기적 측면에서 중요하다. 예를 들어, 'e-러닝에서 사용되는 소프트웨어의 최신 버전을 어떻게 구하는가' 등의 내용은 학습내용과 직접 관련되지 않더라도 유용한 정보의 교환으로 이해할 수 있다. 또한 협동학습을 통해 과제를 공동으로 수행해야 하는 경우 효과적인 협동학습을 위해서는 학습자 간의 관계가 우호적이어야 한다.

2) 상호작용의 문제점

웹기반 학습의 장점으로 세계 어느 곳의 전문가와도 소통을 할 수 있으며, 지리적으로 멀리 있는 사람과도 협동학습이 가능하다는 것이 많이 언급되었지만 포럼이나 채팅의 기회만 주어지면 학습자가 효과적으로 상호작용할 수 있고, 자동적으로 협동학습이 이루어지는 것은 아니라는 것이 지적되었다(Hesse, Garsoffky, & Hron, 2002).

e-러닝 환경에서 학습자 간의 상호작용이 제대로 이루어지지 않는 문제점을 정리하면 다음과 같다.

우선 일상에서 젊은이들이 채팅을 좋아하고 많이 사용하는 것에 비해서 학습 상황에서는 채팅과 같은 상호작용 도구가 많이 이용되지 못하고 있는 실정이다. 특히, 많은 학습자가 채팅을 하는 경우 어느 논점에 대해 누가 대응하였는지 몰라서 상호작용이 체계적으로 이루어지지 못하거나 정보가 남발되어 참여자가 전체적인 흐름을 놓치기 쉽다. 종종 학습내용에 대한 토론은 뒷전으로 밀리고, 토론자의 중구난방적인 발언을 조절하는 데에 많은 에너지가 소모되는 등 채팅을 구조화하는 데 문제점이 있다. 한편, 비실시간 의사소통으로는 토론방을 들 수 있는데, 학습자가 자주 사용하지 않는 경우 의사소통의 흐름이 간헐적이고 한 주제에 대한 토론을 질질 끄는 경향을 보이기도 한다.

인터넷을 통한 상호작용의 가장 큰 문제는 '사회적 실재성' 의 부족을 지적할 수 있다. 제스처나 몸짓과 같은 비언어적인 의사소통이 제대로 전달

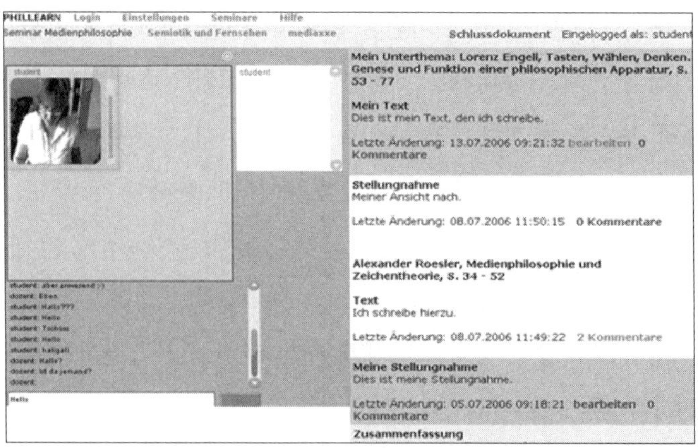

[그림 4-22] 학습자 간 상호작용의 예-화상회의를 통해 협동학습을 할 때 사회적 실재성을 높일 수 있다.

(출처: http://www.ehistling-pub.meotod.de/)

되지 못하기 때문에 현실감이 떨어진다. f2f(face to face), 즉 면대면 의사소통 상황에서 더 불편함을 느낀다는 학습자 있으나 사회적 실재성의 부족은 협동학습에 부정적으로 작용한다는 연구가 더 많이 있다.

3) 상호작용의 구조화

e-러닝 환경에서 학습자 간 상호작용을 효과적으로 할 수 있는 방법에 대한 연구가 있는데, 이것들은 주로 상호작용을 구조화하는 방법에 관한

이모티콘의 예:

:-)　기본적 미소
;-)　윙크와 미소('좀 봐 주세요.' 라는 메시지를 함께 전달한다.)
:-(　찌푸린 표정(불만족의 표시)
:-I　무표정〔:-(보다는 긍정적이지만 :-) 만큼 만족스러운 것은 아니다.〕
:-〉　냉소적 미소
〉:-〉　악의적 표정
(-:　글쓴이가 왼손잡이임을 나타낸다.
:*)　취한 상태
8-)　글쓴이가 선글라스를 착용하고 있다.
::-)　글쓴이가 안경을 쓰고 있다.
8:-)　글쓴이가 여자 아이다.
:-~)　감기에 걸렸다.
:' -(　울고 있다.
:' -)　기쁨의 눈물을 흘린다.
|-I　잠들었다.
|-O　하품을 하고 있다.
:-Q　글쓴이가 흡연자다.
:-S　글쓴이의 말이 논리적이지 못하다.
:-D　웃고 있다.
:-/　글쓴이가 회의적이다.
[:-)　글쓴이가 워크맨(walkman)을 듣고 있다.

연구다. 예를 들어, 한 학습자가 자신의 논점을 밝혔을 때, 우선 그 문제에 대해서만 다른 학습자가 언급해야 한다는 규칙을 활용하는 방법이 있다. 또한 말하기 차례 지키기(turn-taking)의 방법을 활용할 수 있는데, 이런 방법을 활용하였을 때 긍정적인 효과가 있다는 보고가 있었다.

사회적 실재성을 높일 수 있는 방법의 예를 들면 각자 자신을 소개하거나 이모티콘(emoticon)의 사용을 격려하며 학습자가 상호작용할 때 현재 자신이 하고 있는 행위를 언어적으로 기술하는 등(예: 현재 전화를 받고 있습니다)의 방법을 활용할 수 있다.

Roschelle와 Pea(1999)는 e-러닝 환경에서 컴퓨터 기반 협동학습 CSCL(Computer-Supported collaborative Learning)을 효과적으로 활용하기 위해 다음과 같은 응용방법을 제안하였다.

- **능동적인 표상을 위한 공동도구(groupware)의 사용**: 공동의 도구를 사용하여 학습내용을 시각화하는 방법이다. 예를 들어, 개념 간의 관계를 분석하기 위해 학습자는 화면에 나타나는 개념이 적힌 카드를 배열하거나 이들의 논리적 관계를 선으로 표시하는 작업을 공동으로 수행한다.
- **학습공동체 형성 도구의 활용**: 예를 들어, MUDs(Multi User Dungeons)

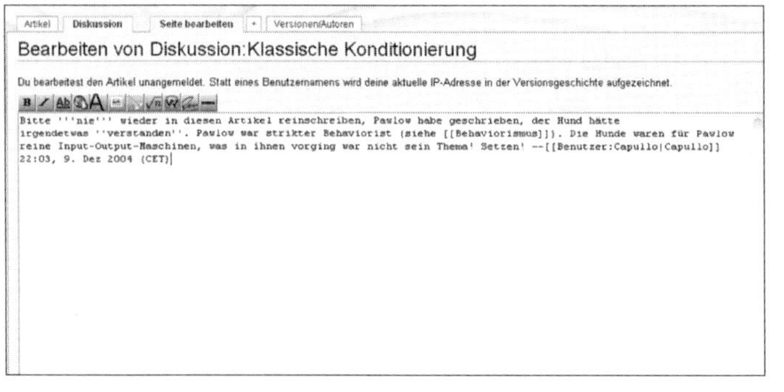

[그림 4-23] 사용자가 인터넷으로 접속하여 내용을 첨가·저장할 수 있는 데이터뱅크의 예—Wikipedia 백과사전

(출처: http://de.wikipedia.org/wiki/)

를 활용하여 여러 명의 학습자가 한 시나리오에 역할을 분담하여 참여하도록 한다. 예를 들어, CSILE(Computer-Supported Intentional Learning Envorinment)에서는 학생들이 한 프로젝트에 참여하여 필요한 텍스트, 그림, 영화 자료가 소장되어 있는 데이터뱅크에 인터넷으로 접속한다. 학생들은 기존의 데이터뱅크에 들어 있는 자료를 인출하여 개별적으로 혹은 집단으로 작업한 내용을 첨가하여 다시 저장한다. 다른 집단이 이를 바탕으로 다시 내용을 첨삭하는 것과 같이 공동 작업이 인터넷을 통해서 이루어질 수 있다(Scardamalie & Bereiter, 1994).

제4절 연습과 반복의 원리

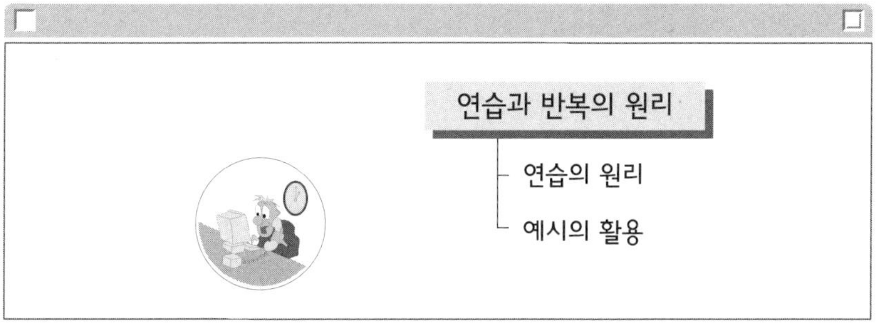

e-러닝 환경에서 학습의 기초가 되는 인지과정은 정보의 선택, 새로운 지식의 통합, 인출과정으로 요약할 수 있다. 이때 반복적인 연습을 통해 리허설 기능이 강화되어 장기기억에 정보가 저장되도록 돕고 새로운 정보를 학습자가 이미 알고 있는 지식과 통합하는 정교화를 촉진할 수 있다.

연습의 형식은 연습문제, 시뮬레이션을 통한 반복이 있는데, 연습문제 풀이는 단순히 암기한 것을 재생, 재인하는 것이 아니라, 배운 지식을 적용하는 것으로 응용 상황에서 문제해결로 활용할 수 있다. 한편, 실제 응용 상황을 제시하는 시뮬레이션(예: 은행 업무-대출 심사 상황)은 개발하는 데에 시간이 많이 필요하기 때문에 질문의 방법이 많이 제공된다.

Clark와 Mayer(2003)는 연습의 원리를 다음과 같이 정리하였다.

- 연습 상황은 실제의 응용 상황과 유사해야 한다. 단순한 **재인**, **재생**이 아니라 학습한 내용을 응용하는 상황에 전이가 이루어질 수 있는 연습의 기회를 제공할 수 있도록 e-러닝 콘텐츠를 개발하기 전에 과제분석을 통해 그 영역에서 필요한 지식의 인지적 · 물리적 요소를 분석해야 한다. 단순한 암기를 요구하는 연습문제는 새로운 지식의 통합을 이루어 내지 못해도 답을 할 수 있기 때문에 비효과적이다.

  새로운 지식이 **인출**되어야 하는 조건과 유사한 조건에서 학습이 이루어질 때 인출이 잘 된다(**부호화** 특수성의 원리). 예를 들어, 12개월의 이름을 알파벳 순서로 외우도록 하는 연습과제는 학습 조건과 인출 조건이 유사하지 않아 별로 효과적인 방법이 아니다.
- '왜?' 라는 질문을 포함한 연습문제는 학습한 내용의 찬반 토론의 효과를 유도할 수 있어 심층적인 정보처리를 용이하게 한다.
- 연습문제를 학습이 끝난 후에 한꺼번에 제시하지 말고 학습과정 전체에 분산하여 제시하는 것이 장기기억에 더 긍정적으로 작용한다. 이와 같은 방법을 활용할 경우 즉각적인 효과보다는 장기적인 효과가 더 크다.
- 연습문제를 효과적으로 설계하기 위해서는 연습문제의 지시문, 응답을 표시하는 부분, 응답에 대한 피드백을 제시하는 공간을 글자체, 색상 혹은 윤곽선 등으로 구별하되, 이들을 인접한 위치에 배치하는 것이 좋다. 특히, 객관식 문제에 대한 정답을 알려 준 후에는 이를 진하게 혹은 다른 색으로 다시 한 번 강조하여 학습자가 분명히 알 수 있게 한다.
- 연습문제의 지시문이나 피드백 등을 녹음된 텍스트로 제공하는 것은

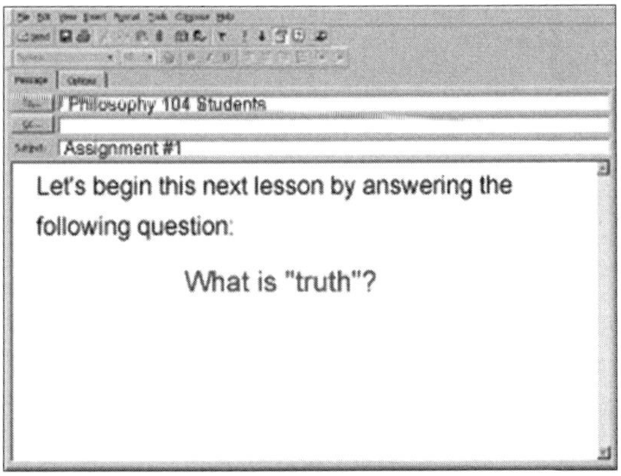

[그림 4-24] 철학 강의를 맡은 교수자가 학생들에게 What is 'truth'?라는 질문을 과제로 주어 토론을 유도할 수 있다.

(출처: http://ide.ed.psu.edu/idde/ tree/treef.asp?start=1)

바람직하지 않다. 이는 화면에 텍스트를 제시하였을 때 학습자가 연습문제를 푸는 동안 필요에 따라 반복해서 볼 수 있어서 더 효과적이기 때문이다. 오디오나 비디오 기능을 꼭 활용해야 할 경우(예: 시뮬레이션 과제)에는 반드시 반복(replay) 기능을 제공하는 것이 좋다.

- 학습자 스스로 질문을 하도록 유도하는 방법도 좋다. 이때 교수자가 중요한 내용에 대해 질문하는 것을 보여 주고 모방학습을 유도한다. 이를 통해 학습자의 상위인지기능을 강화하는 효과도 얻을 수 있다.

예시의 활용

학습내용에 단계별로 예시를 보여 줌으로써 연습과제를 대치하고 이로써 시간을 절약할 수 있다. 이해를 한다는 것은 새로운 정보를 기존의 지식구조에 통합하는 과정을 의미한다. 따라서 이해를 촉진시키기 위해서 학습자의 수준에 맞는 설명을 제공하고, 필요에 따라 예시 등으로 설명하는 방법을 변화시키는 것이 좋다. 특히, 예시는 절차적 지식과 원리의 학습에 응용할 수 있는데, 과제수행이나 문제해결 과정에서 단계별로 예시를 보여주면서 설명한다. 예시의 활용은 수학이나 과학과 같이 잘 구조화된 문제

(출처: http://www.medicase.de/: 저자 번역)

[그림 4-25] 소아과 의학 교육 프로그램에서 실제와 유사한 연습문제를 제공하여 학습한 내용의 응용을 용이하게 할 수 있다.

영역이나 초보자에게 적합하다. 이때 학습자는 단계별로 예시되는 것을 따라 함으로써 작업기억의 부담을 줄일 수 있다.

예시를 제시한 직후에는 유사한 문제를 풀게 하는 것이 더 효과적이다. 예시에 대한 설명이 녹음된 텍스트로 제공되는 경우, 내용이 복잡하면 화살표나 윤곽선과 같은 시각적 자극으로 구별할 수 있도록 하는 것이 바람직하다. 또한 예시되는 내용도 가능하면 학습내용이 응용되는 실제 상황과 유사한 것이 좋다. 이 밖에 응용과 전이를 촉진하기 위하여 문제기반학습이나 정착수업과 같은 상황학습 방법을 활용한다. 실제와 유사한 문제 상황을 제공하거나 다양한 링크를 제공하여 유사한 내용이 적용된 사례 등을 접함으로써 학습한 내용의 응용을 용이하게 할 수 있다.

용어 풀이

- 개념도(그물망 구조): 개념들과 그들의 관계를 시각적으로 나타내는 것으로 개념은 보통 원으로 표시되고 개념 간의 관계는 이들을 연결하는 선으로 표시된다.
- 부호화: 두뇌에서 정보처리과정의 첫 단계로 외부의 자극을 기억체계에서 처리할 수 있는 정보의 형태로 전환하는 과정을 말한다.
- 아이콘(icon): 중요한 부분만 포함하는 축소판 그림으로 일정한 대상이나 기능을 나타낸다. 예를 들어, 휴지통은 지워진 파일이 보관되는 장소를, 그리고 디스크와 프린터 아이콘은 저장과 인쇄의 기능을 각각 표시한다.
- 인출: 장기기억에 저장된 정보를 다시 단기기억으로 이끌어내는 과정을 의미한다. 정보처리과정은 정보가 부호화되고 작업기억에서 처리된 후 장기기억에 저장된 정보가 다시 인출되는 과정으로 설명할 수 있다.
- 재생(free recall): 기억된 정보를 자유롭게 회상하는 것을 의미한다. 재인과는 달리 보기가 주어지지 않는다.
- 재인(recognition): 기억된 정보를 회상할 때 보기를 주어지며, 보기에 주어진 정보가 회상되어야 할 정보와 일치하는가를 확인하는 기억방법이다. 대개 보기가 주어지기 때문에 재생보다 더 용이하나 경우에 따라 간섭효과에 의해 더 혼돈이 될 수도 있다.
- 효과의 법칙: 만족할 만한 결과를 초래한 행동의 빈도는 점차 증가한다는 내용의 법칙으로 행동주의 심리학자인 Thonrdike가 소개하였다. 그의 실험에서 동물들이 자신의 행동(예: 페달을 밟는 행동)의 결과가 긍정적일 때(예: 먹이가 나옴) 그 행동을 점점 더 자주하는 것을 관찰하였는데, 이와 같이 행동의 빈도가 그 행동의 결과에 따라 변화하는 것을 효과의 법칙이라고 한다.

제5장
e-러닝 콘텐츠 개발

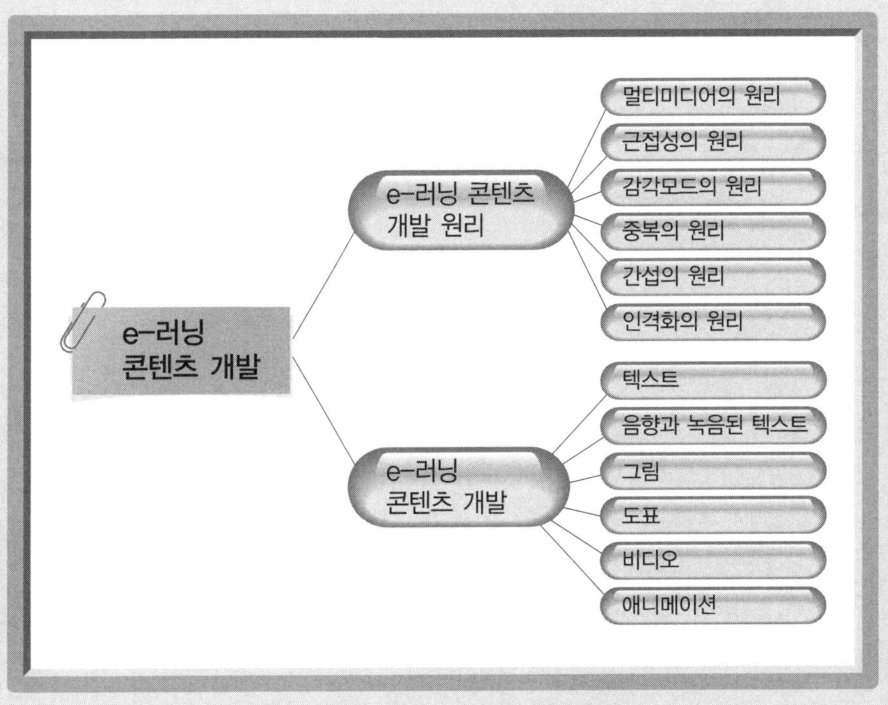

e-러닝 환경에서 학습 결과로 획득되어야 할 지식의 종류로 개념적 지식, 공간적 지식, 절차적 지식 등을 들 수 있다. 이러한 지식의 전달방법은 텍스트, 그림, 도표 등이다. 예를 들어, 텍스트는 개념적 지식, 특히 추상적 개념과 이들의 관계를 전달하는 데 적합하고, 도표는 도형과 선분, 화살표를 사용하여 개념 및 범주의 관계를 설명한다. 한편, 사진과 같은 시각화된 자료로 공간적 지식을 전달할 수도 있다. 절차적 시식은 애니메이션을 활용하면 효과적으로 전달할 수 있다. 이와 같이 다양한 방법으로 지식이 전달될 수 있다는 것을 고려하여 e-러닝 콘텐츠를 개발할 때 멀티미디어를 활용하여 효과적인 학습이 이루어지도록 설계해야 한다. 이 장에서는 멀티미디어를 활용하는 데 유의해야 할 일반적 원리를 소개하고 각 미디어가 어떻게 활용되어야 하는가에 대해 설명하려고 한다.

제1절 e-러닝 콘텐츠 개발의 원리

e-러닝 콘텐츠 개발의 원리

- 멀티미디어의 원리
- 근접성의 원리
- 감각모드의 원리
- 중복의 원리
- 간섭의 원리
- 인격화의 원리

e-러닝 환경에서 화려한 애니메이션과 비디오 등의 미디어를 활용한다고 학습 효과가 보장되는 것은 아니다. 경우에 따라서는 지나친 미디어의 활용이 오히려 학습에 방해가 될 수 있다. 따라서 학습과정에 긍정적으로 영향을 미칠 수 있도록 다양한 미디어의 특성을 파악하여 제작, 조합, 활용하는 것이 중요하다. 다음에 Clark와 Mayer(2003)의 모델을 중심으로 바람직한 e-러닝 콘텐츠의 개발을 위한 기본 원리를 살펴보자.

1. 멀티미디어의 원리

e-러닝 환경의 큰 특징 중에 하나는 멀티미디어를 이용한다는 것이다. 즉, 텍스트, 그래픽, 음향 등의 다양한 매체가 디지털 포맷(format)으로 제공되며, 이러한 다양한 매체의 통합플랫폼으로 컴퓨터가 이용되는 것이다. e-러닝 환경 개발에 있어 이제까지 멀티미디어에 대한 공학적인 접근이

활발하였던 것에 비해 교육심리학적인 요소는 아직 충분히 고려되지 못한 측면이 있다.

e-러닝에서 멀티미디어의 속성을 논의할 때는 다양한 저장 및 표상기술(CD-ROM, DVD), 다양한 부호체계 혹은 코드의 사용(텍스트, 도표, 그래픽), 그리고 다양한 감각모드 사용(시청각 시스템)의 특성이 모두 고려되어야 한다. 즉, e-러닝 콘텐츠를 개발할 때 멀티미디어를 사용한다는 것은 다양한 디지털미디어를 이용하여 다양한 부호체계로 만들어진 학습자료를 여러 감각모드를 통해 지각하고 학습한다는 것을 말한다. 물론, 기존의 교육매체로 활용되었던 책, 카세트, 영화 등도 시청각 요소를 포함한다. 그러나 e-러닝 환경에서 멀티미디어와의 차이점은 멀티미디어 프로그램의 정보 양이 많고, 속도가 빠르며, 다양한 시청각 자료를 조합하여 동시에 제공한다는 것이다. 또한 복잡한 과정을 시뮬레이션을 통해 제시할 수 있으며, 디지털미디어의 통합으로 가상세계의 구성이 가능해졌다.

e-러닝 환경에서는 멀티미디어의 활용을 통한 언어적 · 시각적 표상으로 적극적인 학습을 유도하고, 심화된 인지적 과정을 지원할 수 있다. 학습은 단순히 정보의 저장활동이 아니라 적극적인 정보처리과정을 통한 의미의 생성과정으로 이해할 수 있다. 멀티미디어를 통한 시청각 학습자료의 활용은 특히 사전지식이 없는 학습자에게 유리한 것으로 밝혀졌다. 그러나 단순한 장식적인 요소의 시각자료는 학습에 결정적으로 영향을 미치지 못하기 때문에 멀티미디어 자료는 학습에 도움이 되도록 활용하여야 한다. 시각적 자료의 활용은 학습내용에 따라 다른데, 단순히 사실을 전달하는 경우는 스크린 캡처를 활용하는 것으로 충분하다. 그러나 학습자료에 과학과 기계작동과 같이 일정한 과정을 설명하는 것이 포함될 경우에는 애니메이션을 활용하는 것이 바람직하다.

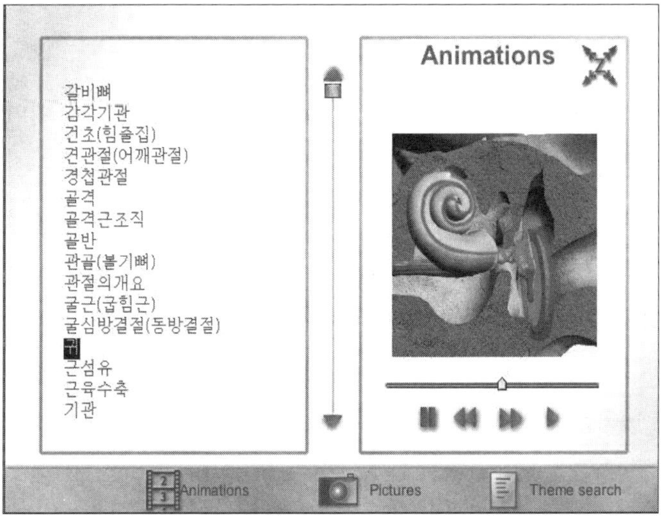

(출처: 인체의 신비-미디어 채널)

[그림 5-1] 애니메이션을 활용한 학습 프로그램

곁글

멀티미디어를 활용하면 학습자와 프로그램 간의 상호작용을 통한 능동적 학습이 가능하다. 예를 들어, 가공식품의 부패과정을 온도에 따라 달라지는 박테리아의 활동으로 보여 줄 때 학습자가 온도를 지정하고 그에 따른 변화를 관찰하여 온도와 부패과정의 관계를 이해할 수 있도록 상호작용 화면으로 구성할 수 있다. 또한 인터페이스(interface) 기능을 수행하는 그래픽으로 상호작용 학습을 촉진할 수 있다. 예를 들어, 사무실 업무를 익히는 학습 프로그램에서 사무실 기기(컴퓨터, 팩스, 전화 등)를 클릭하면 해당 내용이 별도의 창에 제시되어 학습할 수 있는 방법도 활용될 수 있다(각각의 멀티미디어 설계의 기초가 되는 심리학적인 연구 결과는 2, 3, 4, 5, 6절에 설명되었다).

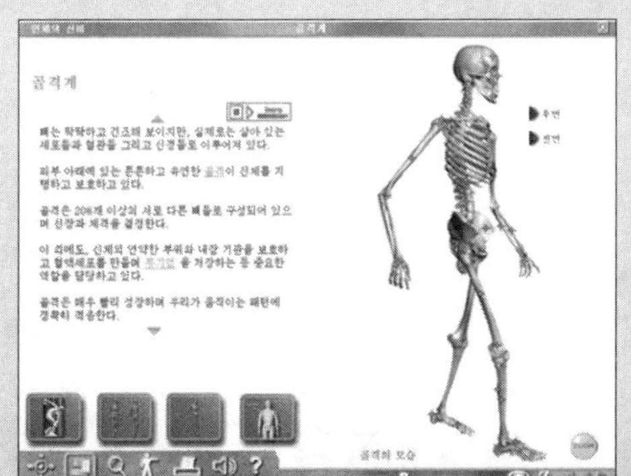

(출처: 인체의 신비-미디어 채널)

[그림 5-2] 골격계를 전면 후면으로 돌리고 확대해서 볼 수 있는 상호작용이 가능한 애니메이션

2. 근접성의 원리

근접성의 원리는 불필요한 인지적 부하를 감소시키기 위한 원리다. 이미 앞 장에서 설명한 바와 같이 e-러닝 콘텐츠를 개발할 때 학습자의 인지적 처리과정에 대한 이해가 필요하다. 일단 학습자는 정보를 모두 수용하고 나서 이를 한꺼번에 처리하는 것이 아니라 정보를 새로 입력할 때마다 새로운 정보의 의미를 이해하고 파악하려는 시도를 한다. 따라서 설명이 먼저 나오고 한참 후에 해당 그림을 볼 수 있다면 학습자는 그동안 설명 내용을 작업기억에 저장하고 있어야 하기 때문에 이 외의 정보처리를 할 수 있는 용량이 제한된다. 따라서 그림과 텍스트가 가까이 배치되었을 때 해당 그림 내지는 텍스트를 찾는 데 필요한 에너지를 절약하게 되고, 이들 내용을 하나로 조직화함으로써 학습자는 텍스트와 그림의 내용을 이해하는 데 에너지를 집중할 수 있게 된다.

도표의 경우에도 도표 각각의 부위에 해당 개념을 적어 놓는 것이 이들을 총괄해서 도표 옆에 나열하는 것보다 좋다. 경우에 따라 팝업 메시지로 해당 부분에 마우스를 갖다 대면 화면에 설명이 나타나도록 설계하는 것도 좋다.

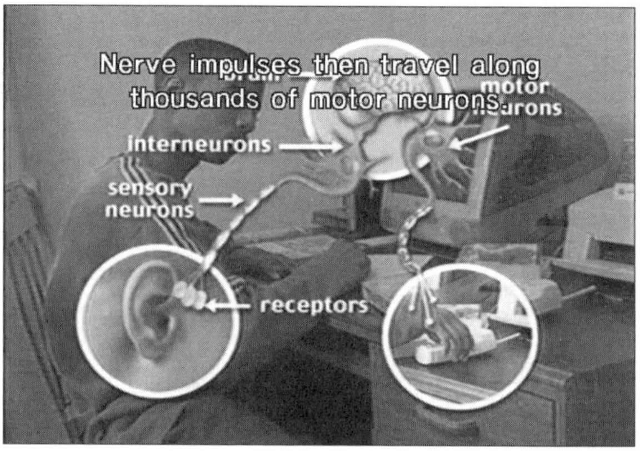

(출처: Ohana Science-enworks)

[그림 5-3] 그림에 해당되는 설명을 가까이 배치하여 작업기억의 부담을 줄일 수 있다.

곁글

근접성 원리가 지켜지지 않는 예로 그림에 대한 설명을 화면을 스크롤 한 후에 볼 수 있는 경우나 문제 풀이 이후 피드백이 다른 화면에서 제시되는 경우, 그리고 링크를 연결하였을 때 새로운 창이 떠서 원래 학습하고 있었던 창을 완전히 덮어 버리는 경우를 들 수 있다. 이럴 때도 팝업 메시지를 활용하거나 새로운 링크를 연결할 때 새 창은 일단 작게 띄어서 원래 학습 화면을 가리지 않게 하고, 학습자가 창의 크기를 조절하여 그 내용을 볼 수 있도록 하는 것이 좋다. 또한 부연설명을 하는 내용이 길어서 화면을 스크롤해야 하는 경우 해당 그림이나 도표가 함께 스크롤 되도록 하는 것이 좋다.

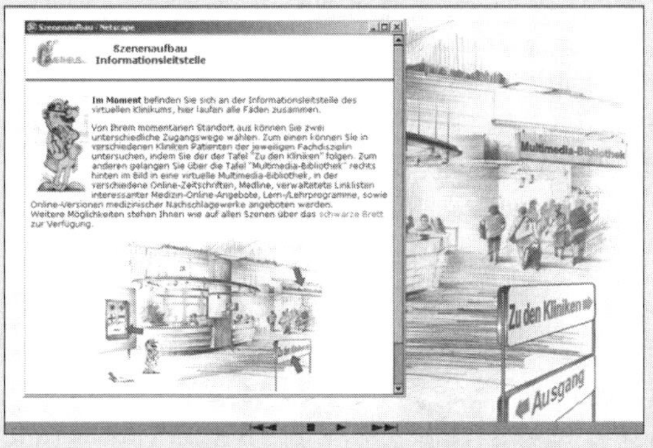

[그림 5-4] 새로운 링크를 연결할 때 새 창은 일단 작게 띄어서 원래 학습 화면을 가리지 않게 한다.

(출처: http://www.prometheus.uni-tuebingen.de)

3. 감각모드의 원리

감각모드의 원리는 시청각 자료의 통합에 관한 원리다. 인지심리학적으로 보면 그림은 시각적 자극으로, 언어적 내용은 청각적 자극으로 처리된다. 녹음된 텍스트를 사용하는 것의 좋은 점은, 텍스트는 청각적인 자극으로 그림은 시각적인 자극으로 처리되기 때문이다. 그런데 텍스트를 읽으면서 동시에 그림이나 애니메이션을 보는 것은 시각적인 채널에 과부하가 걸리게 하는 결과를 초래하기 때문에 텍스트의 중요한 개념이나 그림의 중요한 부분에 주의를 집중하는 것이 어렵게 된다. 애니메이션을 활용하는 경우 텍스트가 아니라 녹음된 설명이 함께 제공되는 것이 내용을 더 잘 이해할 수 있게 한다.

그러나 e-러닝 콘텐츠를 개발할 때 애니메이션이나 동영상을 활용할 경우 학습 장소의 기술적 여건을 고려해야 한다. 즉, 학습 장소의 인터넷 전송 속도가 빠르고, 사운드 카드와 스피커 등이 갖추어져 있어야 한다. 또한 한 번 애니메이션이 제작되면 텍스트 자료에 비해 업데이트를 계속하기 어렵다는 제한점이 있으므로 애니메이션 제작에 신중을 기해야 한다.

한편, 수학 공식을 설명하는 것과 같이 학습내용이 복잡한 경우에는 녹음된 텍스트로 설명만 하는 것이 아니라 화면에 해당 공식을 시각적으로 제공하여 기억을 돕도록 하고, 주요 개념은 화면에 글자로 제시하여 강조하는 것이 바람직하다.

4. 중복의 원리

텍스트를 화면에 제시하고 똑같은 내용을 녹음한 것을 동시에 들려주는 것은 비효과적이다. 이는 텍스트를 눈으로 읽는 속도가 녹음된 내용을 듣는 속도보다 빨라 시각적으로 입력된 정보와 청각적 정보 사이에 간섭이 일어나기 때문이다. 물론, 학습자에 따라 청각적 · 시각적으로 입력된 정보를 선호하는 인지양식의 차이가 있다. 그러나 녹음된 내용과 동일한 텍스트로 제시하는 것은 피해야 한다. 또한 그림과 같은 시각적 정보를 보면서 시각적으로 제시된 텍스트에 담긴 정보를 입력하는 것이 시각적 채널에 과부하를 유발한다는 점도 고려해야 한다. 한편, 화면에 제시된 텍스트와 해당 그림이 상당히 떨어져 있을 때는 해당 그림을 제시하면서 녹음된 텍스트를 다시 한 번 제공하는 것도 바람직하다.

중복의 원리가 적용되지 않는 경우도 있다. 예를 들어, 학습자가 텍스트 내용을 듣기만 해서는 이해하기 힘들 때, 즉 내용이 너무 어렵거나 어려운 전문용어가 많이 사용되는 경우, 혹은 텍스트가 외국어로 된 경우에는 텍스트를 화면에 제시하면서 동시에 녹음된 내용을 들려주는 것이 좋다.

5. 간섭의 원리

정서적 각성 상태가 학습에 긍정적으로 작용하고 동기를 유발한다는 연구 결과가 있다. e-러닝 환경에서도 이러한 연구 결과를 활용하여 학습내용과 직접적인 관계가 없는 흥미로운 이야기나 배경음악을 삽입하는 경우가 있다. 그러나 흥미 유발의 목적으로 학습내용과 관계없는 동영상이나 단순히 화면을 장식하는 그림을 제공할 때 오히려 역효과를 볼 수 있다. 학습내용과 관계가 없는 자극은 학습자의 주의를 분산시키거나 작업기억의 과부하를 유발하여 오히려 학습을 방해할 수 있다. 이는 특히 학습내용이 어렵거나 학습 진행 속도가 빠를 때 더욱 그렇다. 따라서 흥미나 동기 유발을 위해 음향이나 동영상을 활용할 때는 이들 매체와 학습내용 간의 간섭 현상에 의한 부작용이 발생하지 않도록 주의해야 한다.

6. 인격화의 원리

인격화의 원리는 학습자를 학습을 하는 추상적인 존재가 아니라 한 인격체로 상대해야 한다는 원리다. 학습내용을 제시할 때 형식적인 언어보다 대화체로, 즉 1인칭과 2인칭을 사용하는 것이 좋다는 것이다. 한편, 대화체를 사용할 경우 학습자가 학습 상황을 진지하게 여기지 않아 학습내용을 적극적으로 수용하지 않는다는 편견도 있다. 그러나 글을 해석하고 이해하는 과정을 관찰하고 분석한 실험 연구에서 실험에 참가한 피험자를 대화의 상대로 인정하였을 때 더욱 진지한 자세로 임하였다는 결과가 보고되었다(Moreno & Mayer, 2000b). 대화체를 너무 과장하는 것도 부정적으로 작용할 수 있다. 이것은 때때로 학습자의 주의가 분산되거나 실제로 내용을 진지하게 받아들이지 않을 수도 있기 때문이다.

인격화 원리를 이용한 또 하나의 예로 화면상의 코치를 활용하여 학습자

[그림 5-5] 만화로 그려진 캐릭터를 화면상의 코치로 활용할 수 있다.

(출처: http://www.prometheus.uni-tuebingen.de)

의 학습과정을 유도하는 것을 들 수 있다. 코치는 문제해결과정에서 힌트를 제공하거나 학습내용을 설명하고 예시하는 기능을 수행할 수 있다. 이때 실제 인물을 비디오로 촬영하기도 하고, 만화로 그려진 캐릭터가 사람 목소리로 말하게 할 수도 있다. 때로는 컴퓨터에 의한 기계적 소리가 활용되거나 말하는 내용을 그냥 텍스트로 제시할 수도 있다.

곁글

실험 연구에서 사용된 코치의 예를 비교 · 분석한 결과 실제 인물 혹은 마스코트가 활용되었을 때는 효과의 차이가 없었으나 화면상의 코치가 말로 설명할 때가 텍스트를 제공할 때보다 효과적이고 사람 목소리가 기계적 합성음보다 더 효과적이었다.

또한 화면상의 코치를 활용할 경우 코치가 학습을 위한 도우미 기능을 하였을 때는 효과가 있었지만 단순히 재미를 위해 활용된 경우는 부정적으로 작용하였다(Moreno, Mayer, Spires, & Lester, 2001).

e-러닝 콘텐츠의 개발 원칙

e-러닝 환경 설계의 기본 원칙은 기능성, 단순성, 일관성으로 정리할수 있다. 기능성은 학습자료가 학습목표 달성에 긍정적으로 기능하는가에 대한 물음이다. 여기에는 인지적인 것뿐만 아니라 동기적인 측면도 포함된다. 단순성은 디자인을 활용하는 데 있어 기술적으로 가능한지가 기준이 아니라 학습에 도움이 되는지가 기준이 되어야 한다는 원칙이다. 독자는 파워포인트를 활용한 강의를 들을 때 필요 없는 음향효과를 너무 자주 사용하는 경우 짜증스럽고 학습효과가 오히려 떨어지는 것을 경험하였을 것이다. 많은 연구에서 '적게' 활용하는 것이 '더 효과적' 이라는 것이 증명되었다.

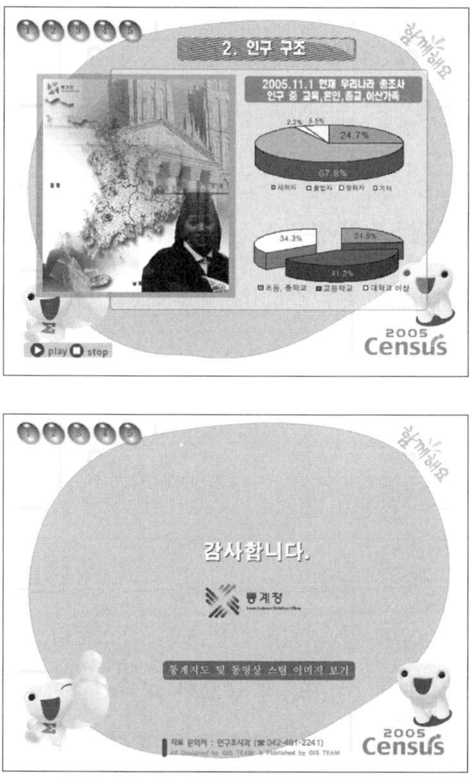

(출처: 통계청–http://gis.nso.go.kr)

[그림 5-6] 템플릿의 활용–교육에 관한 인구 통계자료를 제시할 때 이와 관련된 배경화면과 함께 도표가 제시되었다. 하단의 바탕화면은 템플릿으로 사용되어 다른 통계자료를 제시할 때에도 기본 틀로 활용되었다.

마지막으로 일관성의 원칙은 문체, 그림과 텍스트의 위치, 색상의 활용 등에서 일관성을 유지하여 혼란스러움을 방지해야 한다는 것이다. 일관성의 원칙은 특히 화면을 구성하는 데 매우 중요하다. 배경은 화면의 가장 넓은 면적을 차지하기 때문에 디자인을 할 때 신경을 써야 한다. 배경은 단순히 빈 공간을 채우는 기능을 하는 것이 아니고 학습내용과 학습활동에 관한 정보를 제공하는 것이 바람직하다. 필요에 따라 템플릿, 즉 대표성이 있다고 판단되는 화면을 기본 틀로 정하고 데이터만 바꿔 반복적으로 디자인하여 일관성을 높일 수 있다.

제2절 e-러닝 콘텐츠 개발: 텍스트의 활용

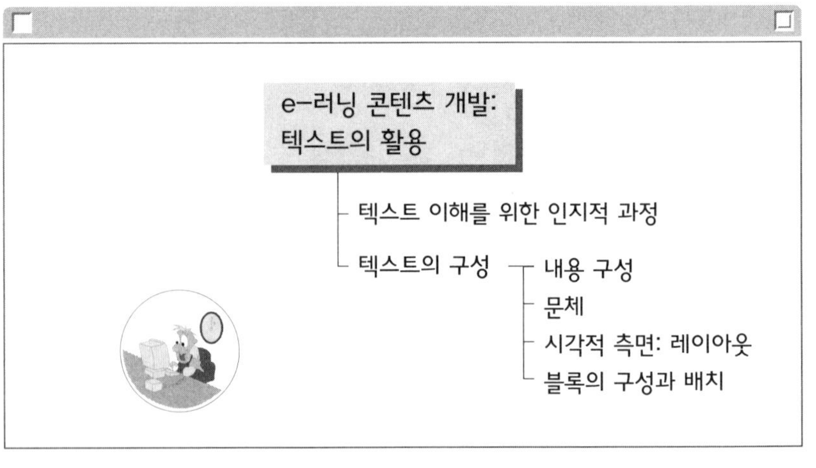

e-러닝 환경에서 가장 많이 활용하는 콘텐츠는 텍스트다. 여기에서는 효과적인 학습을 위해 텍스트를 구성할 때 필요한 교육심리학적 기초 지식을 살펴보자.

1. 텍스트 이해를 위한 인지적 과정

텍스트를 이해하는 것은 의미의 구성과정으로 글자의 지각과 단어의 의미 파악에서 텍스트 전체 내용을 이해하기까지 매우 복합적인 과정이다. 글자의 지각과 단어의 의미 파악, 텍스트 전체의 내용을 이해하기까지 과정을 인지심리학에서는 다음과 같이 설명한다.

시각적으로 지각된 각각의 철자는 자체의 음가를 가지고 있으며, 음성학적인 규칙에 의해 철자들의 조합으로 단어가 형성된다. 단어의 의미는 각각의 언어공동체에서 약속한 의미로 파악하는데, 글자의 지각, 단어 및 문장의 이해과정에는 언어적 이해와 개념적 조직과정이 모두 포함된다. 언어적 이해는 음성학, 의미, 문법적 관점에서 분석하고 텍스트 **표면 구조**를 표상하는 것을 말한다. 표면 구조에서는 배우가 대사를 외울 때와 같이 텍스트에서 사용된 단어가 그대로 **표상**된다.

장기기억에 저장하였다가 기억을 할 때 대개 표면 구조를 그대로 기억하는 것이 아니라 텍스트의 주요 내용에 대한 전체적인 윤곽만을 기억한다. 또한 학습자는 자신이 알고 있는 내용과 연결(정교화 과정)하여 텍스트를 이해하고 지식을 획득한다. 이때 필요에 따라 학습자가 중요한 부분에 초점을

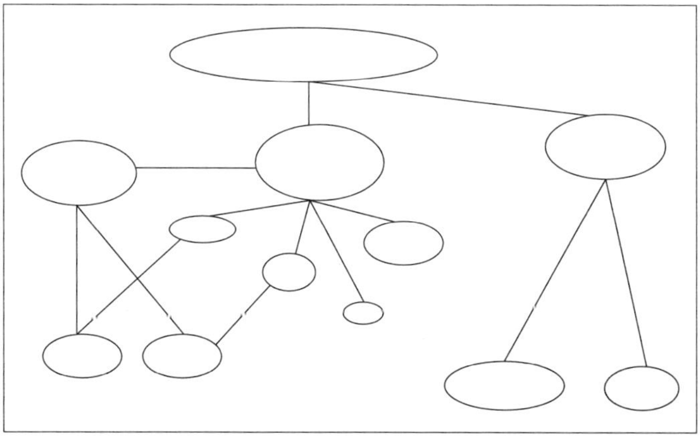

[그림 5-7] 텍스트의 내용 구조를 시각적으로 나타낼 수 있는 그물망 구조-원 안에 개념이 포함되고 이들 간의 관계가 선으로 연결되어 표시된다.

[그림 5-8] 마인드맵은 텍스트 내용의 위계적인 관계를 나타낼 때 활용할 수 있다.

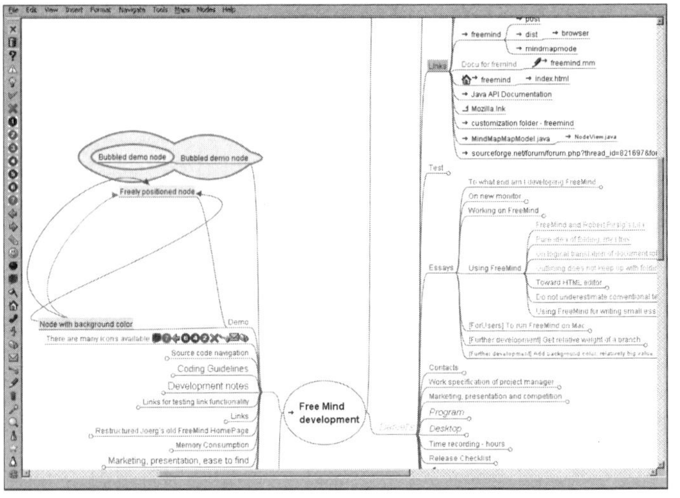

(출처: http://freemind.sourceforge.net)

맞추는 축소과정이 이루어지고, 이후 텍스트 내용을 활용할 때는 그 내용이 재구성되기도 한다. 이와 같이 텍스트를 이해하는 데에는 텍스트의 내용과 학습자의 사전지식을 기본으로 언어적 · 개념적 · 시각적인 요소가 포함된다. 따라서 학습내용을 텍스트로 전달할 때 언어적인 정보 외에 그래프(그물망 구조, 마인드 맵 등)를 추가로 제시함으로써 기억을 도울 수 있다.

학습자의 글 읽기 형태를 살펴보면 다음과 같다.

- 선형적 읽기: 문장 하나하나를 차례대로 그냥 읽어 나가는 것을 말한다. 대부분의 사람이 소설을 읽을 때 이런 방법으로 읽는다.
- 선택적 읽기: 신문을 읽는 것과 같이 전체적인 내용을 대충 읽고 나서 자세히 읽고 싶은 것을 선택해서 읽는 방법이다.
- 참고를 위한 읽기: 사전을 볼 때와 같이 필요한 정보를 얻기 위해 해당 부분만을 상세하게 읽는 것을 말한다.
- 구별하여 읽기: 내용을 이해하기 위해 집중해서 읽는 것을 말하는데, 대부분 학습자료를 읽을 때 이런 방법으로 읽는다.

e-러닝 환경에서는 글로 쓰인 텍스트 외에도 녹음된 텍스트가 활용되는데, 이들을 내용적으로 이해하는 데에는 비슷한 인지적 과정이 요구되지만 표면 구조를 표상하는 데는 차이가 있다. 글로 써 있는 텍스트를 읽고 이해할 때는 언제든지 되돌아가서 읽을 수 있다는 점에서 학습자가 읽는 속도나 집중하는 정도를 조절할 수 있는 반면에 녹음된 텍스트를 듣고 이해해야 할 때는 학급자가 스스로 속도를 조절할 수 없기 때문에 지속적으로 주의를 기울여야 한다. 따라서 장시간 계속해서 녹음된 텍스트로 학습을 해야 할 때 쉽게 피곤해질 수 있다. e-러닝 환경에서는 글로 써 있는 텍스트와 녹음된 텍스트 두 가지 모드를 사용하여 학습자가 선택할 수 있도록 하는 것이 바람직하다(녹음된 텍스트에 대해서는 '3. e-러닝 콘텐츠 개발: 음향과 녹음된 텍스트의 활용' 에서 자세하게 다루었다).

2. 텍스트의 구성

텍스트 이해에 영향을 미치는 요인은 매우 다양하다. 여기에는 언어심리학적인 요인, 인지적 요인 외에도 학습자의 사전지식과 텍스트 이해능력 등이 작용하기 때문에 텍스트를 구성하는 데 필요한 실질적인 조언을 하기는 쉽지 않다.

텍스트를 구성할 때 참고해야 할 것으로는 내용 구성과 문체 외에도 동기적 측면과 시각적 측면이 있다. 내용을 구성할 때는 관계있는 내용을 학습자가 잘 파악하도록 해야 하고, 문체는 간결해야 한다. 또한 흥미를 가지고 텍스트를 계속 읽게 하기 위한 동기적 측면, 글자 및 텍스트의 시각적인 스타일과 같은 측면을 모두 고려해야 한다.

1) 내용 구성

e-러닝 환경에서 학습내용을 텍스트로 구성할 때 다음을 유의해야 한다.

(1) 학습목표 제시

대개 학습목표는 인지적, 정의적, 심리 · 운동적 목표의 세 가지로 구별하는데, 글을 쓰기 전에 이미 학습목표가 설정되어야 한다. 학습목표는 긴 텍스트의 경우 학습 방향을 제시하는 기능을 함께 수행한다.

학습자가 텍스트를 다 읽을 시간이 없는 경우 학습목표를 통해 제시된 내용을 학습할 것인가를 결정하는 기준으로도 활용할 수 있다. 특히, 학습자료로 사용되기 위해 작성된 글이 아니어서 교육학적인 짜임새를 갖추지 않은 텍스트를 학습자료로 추가해서 사용할 경우 학습목표를 미리 제시해 주는 것이 도움이 된다.

[그림 5-9] 학습목표의 제시

(출처: http://ide.ed.psu.edu/idde/tree/treef.asp?start=9)

(2) 내용 구성

텍스트의 내용 구성은 선형적 구성과 위계적 구성으로 구별할 수 있다. 선형적 구성은 내용을 그냥 차례대로 제시하는 것이고, 위계적 구성은 학습내용이 위계적인 연계성을 가지고 있을 때 이를 반영하여 학습내용을 구성하는 것이다.

텍스트의 내용은 물론 정확하고, 상호 모순적이지 않으며, 객관적이고 새로운 내용을 포함하고 있어야 한다. 그리고 교육학적으로 볼 때 학습자의 사전지식을 고려하여야 한다. 또한 학습자가 이해할 수 있는 수준으로 학습내용을 구성하며, 중요한 내용이 텍스트 구성상 중심에 위치하도록 유의해야 한다. 텍스트를 제시할 때 중요한 개념은 시각적으로 강조하는 것이 좋다. 강조의 기법으로 해당 개념을 깜박이도록 하거나 애니메이션을 활용하여 주의를 끌 수 있다. 그러나 학습하는 동안 계속 깜박이거나 의미 없는 애니메이션을 지속적으로 보여 줄 경우 오히려 주의를 산만하게 할 수 있고 학습에 방해가 될 수 있다. 그 밖의 강조기법으로 밑줄을 활용하는 방법이 있으나 밑줄이 그어진 개념에 링크가 되어 있는 것으로 오해를 유발할 수 있다. 색상을 활용하여 중요한 정보를 강조할 수도 있다. 그런데 글자를 파란색으로 강조할 경우에도 링크가 연결된 것으로 오해를 할 수 있으므로 주의하여야 한다. 주요 개념의 관계를 그물망 구조나 마인드맵을 활용하여 거시구조로 시각화하는 것도 바람직하며, 내용에 따라 전체 텍스트를 블록으로 지정하는 것도 좋다. 블럭의 구성 요소를 정의, 설명, 주장, 증명, 기술 등으로 구별하면 체계적인 구성을 할 수 있다.

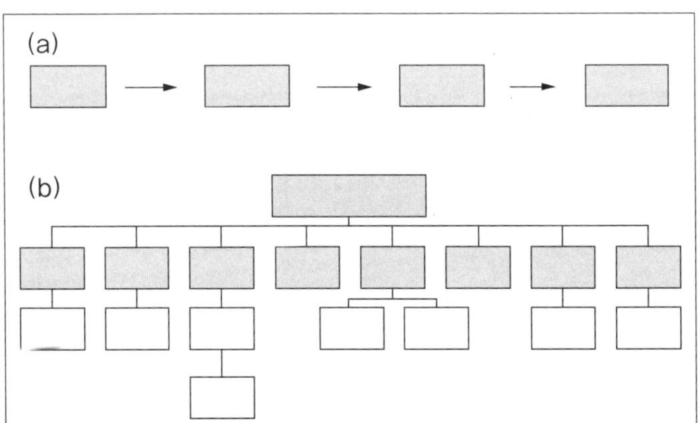

[그림 5-10] (a) 선형구조, (b) 위계구조

(3) 제목의 제시

제목을 제시할 때 서론, 결론, 요약과 같은 목차를 사용하면 학습자가 해당 부분의 내용을 전혀 알 수 없다. 그러므로 주제를 사용하여 제목을 제시하여야 한다. 이때 텍스트의 주요 개념 및 내용을 활용한다. 이 외에도 신문 기사의 제목과 같이 저자의 입장을 표현하여 텍스트 내용의 방향을 제시하는 방법도 있다. 때로는 질문 형태의 제목을 활용할 수도 있는데, 이때 학습자로 하여금 그 답을 찾도록 격려할 수 있는 효과를 볼 수 있다.

(4) 표시의 활용

언어적 표시와 시각적 표시를 활용하여 텍스트의 내용을 이해하는 것을 도울 수 있는데, 언어적 표시의 방법으로 줄간격을 떼거나 각주, 여백을 활용하여 내용을 첨가할 수도 있고, 글을 서술할 때 '예를 들면', '이를 종합하면' 등의 표현을 통해 다른 글 내용과 구별할 수 있다. 시각적 표시는 그림과 마찬가지로 글상자를 활용하는 방법이 있는데, 경우에 따라서 글상자의 바탕색을 다르게 구별할 수도 있다. 텍스트에서 반복적으로 사용되는 부분, 이를테면 예를 제시할 때 글자체를 다르게 제시할 수 있다. 즉, 예를 들어 설명하는 부분을 항상 이탤릭체로 표시하는 방법이 있고, 글자의 색깔을 달리하여 주의를 끌 수도 있다. 또는 **픽토그램**을 활용하거나 화살표, 손가락 표시, 느낌표 등을 활용하는 방법도 있다.

> 시각적 표시는 그림과 마찬가지로 글상자를 활용하는 방법이 있는데, 경우에 따라서 글상자의 바탕색을 다르게 구별할 수도 있다.

> 시각적 표시는 그림과 마찬가지로 글상자를 활용하는 방법이 있는데, 경우에 따라서 글상자의 바탕색을 다르게 구별할 수도 있다.

[그림 5-11] 바탕색을 다르게 한 글상자(여기서는 바탕의 농도를 달리하여 표현하였다.)

[그림 5-12] 픽토그램

(출처: http://buyong.com/picto.htm)

(5) 주요 내용 요약

길거나(2500 단어 이상) 짜임새가 좋지 않은 텍스트의 경우 요약은 필수적이다. 요약에는 주요 내용을 이미 제시된 개념으로 요약하거나 전체 내용을 종합하는 방법이 있고, 전체적인 윤곽을 그래프나 마인드맵 등을 활용하여 시각적으로 표시하는 방법이 있다.

(6) 사전지식의 활용

사전지식을 활용한 정교화 학습전략이 학습효과에 미치는 영향에 대해서는 이미 검증되었다. 사전지식의 활용방법으로는 예시, 유추, 부연설명 등을 활용할 수 있다.

- 예시: 추상적인 내용을 구체화할 수 있는 예를 활용하는 것인데, 이때 학습자의 사전 경험과 관련된 예를 활용하는 것이 바람직하다.
- 유추: 학습자가 이미 알고 있는 내용과 비교하여 설명하는 방법이다. 예를 들어, 원자의 구조를 태양계에, 뇌를 컴퓨터에, 혹은 [그림 5-13]과 같이 관절의 움직임을 조이스틱에 비교하여 설명하는 방법을 들 수 있다.

- **부연설명:** 각주, 글상자를 활용하여 본 내용의 흐름을 방해하지 않으면서 학습자의 사전지식 및 경험에 비추어 학습내용을 더 잘 이해할 수 있도록 돕는 글을 말한다.

이 밖에 본 내용을 제시하기 전에 학습자의 사전지식에 근거하여 학습할 글의 대충의 윤곽을 파악할 수 있도록 요약된 글로 학습내용에 대한 인지적 사전 구조화를 함으로써 학습내용의 이해를 돕는다. 이는 Ausubel이 제시한 **선행조직자**의 효과를 응용한 것으로 학습내용이 길거나 복잡할 때 유익하다.

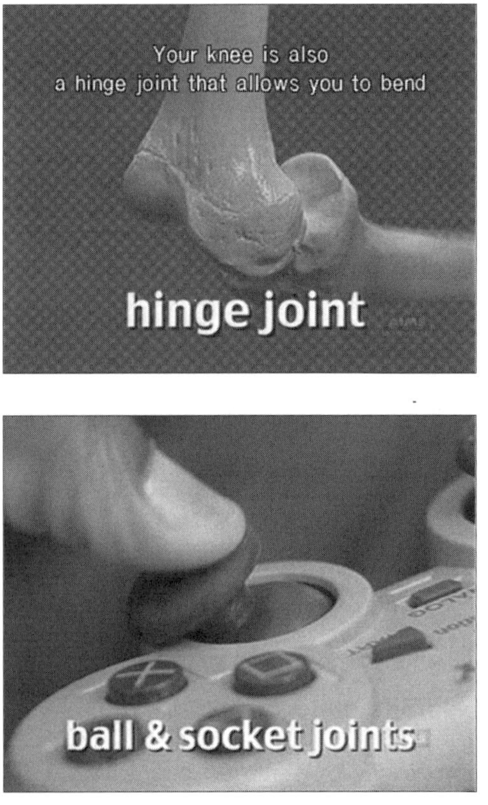

[그림 5-13] 관절의 움직임을 조이스틱에 비유하여 설명하였다.

(출처: Ohana Science-enworks)

학습내용을 텍스트로 제시할 때 **초두효과**와 **최신효과**를 고려하여 중요한 내용은 글머리나 마지막 부분에 제시한다. 특히, 전체 내용을 이해하는데 기초가 되는 부분은 처음에, 학습자가 꼭 기억해야 할 내용은 마지막에 정리하여 다시 한 번 제시한다.

2) 문체

복합적이고 긴 문장은 이해하기 쉽지 않다. 그러므로 학습내용을 가능하면 짧고 간략하게 표현하는 것이 좋다. 괄호를 사용하여 복합적인 내용을 한꺼번에 전달하는 것은 좋지 않으므로 괄호 속의 내용을 풀어서 서술하는 것이 바람직하다. 또한 주어와 술부를 명확하게 하며, 선행사건을 먼저 서술하고 그 결과를 나중에 제시하는 것과 같이 시간적인 순서와 텍스트 내의 공간적인 순서가 일치하도록 서술하는 것이 좋다. 부정문이 긍정문보다 이해하기가 어려우므로 부정문의 사용은 자제하는 것이 좋다. 또한 서술이 체계적으로 이루어지는 것이 학습내용을 이해하기 좋은데, 일반적인 것에서 특수한 것으로 서술되는 연역법이나 반대로 특수한 것에서 일반적인 것으로 서술되는 귀납법 등을 적절히 활용하는 것이 좋다.

가능하면 쉬운 단어를 선택하고, 서술부를 명사화하는 것도 이해의 속도를 더디게 할 수 있으므로 가능하면 서술부는 풀어서 쓰는 것이 좋다. 또한 필요 이상으로 전문용어나 외래어를 사용하는 것도 바람직하지 않다. 잘 알려지지 않은 방식으로 머리글자만 따서 축약된 단어를 새로 만드는 것도 가능하면 피하는 것이 좋다. 축약된 단어를 처음 사용할 때는 이를 풀어서 설명하는 것이 좋다. 그렇지 않은 경우에는 '용어 풀이' 에 포함하여 설명한다. 항상 학습자의 선수학습 정도를 고려하여 학습자 수준에 맞도록 용어를 선택해야 한다. 새로운 개념을 사용할 때는 부가적인 설명이 필요한데, 이때 문장의 흐름을 깨지 않기 위해서는 '용어 풀이' 를 이용하도록 하는 것도 좋다.

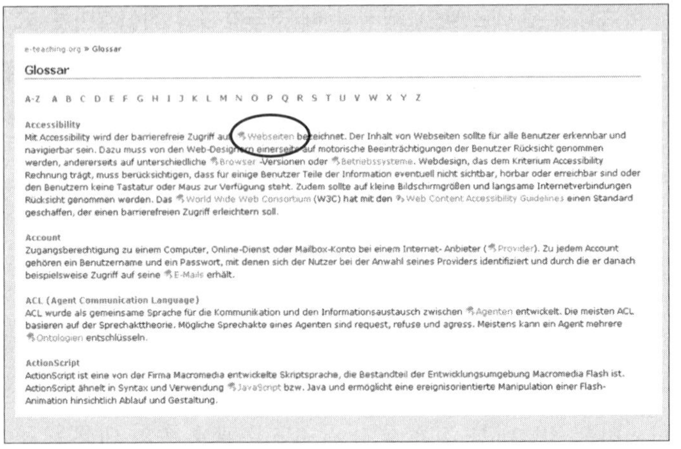

[그림 5-14] 용어 풀이-학습내용에서 어려운 개념을 별도로 표시하고 링크로 연결하여 해당 개념에 대한 용어 풀이를 추가적으로 볼 수 있도록 하였다.

(출처: http://www.e-teaching.org/)

연결어(예: 그래서, 그렇기 때문에, 앞에서 소개된 바와 같이 등)는 가능하면 피하는 것이 좋다. 글자로 표시된 번호(예: 첫째, 둘째, 마지막으로 등)는 많이 사용하지 않는 것이 바람직한데, 이러한 요소는 문맥을 부드럽게 이어주기는 하지만 모니터상에서 텍스트를 읽고 이해하는 데 번거롭고 학습자를 피곤하게 하여 학습능률과 학습동기를 떨어뜨릴 수 있다. 따라서 pdf 파일을 프린트해서 읽는 텍스트가 아니고 모니터상에서 읽어야 하는 경우 문장을 간단하고 일목요연하게 제시하는 것이 좋다.

3) 시각적 측면: 레이아웃

e-러닝 환경에서 텍스트 레이아웃을 디자인할 때 학습자가 텍스트를 읽으면서 쉽게 방향을 잡고 필요에 따라 텍스트 부분을 선택해서 읽을 수 있도록 잘 구조화하여야 한다. 레이아웃이란 일반적으로 설계, 배치를 의미하는데, 내용을 효과적으로 구성하고 배열하는 것이다. 이때 미적인 측면과 가독성에 유의하고 학습자의 주의를 유도하며 전체적으로 통일과 조화가 이루어지도록 한다. 따라서 글자체, 크기, 자간, 행간, 사진이나 그림의

선정, 위치, 배열, 색채를 결정하는 작업이 모두 레이아웃 디자인에 포함된다. 이러한 측면이 텍스트를 읽을 때 눈동자의 움직임에 영향을 미친다. 글자가 상호 잘 구별될 때 더 잘 지각되는데, 이는 다시 텍스트를 읽는 속도와 정확성에 영향을 준다. 긴 텍스트인 경우 너무 모양을 낸 글자보다는 단순한 형태가 더 좋다.

레이아웃을 디자인할 때 인쇄물의 디자인 기법을 응용할 수 있다. 이때 다음과 같은 독자의 태도를 유의할 필요가 있다.

- 독자는 화면을 좌측 상단에서 우측 하단의 순서로 훑어본다.
- 독자는 화면에 크게 배치된 내용이 더 중요한 정보라고 가정한다.
- 독자는 상단에 있는 것이 하단에 있는 것보다 더 중요하다고 지각한다.
- 독자는 보다 심화된 내용을 보기 위해서는 화면의 하단을 자세히 본다.

글자체

텍스트를 디자인할 때 가독성과 판독성을 고려해야 한다. 가독성은 단위시간당 읽을 수 있는 문자의 수고, 판독성은 개별 문자를 인식하는 데 걸리는 시간이다. 이에 영향을 미치는 요인으로 서체, 자간, 행간, 글줄 길이를 들 수 있다. 본문으로 사용할 서체는 활자의 자간이 시각적으로 불규칙하지 않게 한다. 가독성이 높은 바탕체, 명조, 신명조, 신문명조, 고딕은 본문에 적합하고 판독성이 높은 견출고딕, 견출명조, 궁서체 등은 제목에 활용한다.

이탤릭체의 문장은 일반 글자체에 비해 읽는 속도가 떨어진다. 따라서 짧

가독성이 높은 바탕체, 명조, 신명조, 고딕은 본문에 적합하다.

판독성이 높은 **견출고딕**, **견출명조**, **궁서체** 등은 제목에 활용한다.

은 내용이나 강조의 필요성이 있을 때만 사용한다. 그리고 비슷한 모양의 글자체를 섞어서 쓰는 것은 좋지 않다. 획의 굵기가 너무 가늘면 힘이 없고, 너무 굵으면 화면이 어둡다. 여러 줄에 걸쳐 글자 모양을 강조하는 것(예: 진하게, 기울임의 사용)은 바람직하지 않다. 글자체를 선택할 때는 일관성을 유지하는 것이 좋고 강조할 때만 변화를 주는 것이 효과적이다. 글자를 잘 해독할 수 없을 때 읽기 속도가 감소하고 따라서 계속해서 글을 읽으려는 동기가 감소하므로 글자체는 텍스트가 잘 읽힐 수 있도록 선택하는 것이 바람직하다.

> *이탤릭체의 문장은 아름답게 보이지만 읽는 속도가 줄어든다. 따라서 짧은 내용이나 강조의 필요성이 있을 때만 사용한다. 비슷한 모양의 글자체를 섞어서 쓰는 것은 좋지 않다.* **획의 굵기가 너무 가늘면 힘이 없고 너무 굵으면 화면이 어둡다.** ***여러 줄에 걸쳐 글자 모양을 강조 하는 것*****(예: 진하게, 기울임의 사용)은 바람직하지 않다.**

문자를 배열할 때는 필요 이상으로 들여쓰기를 하지 않는 것이 좋다. 정렬 방법으로는 왼쪽 끝 맞추기, 오른쪽 끝 맞추기, 양끝 맞추기, 가운데 맞추기, 비대칭이 있다. 양끝 맞추기가 깨끗하게 보이기는 하지만 실제로 글을 읽을 때는 불리할 수 있다. 특히, 영문인 경우 가운데가 군데군데 비어 있는 느낌을 줄 수 있다. 가운데 맞추기는 고급스러운 느낌을 주지만 많은 양의 본문을 다루기에는 적합하지 않다.

e-러닝 환경에서 텍스트를 사용할 때는 모니터상에서 글을 읽는 것이 더 힘이 들고 20~30% 시간이 더 걸린다는 것을 감안해야 한다. 스크롤을 하면서 텍스트를 읽으면 읽는 속도가 더 낮기 때문에 스크롤을 하는 것보다는 화면이 바뀌는 것이 더 낫다. 앞에서 제시한 조건 외에도 모니터의 크기, 해상도, 읽는 각도, 모니터와의 거리 등에 의해 글 읽는 속도가 영향을 받는다.

곁글

(1) 양끝 맞추기(영문)

This is a NASA competition program which allows teams of students to design and build a science experiment which will then be operated in a NASA microgravity drop tower facility.

가운데 맞추기는 고급스러운 느낌을 주지만
많은 양의 본문을 다루기에는 적합하지 않다.

(2) 글자 크기는 최소 8~12point(1인치=72포인트)로 하고, 글자의 넓이, 진한 정도 등은 표준치를 사용한다. 영문의 경우 한 행에 40~70의 캐릭터를 사용한다. 글자가 너무 작거나 클 경우 쉽게 피로감을 준다. 테스트를 하기 위해서 텍스트 한 줄의 절반 정도를 가리고도 잘 읽을 수 있으면 합격(받침이 없는 문장의 경우)이라고 볼 수 있다.

시각적으로는 5°의 범위 내에 있는 내용과 14문자, 7줄 안에 제시된 내용을 한 덩어리로 지각하는 경향이 있다. 행간을 설정할 때는 텍스트를 읽을 때 진행되는 눈 운동을 고려해야 한다. 행간이 충분하지 않을 때 행을 구별하기 어렵다. 글자의 크기가 8~11포인트일 때 행간은 영문인 경우 1~4포인트로 하고, 한글은 네모 안에 가득 찬 구조이므로 더 넓게 한다. 지나치게 넓은 단어 간격은 본문의 시각적 질감을 파괴하고 문장 안에서 연속적인 행의 흐름을 방해한다. 글줄의 길이가 너무 길거나 짧아도 독서의 리듬을 깬다(이만재, 이상선, 2005).

4) 블록의 구성과 배치

학습내용을 서술할 때 한 면에 들어갈 내용을 결정해야 하는데, 이때 모니터의 화면에 텍스트가 들어가는 공간과 빈 공간을 함께 결정해야 한다. 학습내용에는 텍스트 외에도 그림, 애니메이션, 동영상 등이 포함된다는 것을 고려해야 한다. 앞 장에서 근접성의 원리에서 설명하였듯이 논리적으로 연관되는 내용은 가까이에 배치한다. 그리고 서로 비슷한 내용은 비슷하게 표현하는 것이 좋다. 상이한 내용을 서로 확연하게 구별하는 것이 좋을 때는 외곽선 등을 활용한다. 서로 연관되는 내용을 한 화면에 모두 수록할 수 없어 다음 화면으로 넘겨야 할 경우에는 가능하면 비슷한 위치에 배치하는 것이 학습자가 그 내용을 기억하는 데 유리하다.

유사한 내용의 정보는 표로 작성하여 제시하는 것이 경제적이다. 이때도 레이아웃의 일관성을 유지하도록 하고, 그림과 글을 같이 제시할 때는 글을 그림의 왼쪽에 배치하도록 하고 화면의 문자 비율을 나타내는 정보의 밀도가 60%를 넘지 않도록 한다. 텍스트 블록의 배치는 학습자가 선택적으로 지각할 수 있도록 도와주어야 한다. 전체적으로 짜임새가 있어야 하며, 너무 많은 글자가 한 화면에 배치되지 않도록 하는 것이 좋다.

Horn(1982, 1985)의 정보지도(information mapping)로 알려진 구조화된 글쓰기 방법에서는 내용에 따라 블록으로 지정하고 각 블록별로 7문장을 작성하며, 가능한 내용상의 관계를 도표, 그래프, 목록 등으로 시각화하는 것이 바람직하다. 또한 각 블록의 제목을 작성할 때 3개 내지 최대 7개의 블록을 묶어서 제목을 작성하는 것을 권하고 있다.

(1) 인터넷 사이트에서 글 읽기

인터넷 사이트를 서핑하면서 대부분의 사용자는 해당 페이지를 찬찬히 읽어 보기 전에 한 번 훑어보기(scanning)를 하는 것을 관찰할 수 있다. 특히, 텍스트의 길이가 긴 경우 제목, 단락 등을 보면서 큰 윤곽을 잡으려는 경향이 있다. 그러므로 외곽선, 그래프 등의 시각적인 자료를 사용하는 것이 효과적이다. 이 밖에 내용을 시각화하기 위해서 글자를 진하게 하거나 밑줄 등을 사용할 수 있고, 내용을 체계적으로 서술하기 위한 도구로 제목, 번호 매기기 등의 방법을 활용할 수 있다.

(2) 바탕색의 활용

내용을 구별하기 위해서 바탕색을 다르게 할 수 있다. 이때 색상의 대비가 너무 크지 않은 것이 좋으며, 보색의 활용은 너무 강한 느낌을 줄 수 있

(출처: http://www.nasa.gov/audience/forkids/home/index.html)

[그림 5-15] 아동을 위한 인터넷 사이트-블록을 지정하여 시각화하였다.

다. 그러나 어린이나 청소년은 오히려 이러한 색을 선호하는 경향이 있다. 명도나 굵기의 차이로도 강조의 효과를 유도할 수 있다. 명도의 차이를 활용할 경우 너무 많은 단계를 사용하면 혼동이 될 수 있기 때문에 두 단계로만 차이를 두는 것이 좋다. 바탕색의 채도는 낮은 것이 더 좋다. 차가운 색은 거리감을 주므로 바탕색으로 적합하며 따뜻한 색은 가깝게 지각되므로 선이나 글자를 강조할 때 사용할 수 있다.

(3) 그림과 텍스트의 활용

그림과 텍스트를 함께 활용할 때 이들은 상호 보완적이며 동시에 경쟁적이라는 점을 감안해야 한다. 그림이 주의를 끌고 호기심을 유발하는 효과가 있어서 정보의 이해에 도움을 주지만 텍스트 없이 그림만 제시하는 경우는 드물다. 그림과 텍스트를 함께 제시할 때는 정보가 상호 보완적이고 서로 연결되어 잘 이해될 수 있도록 구성하여야 한다. 즉, 그림에 충분히 제시되지 못한 정보가 텍스트를 통해 보충되어야 한다. 마찬가지로 텍스트에서도 설명되고 있는 부분을 시각적으로 보고 싶다는 필요성을 느끼도록 하여야 한다. 텍스트와 그림의 상호 보완적인 기능을 통해 텍스트가 더 깊게 이해될 수 있다(그림에 대한 설명은 '제4절 e-러닝 콘텐츠 개발: 그림의 활용' 참조).

제3절 e-러닝 콘텐츠 개발: 음향과 녹음된 텍스트의 활용

e-러닝 환경에서 음향효과에 대해 Flender(2002)는 학습과정과 관련된 기능으로 주의 끌기, 동기 유발, 학습내용의 구조화, 피드백의 활용 등이 있다고 하였다. 반복된 음향으로 학습 영역을 구별하여 학습내용을 구조화할 수 있는데, 예를 들어 과학실험 시리즈에서 실험과정과 탐구 영역을 서로 다른 음향을 배경으로 활용하였을 때 단원의 주제가 바뀌어도 해당 음향이 나오면 실험과정인지 혹은 탐구 영역인지를 알려 주는 신호로 인식된다. 단원이 끝날 때마다 일정한 음악을 들려줌으로써 단원이 종료됨을 알려 주는 기능을 할 수도 있다. 또 음향으로 일정한 주제에 주의를 기울이도록 하여 동기를 유발하는 효과를 볼 수도 있다(Bruns & Gajewski, 1999). 이외에도 소리의 크기, 음질, 말하는 속도 등으로 주의를 끌 수 있다(Paechter,

1996). 피드백을 줄 때 음향효과를 넣거나 음향으로 학습자가 휴식 시간을 갖도록 신호를 주고 학습자의 주의를 환기하는 것도 유용하다.

1. 음향 요소

e-러닝 환경에서 음향 요소는 녹음된 텍스트와 음악을 들 수 있는데, 그 기능은 다음과 같다.

- 녹음된 텍스트: 그림에 대한 설명으로 학습내용에 대한 정보를 전달할 수 있다. 화면에 그림이 제시되면 그림의 내용을 글로 설명하는 것보다 녹음된 텍스트를 제공하는 것이 바람직하다. 시각적인 경로를 통해서는 그림만 보고, 그림의 내용은 청각적인 경로를 통해서 지각함으로써 작업기억의 부담을 줄일 수 있다. 화면에 자리가 부족할 경우 텍스트의 내용을 모두 화면에 제시하는 것이 아니고 학습내용의 일부를 녹음된 텍스트로 대신할 수도 있다.
- 음악: 음악을 통해 정서적 효과 외에도 다음과 같은 학습과 관련된 효과를 올릴 수 있다.
  - 화면의 색상과 이에 맞는 음악으로 지금 어떤 내용이 제시될 것인가를 암시할 수 있다. 예를 들어, 역사 프로그램의 경우 프랑스혁명에 관한 내용을 설명하면서 라 마르세이유(La Marseillaise: 현 프랑스 국가)를 들려주거나 지리 프로그램에서 스칸디나비아 반도에 관한 내용을 텍스트를 보여 주면서 그리그의 페르귄트를 배경음악으로 제공하고, 스페인어 학습 프로그램에서 시작 음악으로 플라밍고를 선택할 수 있다.
  - 반복되는 음악으로 학습 영역을 구별하고 다시 알아보는 효과를 볼 수 있다.

- 음향으로 학습 진행 속도를 조절할 수 있다. 그러나 학습하는 동안 계속해서 음악이 나오는 것은 바람직하지 않다.

음악을 사용할 때는 저작권의 문제와 같은 법률적 측면도 고려해야 하는데, 저작권으로 문제되지 않는 음악을 활용하기 위해 http://www.audiototal.de와 같은 사이트를 활용할 수 있다.

이 외에도 음향효과를 사용한 상황제시 효과가 있는데, 전화가 온 상황을 제시할 때는 실제 전화벨소리를 음향효과로 삽입하여 현장감을 높일 수 있다. 상호작용이 가능한 멀티미디어 환경에서는 음향으로 학습자의 특정 활동을 유도할 수도 있다. 예를 들어, 문제풀이 과정에서 질문을 제시한 후 일정한 음향신호가 울리면 답을 기입하도록 하고, 일정한 학습시간이 지나거나 일정 범위의 학습을 하고 나서 음악과 함께 학습자가 휴식을 취할 수 있도록 유도할 수 있다. 또한 학습자의 반응에 대해 정답과 오답을 구별하는 음향으로 피드백의 방향을 암시할 수 있다.

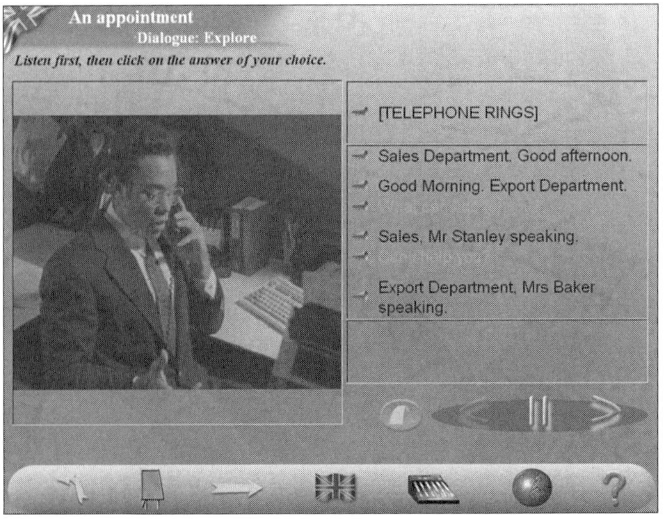

[그림 5-16] 영어학습 프로그램에서 전화가 온 상황을 제시할 때 실제 전화벨 소리를 음향효과로 삽입하여 현장감을 높일 수 있다.

(출처: TellmeMore-Auralog)

2. 녹음된 텍스트

e-러닝 학습 상황에서는 모니터상에 제공되는 시각적인 정보를 많이 처리하게 된다. 책을 통해서 그림자료가 제시될 때는 그림과 이를 설명하는 내용이 모두 시각적으로 제시되기 때문에 그림과 이를 설명하는 텍스트 사이를 왔다갔다하면서 이해해야 하는 문제점이 있다. 반면에 텍스트의 내용이 음성으로 들리는 경우 텍스트의 내용을 들으면서 그림이나 애니메이션 등의 학습자료에도 학습자의 시선이 갈 수 있어서 이해에 더 도움이 될 수 있다. 이것은 상이한 뇌의 부분이 자극되기 때문이다. 그러나 그림의 내용과 동떨어진 내용의 텍스트가 들릴 때는 멀티미디어 활용의 효과가 떨어진다.

한편, 학습내용이 어려울 때는 텍스트를 눈으로 읽는 것이 같은 내용을 귀로 듣는 것보다 더 잘 기억된다. 이는 텍스트를 읽을 때는 읽는 속도를 조절할 수 있으나 녹음된 텍스트를 들을 때는 학습자가 이에 적응해야 하기 때문이다.

녹음된 텍스트는 시각적인 학습자료와 동시에 제시하는 것이 바람직하다(Bagett, 1984). 또한 학습자가 녹음된 텍스트를 들으면서 그 흐름을 통제할 수 있도록 하는 것이 좋은데, 학습자가 정지, 앞으로 혹은 뒤로 이동할 수 있어서 듣고 싶은 부분을 선택할 수 있는 가능성을 가지고 있는 것이 바람직하다. 따라서 시작, 일시정지, 중지 등의 버튼을 알아보기 쉬운 위치에 배치하여야 한다. 특히, 긴 텍스트의 경우에 학습자가 필요에 따라 중간에 멈출 수 있도록 한다.

곁글

텍스트를 읽기 조건과 듣기 조건으로 제시하였을 때 학습효과의 차이는 실험적으로 증명되지는 않았다. 그러므로 e-러닝 환경에서 반드시 녹음된 텍스트를 제시해야 하는 것은 아니다.

녹음된 텍스트의 제작

텍스트를 녹음할 때 대개 중간 정도의 속도가 적당한데 너무 속도가 늦으면 작업기억에 오히려 부담을 줄 수 있다. 텍스트를 녹음할 때는 텍스트의 내용을 단순히 읽는 것이 아니라 학습자의 말하고, 듣는 습관을 고려하는 것이 바람직하다.

중요한 내용은 녹음된 음성뿐만 아니라 텍스트 내용도 화면에 함께 제시하는 것이 좋다. 그러나 녹음된 내용 그대로 텍스트가 제시되는 경우 읽는 속도와 녹음된 내용이 들리는 속도가 달라(대부분 눈으로 글을 읽는 속도가 말하는 속도보다 빠르다) 오히려 간섭효과가 일어날 수 있기 때문에 학습에 방해가 된다(Paechter, 1996). 따라서 중요한 내용의 단어나 문장의 일부분만 화면에 제시하여 강조하는 것이 좋다.

학습내용을 듣는 것만으로 이해를 하는 것은 많은 주의력을 요구한다. 텍스트의 내용을 녹음해서 활용할 때 문장이 너무 길면 학습자의 주의력이

[그림 5-17] 녹음된 텍스트의 제시-만화 인물이 말하는 것처럼 녹음된 텍스트의 내용을 소개한다.

(출처: Konzeption und Entwicklung interaktiver Lern-programme-Springer)

떨어진다. 따라서 녹음된 텍스트의 문장은 짧게, 그리고 문체는 간결하게 한다(Bruns & Gejewski, 1999; Phillips, 1997). 적절하게 강조할 것은 소리의 크기와 높낮이로 조절하고, 필요에 따라 중간에 잠시 쉬는 것이 학습자의 이해에 도움을 준다. 또한 주의 집중을 지속적으로 할 수 있는 시간을 고려하여 한 번에 2~3분 정도의 내용만 제시하는 것이 좋으며, 남녀의 목소리를 교대로 변화를 주는 것이 바람직하다. 경우에 따라서는 녹음된 텍스트를 마스코트와 함께 제시해서 말하는 주체를 형상화하는 것도 효과적이다(Boyle, 1997).

제4절 e-러닝 콘텐츠 개발: 그림의 활용

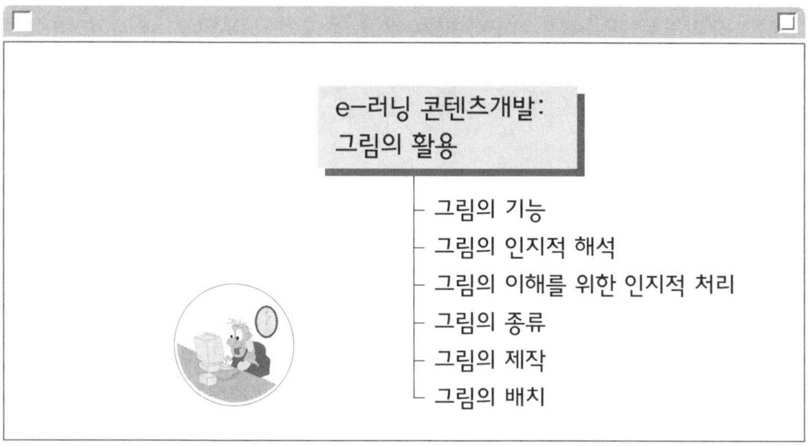

백문이 불여일견이라는 말이 있듯이 흔히 사진이나 그림과 같은 시각자료 하나의 효과는 백 마디의 말보다 더 클 수 있다. 텍스트와 그림을 통해 설명하면 텍스트만을 이용하는 것보다 훨씬 이해가 잘 되고 기억도 잘 된다는 것은 이미 경험연구를 통하여 증명되었다(Salomon, 1994).

e-러닝 환경에서 그림이 많이 활용되는 이유는 자료의 디지털화와 더불어 큰 용량의 그림파일의 전송속도가 빨라졌기 때문이다. 또한 모니터에서 긴 텍스트만을 읽는 것이 효과적이지 못하기 때문이다. 그림은 텍스트의 내용을 시각적으로 구체화하여 이해를 촉진하고, 복잡한 내용의 텍스트보다 주의를 끄는 효과를 올릴 수 있어 텍스트 내용에 대한 관심을 증진시킬 수 있다. 특히, 학습자의 읽기능력이 떨어질 때 그림으로 이해를 증진시키는 효과가 있다.

그림의 효과에 대해 Levin, Anglin과 Carney(1987)는 75개의 경험연구를 메타분석한 결과 시각적 자료가 제공된 학습내용이 더 효과적으로 학습된다는 결론을 내렸다. 그림으로 제시된 내용이 보다 더 잘 학습되는 이유는 사람들이 자신이 주로 사용하는 감각기관인 눈으로 수용된 정보는 더 믿을 만하다고 생각하기 때문이다. 또 그림에 제시된 정보는 학습자의 눈앞에 시각적으로 계속 존재하기 때문에 작업기억의 부담을 줄이고 텍스트의 정보가 그림에도 제시됨으로 반복의 효과를 얻는 것이라는 설명도 있다(Lefferts, 1982).

1. 그림의 기능

그림의 기능으로 시각화와 공간적 오리엔테이션을 들 수 있는데, 그림을 통해 형태, 색깔, 질감 등과 같이 언어로 표현하기가 쉽지 않은 것을 시각화할 수 있다. 시각화하는 것은 대상의 정체를 파악할 뿐만 아니라(대상은 어떻게 보이는가? 대상의 특징은 무엇인가?) 비교를 위한 자료를 제시하는 데(대상 x와 y는 어떤 차이가 있는가?) 활용할 수 있다. 예를 들어, 다이어트 보조용품 광고에서 사용 전과 사용 후의 사진을 통해 효과적인 비교자료를 제시할 수 있고, 사용설명서와 같이 절차적 지식을 전달하는 데에도 그림을 함께 제시하는 것이 텍스트만 제시하는 것보다 이해하기 쉽다.

[그림 5-18] 그림의 기능: 비교자료의 제시

또한 그림을 통해 학습자의 공간적 오리엔테이션을 도울 수 있기 때문에 공간적 지식의 전달에 적합하다. 예를 들어, 기계가 어떻게 기능하는가에 관한 설명도를 활용하여 공간적인 정보, 관계 구조를 설명할 수 있다. 이때 복잡한 그림의 일부분을 강조함으로써 특정 요소에 초점을 맞추게 하는 기능도 할 수 있다(Schnotz, Zink & Pfeiffer, 1996). 한편, 애니메이션과 비디오는 복합적인 과정이나 알고리즘을 설명할 경우 매우 유익하다.

그림은 추상적 개념이나 이들의 관계를 나타내는 데에는 부적합하다. 텍스트는 명제적 표상에 근거하여 논리적이고 구조적인 내용을 전달할 때 적합한 반면 그림과 그래픽을 통해 제시된 내용은 실제와 유사하게 표상되어 학습 대상의 정신모델을 형성하는 데 직접

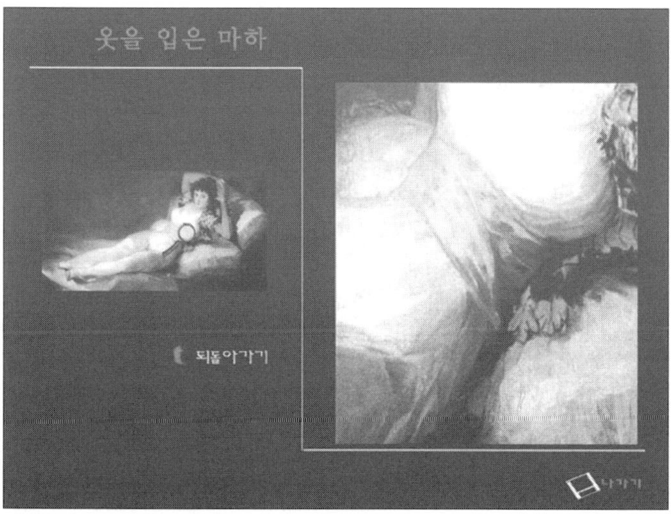

(출처: 어린이를 위한 명화 이야기-joun I soft)

[그림 5-19] 돋보기 효과-그림의 일부에 초점을 맞추게 하는 기능을 한다.

곁글

텍스트와 그림을 이해하는 과정에서 서술적 과정과 묘사적 과정이 통합적으로 이루어진다. 그러나 텍스트나 그림과 같은 시각적 학습자료의 외적 표상과 학습자의 내적 표상은 1:1 대응 관계를 이루는 것은 아니다. 즉, 학습자가 주어진 내용을 그대로 표상하지 않는다는 것이다. Mayer(1999)는 텍스트와 같은 언어적인 자료나 그림과 같은 시각적인 자료를 처리할 때 작업기억 용량이 제한되어 있기 때문에 효과적인 학습을 위해서 학습자는 두 종류의 자료를 사전지식과 통합한다고 하였다. 이때 선택과 재구성의 과정을 통해서 통합이 이루어진다.

흥미로운 것은 텍스트와 같은 언어적인 학습자료는 단어, 문장으로 이루어졌고, 각 언어권에서 이미 약속된 명칭이나 문법적인 구조를 갖는다. 이러한 약속은 임의성을 갖는데, 예를 들어 '개', 'dog' 어느 단어도 그 형태나 소릿값이 그 대상과 일치하지 않는다. 이와는 달리 그림과 도표는 나타내려고 하는 대상과 적어도 구조적으로는 일치해야 한다.

적으로 작용한다.

텍스트와 그림에 포함된 정보를 학습자가 어떻게 이해하는가에 대한 연구에서 Schnotz(1998)는 텍스트와 그림 속의 정보가 **'서술적인 표상'** 과 **'묘사적인 표상'** 이 된다고 설명하였다. 텍스트에서는 대상이 명사로 표시하고, 동사, 조사를 사용하여 서술한다. 이때 형용사나 부사로 그 속성을 더 정확하게 나타낼 수 있다. 학습자는 텍스트로 학습한 후 서술적 표상을 하는 반면에 그림이나 도표로 학습한 후에는 내재적인 구조적 관계에 대한 묘사적 표상을 한다.

학습자가 **정신모델**을 형성하는 것은 학습에 결정적이다. 따라서 멀티미디어 학습 환경을 구성할 때 각각의 학습목표에 따라 바람직한 정신모델을 고려해야 한다. 즉, 학습내용의 어떤 부분이 어떤 미디어로 제시되는 것이 정신모델을 형성하는 데 도움이 될 것인가에 대해 질문을 해야 한다.

2. 그림의 인지적 해석

그림의 인지적 해석은 다음의 네 단계에 걸쳐 이루어진다.

1) 주의 이전의 단계

그림을 한 번 보고 전체적인 인상을 형성하는 단계로, 세부적인 정보처리는 아직 이루어지지 않고 전경과 배경을 구별하는 수준의 단순한 작업만 이루어진다.

2) 주의 단계

심리학자들이 눈동자의 움직임을 측정하여 그림을 어떻게 지각하는가를 분석하였는데, 첫째 단계에서 학습자는 반사적인 움직임을 보인다. 이때 평범하지 않거나 예상하지 못한 자극(특이한 색깔, 형태, 빠르게 움직이는 대상)에 우선 시선이 간다. 다음으로 대충 훑어보고 나서 관심이 있는 영역의 세부적인 것을 관찰하면서 정보를 많이 포함하고 있는 대상에 주의를 기울이고 더 오래 시선을 고정한다. 사람의 경우 얼굴, 특히 눈 부분에, 그리고 일반적으로 그림에서는 가운데 부분이 테두리 부분보다 더 오래 시선이 고정된다. 시선이 고정된 부분은 학습자가 적극적으로 관찰하고 심층적으로 정보가 처리되기 때문에 보다 더 잘 기억된다.

곁글

텍스트 저자가 그림 제작자보다 학습자의 정보처리과정(예: 정보처리 순서)을 더 잘 조절할 수 있는 것이 사실이나 그림을 통해서도 학습과정을 조절하는 것이 가능하다. 예를 들어, 그림을 제시하였을 때 어디에 가장 먼저 시선이 가는가를 조절할 수 있다. 이를 'pop-out' 효과라고 하는데, 색깔, 크기, 형태, 움직임 등에서 다른 자극과 구별되는 자극이 제시되거나 기대하지 못하였던 내용의 그림이 제시되면 학습자의 시선이 집중되는 경향이 있다는 것을 활용할 수 있다.

3) 그림의 정교화 작업 단계

그림 내용을 이해하는 과정으로 그림을 보고 학습자는 자신의 사전지식을 기초로 추론 · 연상 작업을 한다. 텍스트로 학습할 때와 마찬가지로 그림도 정교화하여 이해할수록 잘 기억된다. 경우에 따라서는 그림에 텍스트를 추가하여 정교화 작업을 촉진할 수 있다.

4) 그림의 재구성 작업 단계

학습자는 학습내용을 시각적 · 공간적 · 개념적 표상과 같은 다양한 방법으로 표상하여 기억하는데, 시각적인 자극이 언어로 다시 표상되면 더 오래 기억이 된다. 따라서 그림에 대한 설명이 충분히 제공되는 것이 그림 내용의 이해와 기억에 도움이 된다.

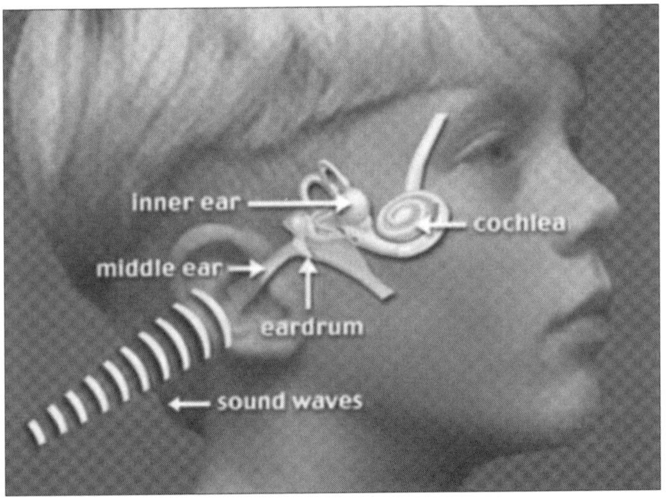

(출처: Ohana Science-enworks)

[그림 5-20] 학습자는 자신의 사전지식을 기초로 하여 정교화 작업을 하며, 이를 활용하여 그림의 내용을 학습한다.

3. 그림의 이해를 위한 인지적 처리

사람들이 보통 그림을 보았을 때 시각적인 자극을 비교적 자동화된 병렬적인 정보로 처리하는데, 이런 과정을 지각적 부호화라고 한다. 한편, 그림을 통한 학습과정에서는 그림을 지각만 하는 것이 아니라 이해하는 과정이 필요하므로 학습자는 그림의 내용을 의미적으로 부호화한다. 이때 선택과 통제 과정, 즉 표상된 내용을 해석하여 필요한 정보를 추출하는 과정이 요구된다. 즉, 그림으로 학습할 때 앞서 제3단계 그림의 정교화 작업에서 언급하였듯이 주어진 시각적인 자극에만 의존하는 것이 아니라 학습자료인 그림에 개념적 접근을 하게 된다. 이때 이미 학습된 내용이나 학습자의 학습목표 등에 영향을 받는데, 이를 그림의 맥락적 이해라고 한다(Weidenmann, 1988). 맥락의 기능은 새로 학습하는 정보를 체계화하는 것이다. [그림 5-21]은 언어학습 프로그램 상황을 제시하는 것으로, **스크립트**나 일화성 기억(episodic memory)이 활용된다.

최근 컴퓨터의 그래픽과 음향기술의 발달로 학습 상황에서 텍스트와 그림, 음향 등의 조합이 학습자에게 어떻게 지각되고 학습내용과 관련된 정

(출처: TellmeMore-Auralog)

[그림 5-21] 공항에서 벌어지는 상황에 대한 스크립트를 가지고 있을 때 학습에 도움이 된다.

보가 어떻게 처리되는지에 대한 연구가 활발히 이루어지고 있다. 멀티미디어의 활용이 학습과 기억과정을 지지한다는 연구 결과도 있다. 예를 들어, 텍스트와 그림을 함께 제시하였을 때 학습과 이해과정에 긍정적으로 영향을 미친다는 것이다. 그러나 이때 텍스트와 그림이 잘못 조합되면 주의력에 문제를 일으킬 수 있다는 제한점도 있다.

한편, 그림과 같은 시각적인 학습자료를 사용할 때 학습자의 지각 및 학습양식을 고려해야 한다. 그림이 호기심을 유발하여 처음에 시선을 끌기는 하지만 보통 학습자는 그림을 통해 전달되는 정보의 양을 과소평가하는 경향이 있다. 따라서 텍스트에 비해서 그림은 덜 집중적으로 학습된다. 즉, 대부분의 학습자가 한번 그림을 보고 내용을 이해하였다고 생각하고 중요한 정보를 추출하기 전에 벌써 시선을 다른 곳으로 옮기는 경향이 있다. 이러한 경향은 모니터에 제시된 그림에 대해서 더 두드러지는 것으로 보고되었다(Weidenmann, 1988).

학습자 변인

학습자 변인에 따라 멀티미디어 교육 환경의 효과가 상이하게 나타난다. 그림의 효과에 영향을 주는 요인으로는 그림의 복잡한 정도, 학습자의 선행학습 수준, 학습자의 정보처리능력, 학습 시간의 길이를 들 수 있다. 선수학습의 정도가 약한 학습자가 제4장에서 제시한 e-러닝 환경 구성의 심리학적 원칙(투명성, 적응성, 상호작용의 원리, 연습과 반복의 원리)에 의해 텍스트와 그림을 조합한 학습자료를 제시하였을 때 더 많은 효과를 얻는 것으로 나타났다. 정보를 시각적으로 처리하는 경향이 강한 학습자도 멀티미디어 환경에서 더욱 효과적으로 학습할 수 있었고(Plass, Chun, Mayer, & Leutner, 1998), 공간감각이 좋은 학습자의 경우도 마찬가지의 효과가 있었다. 그러나 너무 쉬운 내용의 텍스트에 그림을 부가적으로 제시하였을 때는 큰 효과를 얻지 못하였다.

그림과 텍스트를 동시에 제시할 수 없을 때 사전지식이 없는 학습자에게는 텍스트를 먼저 보여 주고 다음에 그림을 보여 주는 것이 좋다. 사전지식이 많은 학습자에게는 그림과 텍스트를 어떤 순서로 제공하여도 무방하다(Hasebrook, 1995). 특히, 아동은 그림에서 중요한 정보를 추출하여 텍스트의 내용과 통합하는 능력이 떨어진다. 그러므로 그림에서 중요한 정보에 초점을 맞추어 주의를 기울이도록 지도하는 것이 필요하다. 경우에 따라서는 텍스트의 내용을 그림으로 제시하는 것보다 학습자에게 그 내용을 시각적으로 상상해 보라고 하는 것도 효과적일 수 있다.

4. 그림의 종류

그림의 종류는 사진과 같이 실제를 잘 나타내는 것부터 도식과 같이 단순화된 그림에 이르기까지 다양하다. 도식화된 그림은 실제를 그대로 보여주는 것보다는 학습자가 학습내용의 구조를 파악하는 데 도움을 준다. 이런 예로 해부도나 식물도감을 들 수 있다.

그림이 학습자료로 사용되는 것에 관한 연구에서 '도식적 그림 혹은 실제와 유사한 그림 중 어느 것이 효과적인가?' 와 '학습자의 주의를 끄는 수단에는 어떤 것이 있는가?' 와 같은 질문이 제기된다. Dwyer(1978)는 그림을 통해서 심장에 대해 학습하는 프로그램을 사용하였다. 그는 심장을 선으로만 그린 그림, 선과 그림자로 그린 그림, 심장모델의 사진, 인간 심장의 사진을 제시하면서 모든 그림을 흑백 혹은 천연색으로 변화를 주었다. 학습 후 과제는 객관식 문제 풀이, 심장 스케치하기, 심장의 부분을 심장 그림에 배치하는 것들이었다. 선행학습을 하지 않았던 학생이 도식적인 그림을 통해 더 효과적으로 학습하였는데, 선과 그림자로 그린 그림이 가장 효과적이었다. 즉, 학습자료로 사용할 때 중요한 부분을 집중적으로 구조화한 도식적 그림이 사진이나 실제와 유사한 그림보다 더 적합하였다.

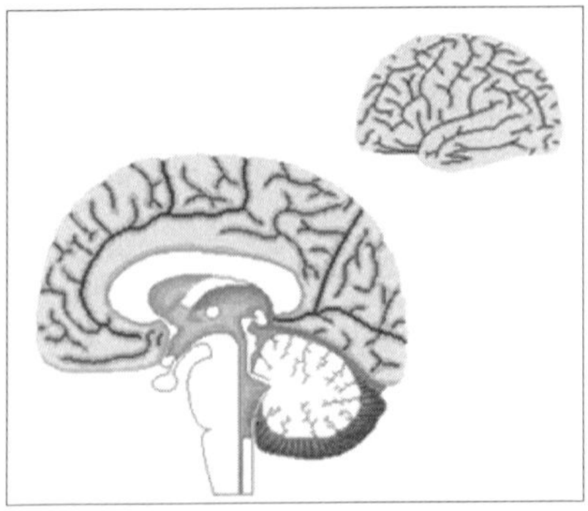

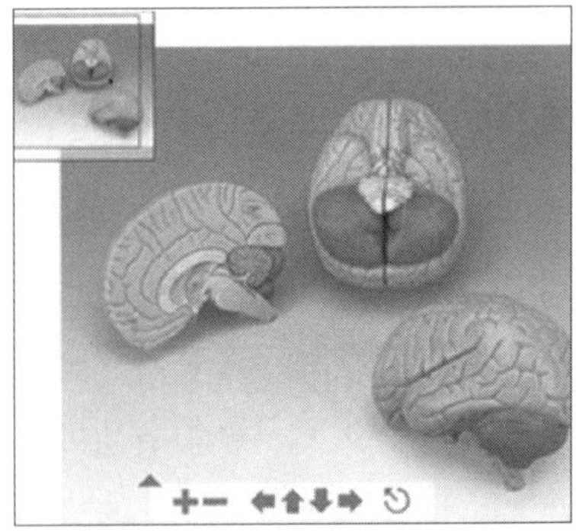

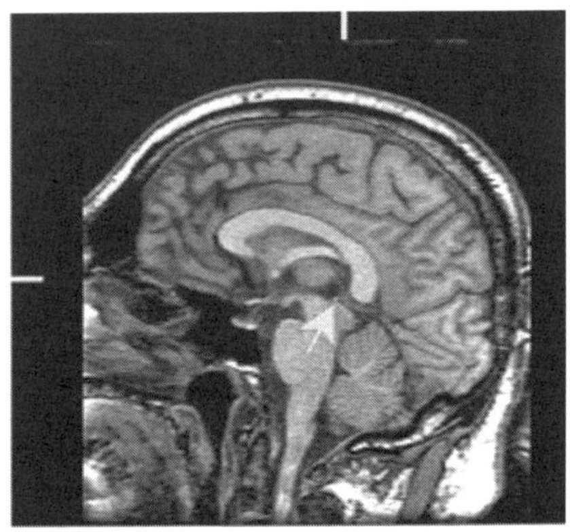

[그림 5-22] 학습자료로 사용할 수 있는 그림의 종류는 도식과 같이 단순한 그림에서 실제 사진에 이르기까지 다양하다.

그러나 Dwyer의 연구가 최근의 멀티미디어를 활용한 e-러닝 환경에도 적용되는지는 의문이 남는다. 즉, 학습자가 실제와 유사한 3차원 그림으로 자신이 보고 싶은 부분을 마우스로 클릭해 가면서 각도와 크기도 변화시킬 수 있고, 또 필요한 경우 해당 부위에 팝업(pop-up)창으로 짧은 설명을 보충해서 제공하면 그 효과가 더 클 것으로 추측할 수 있다.

앞서 살펴본 바와 같이 e-러닝 환경에서 그림을 사용할 때, 어떤 그림을 사용할 것인가는 실제와의 유사성보다는 학습내용을 잘 전달할 수 있는가를 기준으로 결정해야 한다. 물론, 학습이 진행됨에 따라서 미디어의 활용을 조절할 수 있는데, 학습과정 초기에는 학습자의 사전지식을 활용하여 학습내용을 유추할 수 있는 그림을 제시한다. 그리고 학습과정의 후기에는 실

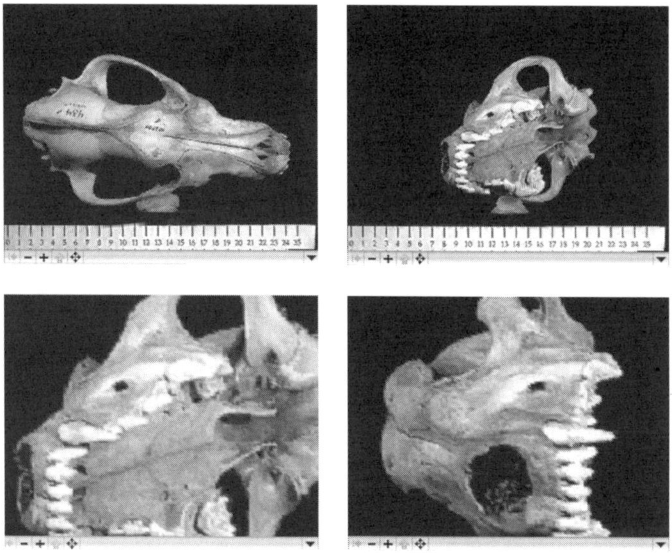

[그림 5-23] 상호작용이 가능한 사진 자료-학습자가 3차원 사진으로 자신이 보고 싶은 부분을 마우스로 클릭하면 각도와 크기를 변화시킬 수 있다.

(출처: http://www.e-teaching.org/didaktik/gestaltung/interaktiv/InteraktivitaetSchulmeister.pdf, 재인용)

제를 근접하게 묘사하는 그림이나 사진의 시각화 기능을 활용하여 해당 정보를 더 잘 기억하도록 할 수 있다. 한편, 논리적 그림을 통해 텍스트의 내용을 조직화하는 데 도움을 줄 수 있다. 즉, 그림을 먼저 사용하고 다음에 녹음된 텍스트를 제시할 때 그림이 선행조직자의 기능을 수행할 수 있다.

5. 그림의 제작

그림의 교육적 기능은 주의를 끌고 흥미를 자극하는 것이다. 학습내용과 관계가 있는 내용의 흥미로운 만화 등은 학습내용을 정교화하는 데 도움이 된다. 그림은 연상활동을 자극하여 학습내용을 잘 기억하게 하는데, 예를 들어 DNA구조를 지퍼로 나타내거나 박테리아를 도깨비 형상으로 제시하는 것은 유추를 이용한 예라 할 수 있다.

이 외에도 중심 학습내용을 그림으로 시각화할 때는 복잡한 것을 단순화하기 위해서 중요한 것에 초점을 맞추는 것이 필요하다. 즉, 중요하지 않은 것은 생략하고 중요한 것은 강조하며, 관계가 있는 것은 동일 계통의 색을 사용하여 묶어서 제시한다. 그러나 한 그림에서 5~7개 이상의 묶음은 사용하지 않는 것이 좋다. 그림을 학습자료로 사용할 경우 제목은 구체적이고 분명하게 제시하여야 한다. 그림 속의 언어적 설명은 간결하고 구체적이어야 하고, 그림 속의 글자도 잘 읽을 수 있도록 크기나 위치를 잘 고려하여야 한다. 그림과 해당 내용의 텍스트는 가능하면 가까이 배치하는 것이 좋다. 그림과 텍스트에 제시된 내용은 상호 보완적인 것이 좋으며, 똑같은 내용을 반복하는 것은 피하는 것이 좋다. 이것은 그림에 대한 불필요한 설명이 오히려 학습에 방해가 되기 때문이다. 애매한 내용의 그림은 오히려 기억에

곁글

그림을 작성할 때 다음과 같은 형태(Gestalt)심리학 원리를 이용할 수 있다.

① 근접성의 원리: 가까이 있는 자극을 묶어서 지각하는 경향

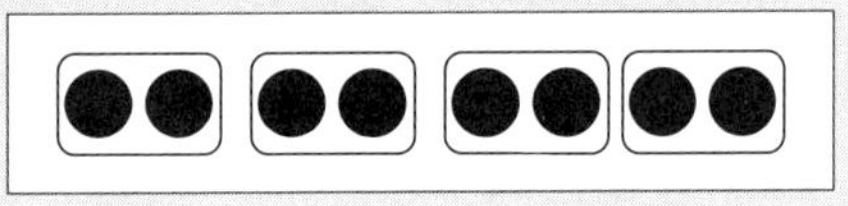

② 유사성의 원리: 유사한 자극(색상, 모양 등)을 묶어서 지각하는 경향

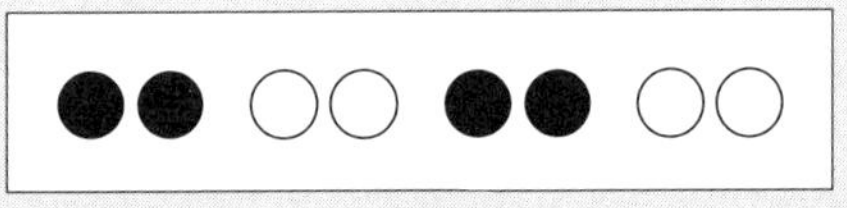

③ 폐쇄의 원리: 시각적인 자극을 가능하면 통합하여 지각하려는 경향, 예를 들어 그림과 같이 틈이 벌어진 도형을 완결시켜 삼각형으로 지각하려는 경향이 있다.

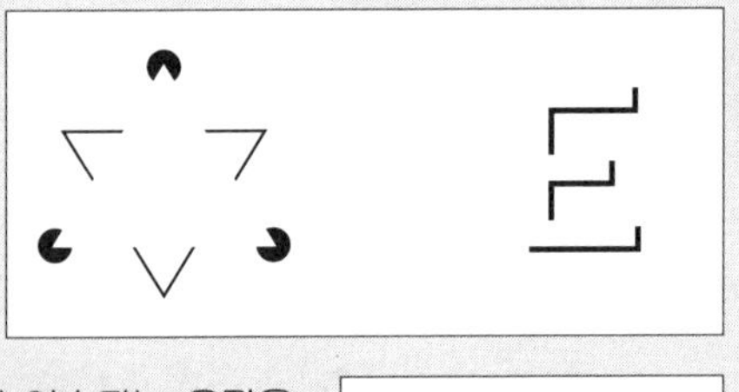

④ 연속의 원리: 원래의 진행방향을 따라 부드럽게 연속되는 윤곽을 선호하는 경향, 예를 들어 그림에서도 4개의 선분보다는 십자로 교차하는 두 개의 선분으로 지각하는 경향이 더 강하다.

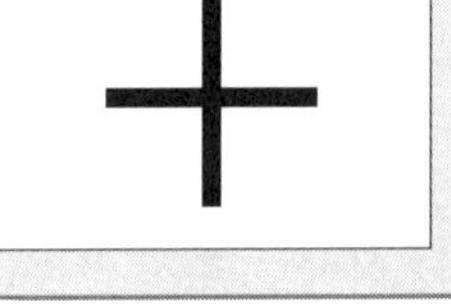

방해가 될 수 있다. 그림은 중간 정도의 복잡성이 있는 것이 좋다.

그림에 사용되는 색상의 효과는 매우 크다. 색상 효과를 통해 주의를 끌거나 복합적인 정보를 구조화하여 정보탐색 시간을 감소시켜 학습 효과를 증진시킬 수 있다. 예를 들어, 연관되는 내용은 동일 계통의 색상을 사용하여 제시하면 학습자가 이를 통합적으로 지각하고 이해하기가 쉽다.

그림의 정보를 빨리 선택하고 통합해야 할 때는 눈에 띄게 색상을 사용하는 것이 효과적이다(Reising & Aretz, 1987). 그림의 크기, 색상 등의 대조를 통해 중요한 부분에 주의가 우선 집중되도록 제작하고, 중요한 내용은 그림에서도 화살표, 밑줄, 외곽선 색상 등으로 강조하여 주의를 집중할 수 있도록 하는 것이 좋다. 경우에 따라서는 보색을 사용해서 두 가지 내용을 구별하는 것보다 경계선을 사용하는 것이 더 간단하고 효과적일 수 있다. 그림은 일정한 대상을 시각적으로 나타내는 것뿐만 아니라(예: 불꽃-화재) 상징의 기능도 가지고 있다. 예를 들어, 저울은 정의를, 빨간 색 원은 금지의 표시로 사용할 수 있다.

중요한 부분을 강조할 때는 전경과 배경의 구별을 확실하게 하고 학습자료의 처리 순서를 고려하여 주의력을 집중할 수 있도록 유도한다. 바탕색에는 무늬를 넣지 않는 것이 학습자가 학습내용 자체에 주의를 기울이도록 하는 데 효과적이다(Horton, 1991). 색상으로 주의를 유도하여 정보의 입

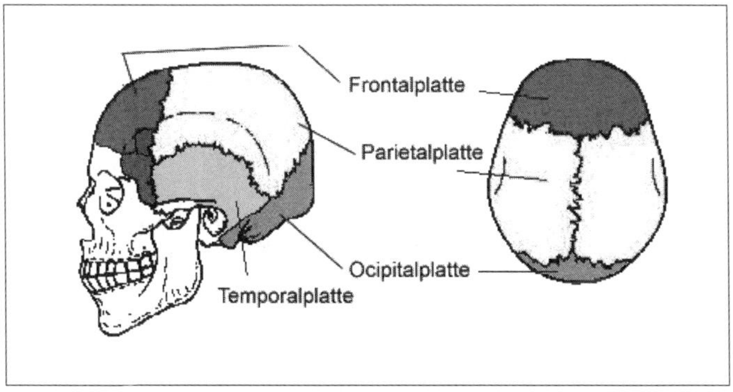

[그림 5-25] 색상의 효과-색상을 활용하여 뇌의 부위를 구별하였다.

력 속도와 정확도가 증진되었다는 경험연구도 있으나 색상을 너무 과다하게 사용하지 않는 것이 바람직하다(Durrett & Stimmel, 1987). 색상을 너무 많이 사용할 경우 주의가 분산될 수 있으며(Thorell & Smith, 1990), 눈의 피로감이 더하고(적색이 청색보다 더 피로감을 준다), 글씨를 지각하기가 더 어렵다는 등의 문제점이 있다. 보통 한 화면에 최대 3~5가지 계통의 색을 사용하는 것이 좋은데, 색상을 활용할 때 각각의 색상의 의미를 지정하고 가능하면 일관성 있게 사용하는 것이 바람직하다. 그러나 학습자료에 활용된 색상의 의미는 일상에서 의미하는 것과 일치하도록 사용하는 것이 좋다(붉은 색: 주의, 불 등/녹색: 안전, 자연 등). 그렇지 않을 때는 기존의 색상 지각과의 간섭효과가 있을 수 있다.

중요한 대상은 눈에 띄는 색상을 사용하여 표현하는 것이 좋으나 반사가 많이 되거나 강한 색을 넓은 면적에 사용하지 않는 것이 좋다. 이런 색상은 좁은 면적이나 밋밋한 색상 사이에 사용해야만 강조의 효과를 볼 수 있다. 스펙트럼상에 거리가 먼 색상은 함께 사용하지 않는 것이 좋다. 예를 들어, 빨강과 파랑은 파장의 길이 차이 때문에 동시에 선명하게 지각되지 않는다. 붉은색 계통의 따뜻한 색상은 푸른색 계통의 차가운 색상보다 더 가깝게 지각되고 주의를 더 많이 끄는 경향이 있다.

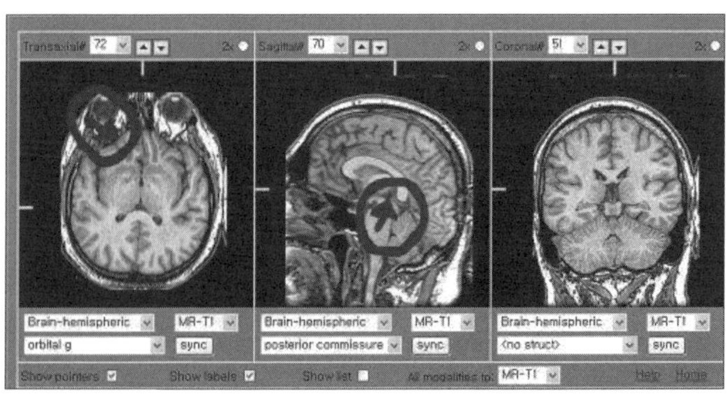

[그림 5-26] 화살표를 사용하여 주의를 집중할 수 있도록 유도한다.

(출처: http://www.med.harvard.edu/AANLIB/cases/caseNA/pb9.htm)

색의 활용으로 정서적 · 인지적 반응을 유발할 수 있다. 색은 일정한 감정 및 개념을 활성화하는데, 예를 들어 붉은 색은 흥분, 불을 연상하게 한다. 그러나 색의 느낌은 문화에 따라 다를 수 있다.

색	거리 효과	온도 효과	심리적 기분
푸른색	멀리 있는 느낌	차가움	안정적인 느낌
녹색	멀리 있는 느낌	차가움과 중간 느낌	매우 안정적인 느낌
붉은색	가까운 느낌	따뜻함	매우 자극적
오렌지색	매우 가까운 느낌	매우 따뜻함	자극적
노란색	가까운 느낌	매우 따뜻함	자극적
갈색	매우 가까운 느낌	중간 느낌	자극적
보라색	매우 가까운 느낌	차가움	공격적, 흥분

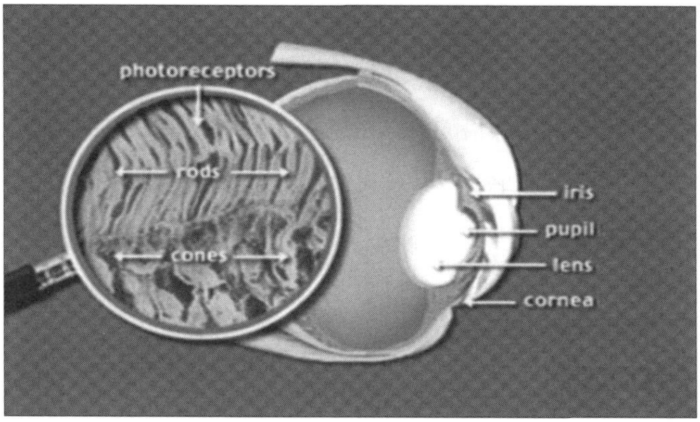

(출처: Ohana Science-enworks)

[그림 5-27] 돋보기 효과–필요에 따라 돋보기와 같은 상징을 사용하여 중요한 부분을 확대할 수 있다.

명도의 차이나 그림자 효과를 줄 때는 같은 대상에 대한 정도의 차이를 나타낼 때 사용한다. 즉, 밝을수록 활성화된 영역으로 지각된다. 그 밖에 그림을 효과적인 학습 매체로 사용하는 방법으로 그림자, 각도, 언어 표기를 활용하는 방법이 있다. 또한 필요에 따라 돋보기와 같은 상징을 사용하여 중요한 부분을 확대할 수 있다. [그림 5-27]은 전체 그림에서 한 부분을 확대하여 제시한 예를 보여 준다. 이를 위해 사용된 돋보기 모양은 효과적인 교수법을 위한 은유로 이용된 예라고 할 수 있다. 그림에 사용되는 언어 표기는 해당 부분에 가깝게 표시하는 것이 좋다.

6. 그림의 배치

그림의 공간적인 배치는 논리적으로 연관되는 내용을 가까이에 배치하는 것을 원칙으로 한다. 시각적으로는 5°의 범위 내에 있는 내용과 14칸, 7줄 안에 제시된 내용을 한 덩어리로 지각하는 경향이 있다. 비슷한 내용을 한 화면에 모두 포함할 수 없을 때는 상이한 화면이라도 가능하면 비슷한 위치에 배치하는 것이 학습자가 그 내용을 기억하는 데 유리하다.

여러 개의 그림을 한꺼번에 제시하는 경우, 학습자의 지각습관을 고려하여 왼쪽에서 오른쪽으로, 위에서 아래로 배치하도록 한다. 또한 진행사항을 표시할 때 왼쪽에서 오른쪽으로 표시하고 중요한 내용은 왼쪽 상부에서 오른쪽 하단으로 흐르도록 배치하는 것이 좋다(Winn, 1994). 프린터의 카트리지를 교환하는 방법을 설명하는 [그림 5-28]과 같이 한 단계씩 설명하는 것 외에도 일단 전체 과정을 크게 분류(예: 다 쓴 카트리지 빼기, 새 카트리지 끼우기)하여 먼저 제시하는 것이 전체적인 흐름을 파악하는 데 효과적이다. 이러한 설명방법은 Reigeluth(1999)의 '줌(zoom) 교수방법'에 해당된다.

한편, 그림의 이해를 용이하게 하고, 이를 정교화할 수 있는 텍스트를 함께 제시하는 것이 요구되는데, 그림과 텍스트를 함께 배치할 때는 텍스트의 내용에 부합하도록 설정하여야 한다. 이때 왼쪽에서 오른쪽, 위에서 아래로 이동하는 눈동자의 움직임을 고려하여 텍스트와 그림 중 어느 것이 중요한 역할을 하는가를 결정한다. 즉, 텍스트와 그림을 위아래로 배치할 때는 상단에 텍스트와 그림 중 중요한 것을 배치하고, 좌우로 배치할 때도

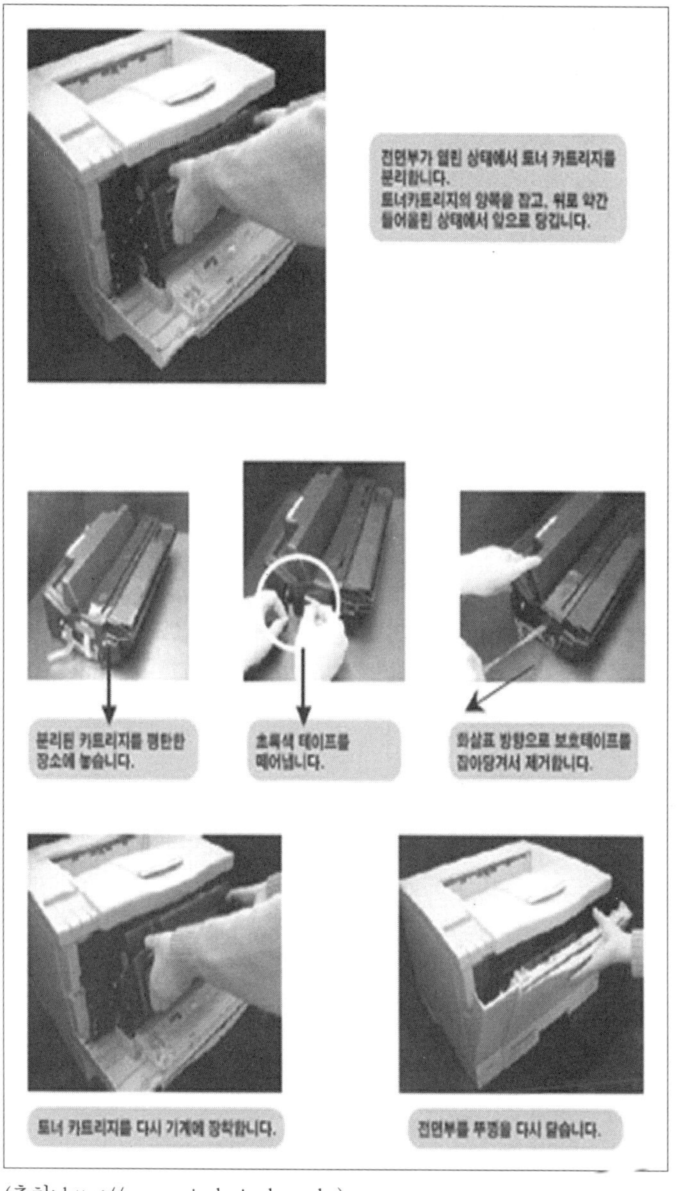

(출처: http://www.sindoricoh.co.kr)

[그림 5-28] 프린터 카트리지를 교환하는 방법을 설명하는 과정에서 한 단계씩 설명하는 것 외에도 일단 전체과정을 크게 분류하여 (예-다 쓴 카트리지 빼기, 새 카트리지 준비하기, 카트리지 끼우기) 제시하는 것이 전체적인 흐름을 파악하는 데 효과적이다.

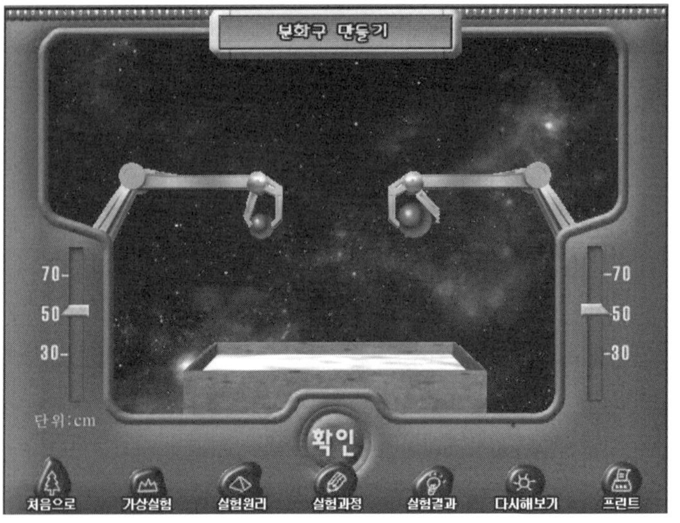

[그림 5-29] 상호작용이 가능한 그림의 예-추가 떨어지는 높이를 학습자가 조작하여 실험 결과를 탐색할 수 있다.

(출처: 과학실험 시리즈-대교)

왼쪽에 중요한 것을 배치한다. 임의대로 배치하는 것은 학습자가 통일된 지각을 하는 데 방해가 된다. 그림과 가까이 있는 내용이 그림의 설명으로 지각되므로 그림과 관계가 있는 텍스트 부분을 그림과 가까이 배치하는 것이 좋다. 또한 그림의 크기에 따라 그림의 중요도가 지각되므로 중요한 내용의 그림이 그렇지 않은 것보다 작지 않도록 주의해야 한다.

상호작용이 가능한 그림을 사용할 경우 모든 정보를 처음부터 제시하지 않고 플래시 등을 이용하여 더 자세한 설명이 필요한 부분을 학습자가 선택하고 클릭하여 추가정보를 볼 수 있도록 한다. 필요에 따라 더 자세한 정보를 불러올 수 있게 할 수 있으므로 처음에는 그림을 비교적 단순하게 제시하는 것이 좋다.

제5절 e-러닝 콘텐츠 개발: 도표의 활용

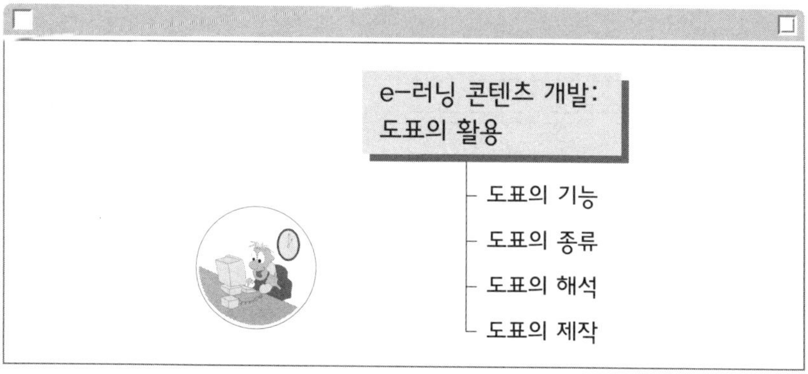

e-러닝 교육환경에서는 텍스트, 실제적인 그림 외에도 논리적 그림(도표) 등의 다양한 시각정보를 제공할 수 있다. 실제적인 그림에는 스케치, 회화, 그리고 사진 등과 같이 실제 대상과 유사한 것이 포함된다. 논리적 그림은 구조도(조직표), 흐름도(flowchart), 시간표, 각종 통계도표(원형, 막대도표 등)와 같이 추상적인 성격을 갖는다.

도표는 개념, 범주 간의 관계를 시각적으로 표시한 것으로 도형 요소(사각형, 원형 등)와 관계(선, 화살표 등)로 구성된다. 예를 들어, 막대도표의 경우 막대의 높이라는 공간적인 관계로 내용적인 관계(예: 연령, 수입, 출산율 등)를 설명할 수 있어야 한다. 연대기표, 알레르기를 일으키는 꽃가루가 날리는 시기를 표시한 시간표, 사업계획표와 같이 시간의 진행에 따른 변화를 나타내는 도표는 대부분 수평 배치가 이루어지고 왼쪽에서 오른쪽으로 진행하도록 구성하는데 화살표로 방향을 표시하면 시간의 흐름에 따른 진행 관계가 더욱 분명해진다. 한편, 가계도에서는 수직 화살표로 부모에게서

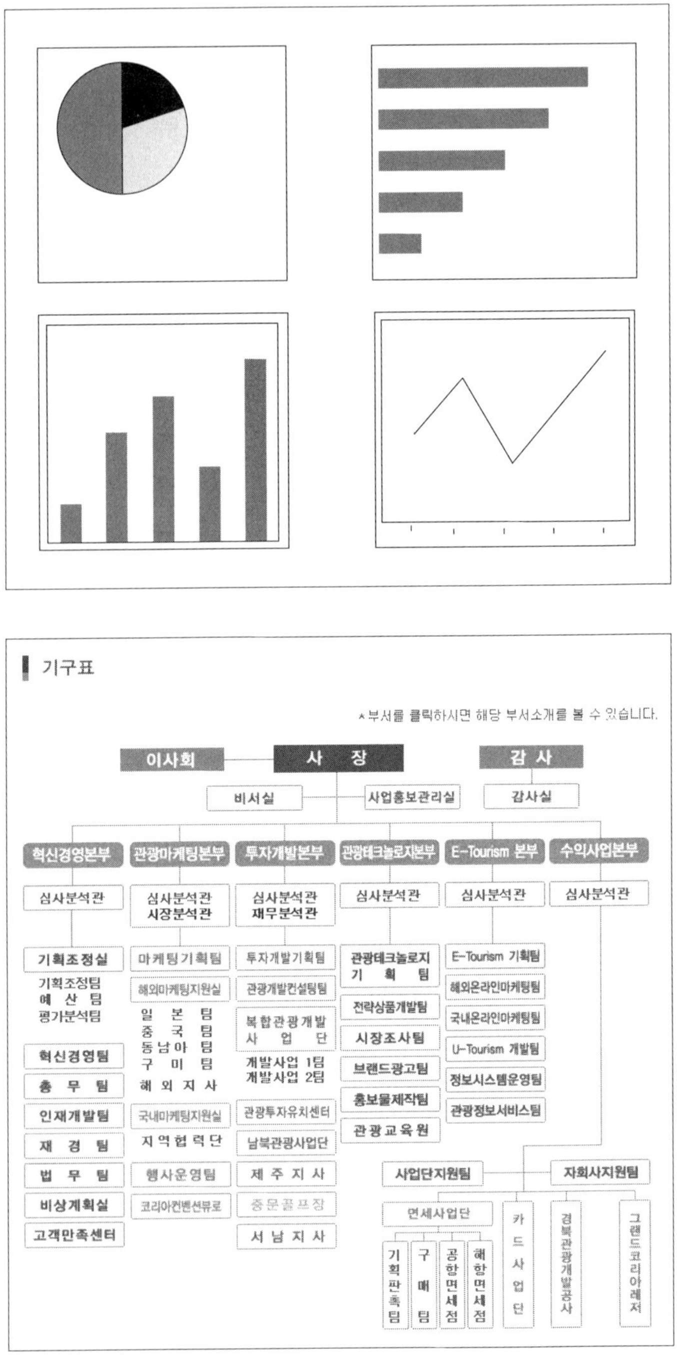

[그림 5-30] 도표의 활용-각종 도표와 구조도

(a)

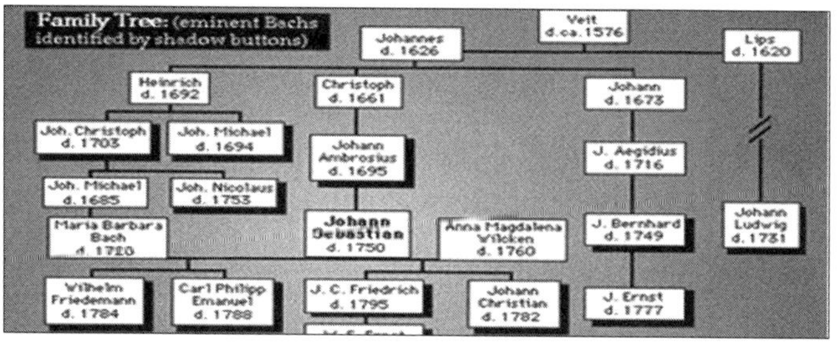

(출처: http://jan.ucc.nau.edu/~tas3/famtree.html)

(b)

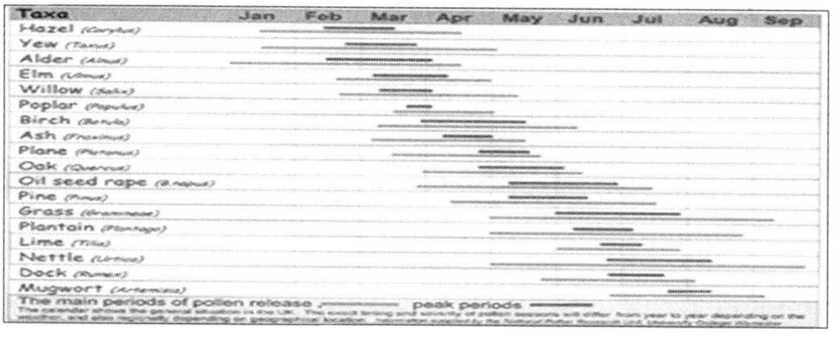

(c)

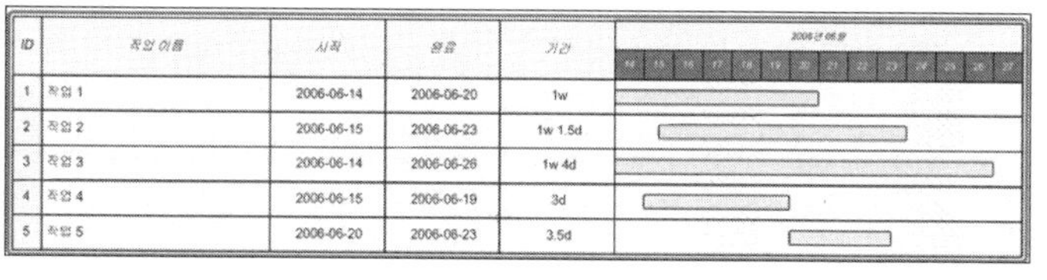

[그림 5-31] (a) 가계도, (b) 알레르기 시간표, (c) 사업계획표 - 가계도에서 수직 연결은 부모-자녀관계를, 수평 연결은 형제관계를 표시하는 반면에 시간의 진행에 따른 변화를 나타내는 알레르기 시간표와 사업계획표에서는 수평 배치가 이루어진다.

자녀로 연결되는 비대칭 관계를 표시하고, 수평 연결은 형제관계와 같은 대칭적 관계를 나타낸다.

흐름도(Flowcharts)도 진행과정을 시각화한 것으로 시작과 끝을 표시하는 타원과 행위와 작업을 나타내는 사각형, 마름모로 구성된다. 마름모는 적어도 두 가지 결과 사이에서 결정을 해야 하는 경우 사용하고 화살표는 구성 요소의 연결과 방향성을 나타낸다. 흐름도는 복잡한 과정을 설명하는 데에 좋으나, 학습자가 이를 읽고 해석하는 방법을 이미 알고 있어야 이해할 수 있다. [그림 5-32]는 전화 거는 방법을 설명하는 흐름도를 보여 준다.

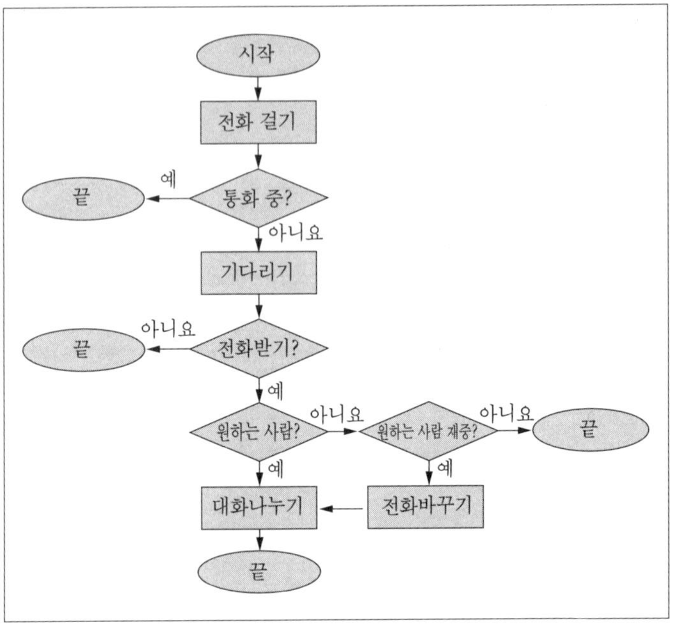

[그림 5-32] 전화 거는 방법을 설명하는 흐름도

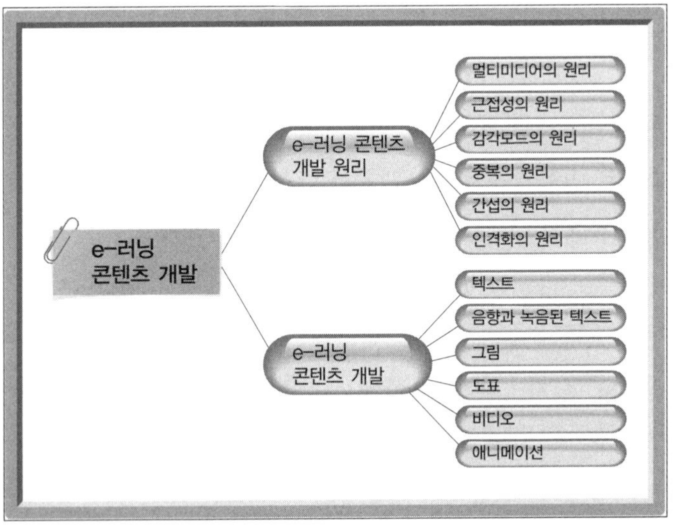

[그림 5-33] 마인드맵의 예

그물망 도표의 경우에는 인공지능 분야에서 개념적 지식을 설명할 때 사용된다. 그물망 도표에서는 마디로 주요 개념을 표시하고 선으로 연결하여 개념 간의 관계를 나타낸다. 한 예로 마인드맵([그림 5-32])을 들 수 있는데, 마인드맵은 중심 테마와 줄기, 가지로 구성되었다. 줄기는 비교적 중요한 내용을, 가지는 지엽적인 내용을 표시한다. 짜임새를 갖추기 위해서 줄기와 가지가 복합적인 그룹을 형성하며, 토론 내용을 요약하는 데 사용할 수 있다.

1. 도표의 기능

도표는 개념을 공간적으로 배치하여 학습내용의 구조를 시각화하고, 복잡한 내용 중 중요한 부분을 기억하는 데 도움을 준다. 도표에서는 텍스트에 비해서 개념 간의 관계가 직접적으로 표시되어 있기 때문에 개념 간의 관계를 파악하기가 쉽다. 그러나 텍스트와는 달리 시각적으로 관계를 파악하기 때문에 학습자가 표시된 학습내용을 지각하는 순서를 통제하기 어렵다.

보통 학습자의 경우 그림이나 도표는 건성으로 보고 넘어 가는 경향이 있기 때문에 도표를 학습자료로 사용할 때는 피상적으로만 이해하고 넘어 가는 것을 막을 수 있는 방안을 모색할 필요가 있다(Weidenmann, 1988). 따라서 주의 집중을 유도할 수 있는 외곽선의 활용이나, 돋보기 모양을 그려 놓고 그 안에 확대된 부분을 첨가하거나 화살표 등을 사용하여 중요한 내용을 강조할 수 있다.

도표를 활용하면 학습내용을 인지적으로 미리 구조화하거나 이론적 모델을 도식적으로 요약할 수 있다. 도표가 학습에 긍정적으로 영향을 미치기 위해서는 5~7개의 단위를 포함하는 것이 좋다.

도표는 그림보다 더 추상적이다. 따라서 도표를 활용하여 학습할 때는 그림이나 사진을 활용하는 것과는 다르다. 그림과 사진이 실제와 유사하게

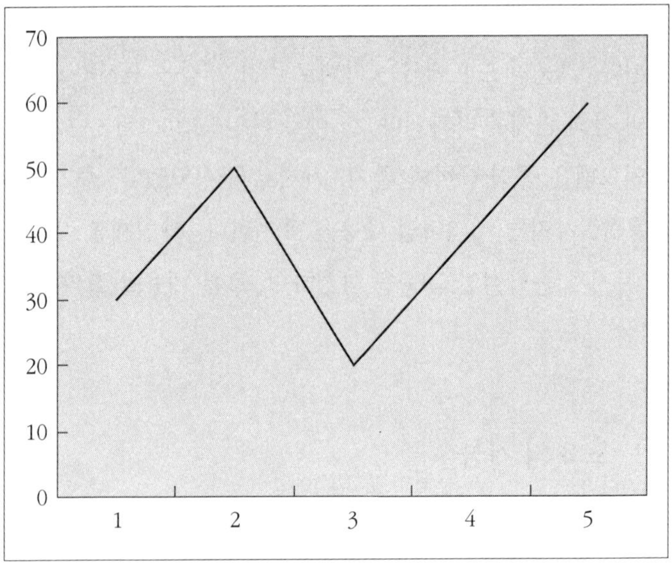

[그림 5-34] 선형도표의 예

제시된 것에 비해 도표는 실제의 내용을 추상화한 것이기 때문에 도표를 읽는 방법을 이미 알고 있어야 학습내용을 이해할 수 있다. 예를 들어, 지난 몇 년간의 출생률을 나타내는 선형도표는 각 시점의 출생률만을 나타내는 것이 아니라 그 간의 출생률 변화를 보여 준다. 이에 대한 이해가 부족한 학습자는 일정한 시점의 출생률 값만 알아보고 넘어 가는 오류를 범할 수 있다. 따라서 선형도표와 막대도표의 차이를 이해하는 것이 바람직하다. 실제로 선행학습 정도에 따라 도표의 이해 정도에 차이가 난다는 연구가 있다(Guthrie & Weber, 1991; Lowe, 1993).

[그림 5-35]의 도표는 각각의 연료 소비량의 변화를 1개월 간격으로 측정하여 표시한 것이다. 이 도표를 본 독자는 유사성의 원리에 따라 무늬가 같은 마디를 하나의 체계로 파악하고, 각각의 면적 변화를 중심으로 그 절대량의 흐름을 지각하여, 각각의 연료 소비량이 증가 혹은 감소한 것으로 파악할 것이다. 예를 들어, 2005년 11월에서 2005년 12월에 이르러 석탄의 사용량이 약간 증가한 것으로 이해할 것이다. 그러나 하단의 도표를 자

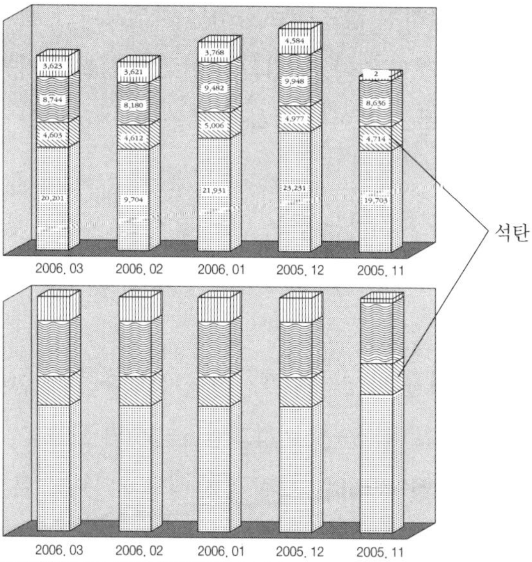

	2006. 03	2006. 02	2006. 01	2005. 12	2005. 11
1차 에너지 소비	20,201	19,704	21,931	23,231	19,703
석탄류	4,603	4,612	5,006	4,977	4,714
석유류	6,744	8,180	9,482	9,948	8,656
원자력	2,781	2,886	3,250	3,165	2,957
신탄	403	362	375	477	457
액화천연가스	3,623	3,621	3,768	4,584	2,840

(출처: 통계청)

[그림 5-35] 에너지 소비 변화를 나타낸 도표

세히 보면 2005년 11월에서 2005년 12월까지의 전체 에너지 소비량이 많이 증가하였기 때문에 석탄이 차지하는 비율은 오히려 감소한 것이다. 즉, 하단의 도표와 같이 해당 연도 각각의 에너지 소비 비율을 추가적으로 표시함으로써 도표의 내용을 부분적으로만 파악하는 경향(마디의 면적 비교를 통한 절대량만을 비교)을 방지할 수 있다.

따라서 도표를 작성할 때는 도표의 구성 요소를 분명하게 제시할 뿐 아니라 어떤 구성 요소가 하나의 통합된 체계로 파악되는 것이 좋은지 결정해야 한다. 이때 **유사성**, **근접성**, **연속의 원리** 등을 이용할 수 있다. 서로 구별되어야 하는 요소는 무늬, 색상으로 차별할 수 있는데, 색상은 한 가지

차원만 구별하는 데에는 적합하지 않으므로 양적인 차별보다는 질적인 차별을 하려고 할 때 사용하는 것이 좋다. 면적의 차이로 양적인 차이를 나타낼 때에는 가로는 일정하게 하고 높이만 변화를 주는 것이 양적인 차이를 지각하는 데 더 용이하다.

도표를 구성할 때는 관계를 표시하는 선이 너무 많지 않은 것이 좋고, 화살표는 인과관계, 정보의 흐름 등과 같이 방향성이 있는 관계를 나타낸다는 것에 유의하여야 한다.

도표에는 필요 이상의 정보를 자세하게 표시하는 것보다는 가능하면 단순하게 나타내는 것이 좋다. [그림 5-36]은 [그림 5-35]의 도표를 평면과 3차원 도표로 작성하여 비교한 것이다. 그런데 사실 3차원으로 표시하는 것(깊이의 차이가 아무런 추가 정보를 제시하지 못하므로)보다는 단순히 평면으로만 표시하는 것이 더 바람직할 수 있다.

한편, 표는 정확한 수량을 제시할 때 적합하다. 특히, 통계처리 결과를

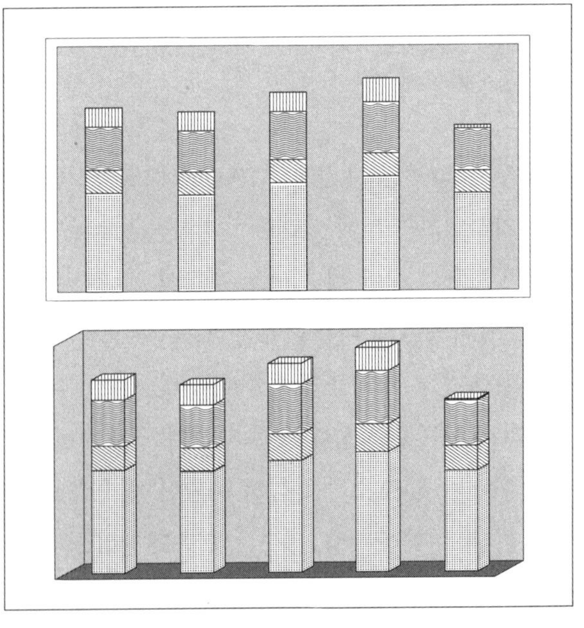

[그림 5-36] 평면 도표와 3차원 도표의 비교

국가	전체 사망자	교통사고	자연재해	산업재해	자살	기타
프랑스	78	24	31	1	1	21
오스트리아	75	35	30	4	2	5
독일	66	25	32	2	1	7
벨기에	63	25	26	2	1	9
핀란드	62	24	26	3	3	7
카나다	62	31	18	4	3	7
미국	61	23	16	3	10	9
스웨덴	56	17	28	1	1	8
아일랜드	49	20	20	2	1	6
노르웨이	48	17	25	2	1	3
스위스	48	21	20	2	1	4
이탈리아	47	23	19	2	1	2
덴마크	41	18	16	1	1	6
네덜란드	40	18	18	1	1	3
영국	35	13	14	1	1	6
일본	31	13	14	2	1	4

[그림 5-37] 국가별 사망 원인을 표로 작성

제시할 때 많이 사용한다. 표를 통해서 전달되는 정보는 각각 항목에 대한 값 외에도 경향을 파악하거나 범주화를 가능하게 한다. 표를 작성할 때는 별도의 설명 없이도 표를 읽고 정보를 얻을 수 있도록 구성해야 한다. 중요한 정보는 색으로 강조하고 줄 간격은 너무 좁지 않아야 한다. [그림 5-37]의 표는 국가별 전체 사망자 비율과 사망 원인별 비율(100,000명 기준)을 정리한 것으로 비교적 복잡하지 않게 구성하였고, 특이한 부분은 색상으로 구별하여 강조하였다.

2. 도표의 종류

도표는 표에서 제시할 수 있는 양적 정보를 시각화한다. 특히, 해당 정보를 말로 풀어서 설명할 때 복잡하였을 내용을 도표로 나타낼 수 있다.

다음에 여러 형태의 통계도표가 제시되었다. 그러나 e-러닝 환경에서 도표를 활용할 때 필요 이상으로 도표의 형태를 변화시키는 것은 좋지 않다.

- 원형도표: 원형도표는 각각의 구성 요소가 전체에 대해 차지하는 비율을 나타낼 때 사용한다. 앞의 [그림 5-35]의 도표와 같이 여러 해에 걸친 변화를 원형도표로 비교하는 것은 좋지 않다. 그 이유는 [그림 5-38]의 (a)에서 보는 바와 같이 각각의 부채꼴의 면적 차이가 확실하게 지각되지 않기 때문이다. 원형도표는 수치를 정확하게 나타내지 못하기 때문에 학문적인 목적으로 사용하기에는 적절하지 않다.
- 막대도표: 막대도표는 원형도표와 같이 각각의 사항 전체에 대한 비율을 나타낼 때 사용하거나 비교를 통해 각 항목의 양적인 서열을 나타내려고 할 때 사용할 수 있다.
- 선형도표: 변화를 나타내기에 적절하다. 이는 선의 흐름을 하나의 단위로 보려는 연속의 원리에 따라 지각되기 때문이다. 그러나 선형도표는 막대도표와 같이 전체에 대한 부분의 비율을 함께 표시할 수 없다는 단점이 있다.
- Isotype 도표: Isotype 도표(international system of typographic picture education)는 빈도수를 나타내는 데 많이 활용한다. 그림을 통해 한 변수의 일정량을 표시하는데, 예를 들어 [그림 5-38]의 (d)는 한 유통회사의 요일별 상품 판매량을 표시한 것이다. 보통 세로축이 시간, 가로축이 양을 표시하는데, [그림 5-38]의 (d)와 같이 상품 판매량을 나타낼 때 쇼핑카트의 크기가 아니라 쇼핑카트의 개수로 표시한다.

도표의 배경은 대부분 여백으로 남겨 놓으나 경우에 따라 그림을 배경으로 하여 도표의 해석과 기억에 도움을 줄 수 있다. 형식적인 틀로는 대부분 X축과 Y축으로 구성되었고, 도표에 포함된 글자, 숫자, 그림 등의 표시로 도표를 해석하는 데 도움을 준다. 제목, X축과 Y축의 표시, 척도 크기를 표시하기 위해 숫자를 사용하는데, 이런 표시의 크기, 방향 등에 유의해야 한다.

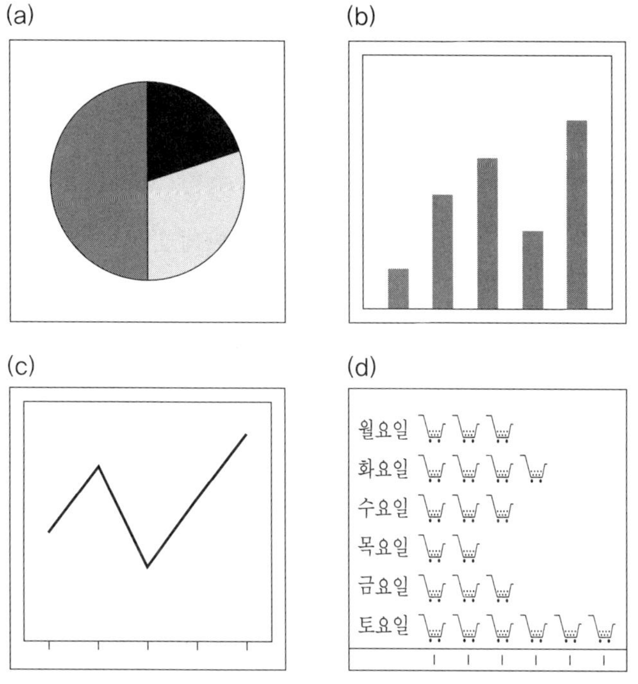

[그림 5-38] 여러 가지 도표-(a) 원형도표, (b) 막대도표, (c) 선형도표, (d) Isotype 도표

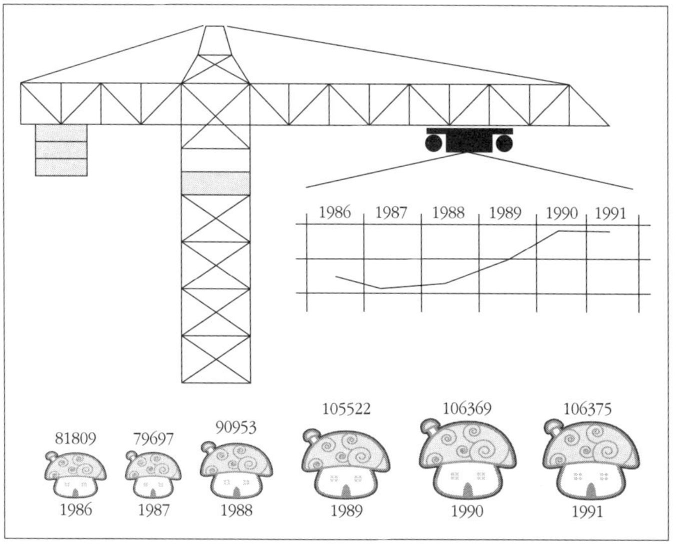

[그림 5-39] 배경그림의 활용-건설 현황에 관한 도표의 배경으로 크레인을 활용하였다.

3. 도표의 해석

도표의 인지적 해석을 다음의 4단계로 나누어 살펴볼 수 있다.

1) 주의 이전의 단계

대강 보아서 즉각적으로 시각적 형태를 파악하는 단계로 아직 내용적인 해석은 이루어지지 않는다. 이때 기본적인 시각적 특징, 즉 형태, 색깔, 크기, 공간적인 관계, 방향 등에 대해 독립적으로 검색하고 이들이 통합되어 지각된다. 한편, 도표를 해석하는 과정에서도 이른바 팝아웃(pop-out) 효과가 있는데, 그림 매체를 사용할 때와 같이 한 가지 특이한 것이 있다면 주변의 자극이 얼마나 있든지 관계없이 주의가 집중된다. 지각과정에서 시각적 자극이 일정한 형태로 조직화되는 것이 용이하지 않고 혼란스러울 경우 지각과정이 중단될 수도 있다. 주의 이전 단계에서는 아직 도표의 의미 해석이 이루어지지 않지만 다음의 주의 단계를 준비한다.

2) 주의 단계

도표를 읽고, 비교, 계산하고 이해하는 단계로 학습자는 자신의 사전지식과 도식을 활용한다. 예를 들어, 도표 해석을 위한 도식으로 도표의 유형을 파악하고 시각적 정보를 양적 · 질적 정보로 전환한다. 대부분 순차적 정보처리가 이루어지는데, 1차적으로는 지엽적 탐색과정으로 각각의 값을 읽는다. 2차적 탐색과정에서는 각각의 값을 비교하여 변화의 흐름을 이해하기 위해 각각의 값을 조직화한다. 마지막으로 3차적 탐색과정을 통해 변화를 탐색하고 선과 면적, 부피, 각도 등의 비교로 관계를 파악한다.

3) 도표의 정교화 작업

도표에서는 정확한 양적 정보를 표시하기 때문에 도표 자료를 학습할 때

곁글

도표를 읽고 해석하는 과정에서 착시현상이 자주 나타나므로 유의해야 한다. 예를 들어, 다음 그림의 (a)에서는 실제로 수직선과 수평선의 길이는 같지만 수직선이 더 길게 보인다든지, (b)에서 사각형 뒤에 그려진 선분은 일직선상에 있으면서도 두 개의 평행선으로 지각된다.

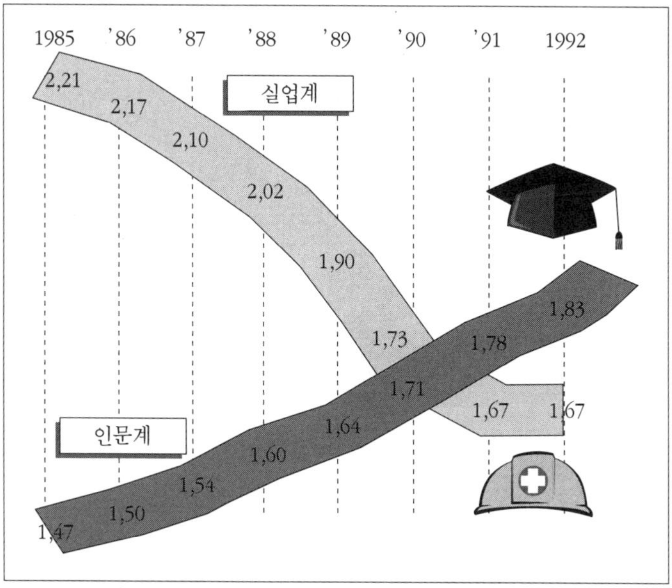

[그림 5-40] 독일의 대학교육과 직업교육의 비교

에는 그림이나 텍스트 자료를 처리할 때에 비해 정교화 단계가 그리 중요하지는 않다. 그러나 경우에 따라 배경지식이 부족할 때는 도표를 제대로 해석하는 것이 어려울 때도 있다. 예를 들어, [그림 5-40]과 같이 독일의

대학생과 직업교육을 받는 사람의 숫자를 비교하는 도표에서 단순히 빈도만을 비교하였을 때는 1990년부터 대학생 수가 직업교육을 받는 사람 수보다 많은 것으로 해석할 수 있다. 그러나 독일의 대학교육 기간이 직업교육 기간보다 더 긴 것을 감안한다면 대학생 수가 더 많은 것이 대학교육의 비율이 직업교육의 비율보다 더 높은 것을 의미하는 것은 아니다. 이와 같이 대학교육 기간과 직업교육 기간에 대한 지식이 부족할 때 도표의 내용을 잘못 해석하게 되므로 도표를 이해할 때는 배경지식을 활용하여 해석하는 정교화 과정이 필요하다.

곁글

도표를 학습자료로 사용할 때는 도표의 조작이 가능하기 때문에 주의를 해야 한다. 예를 들어, 그림에서와 같이 스케일을 바꾸어 시간에 따른 변화를 더 과장되게 표시할 수 있다. 따라서 내용의 조작 및 오해를 방지하는 것에 유의하여야 한다.

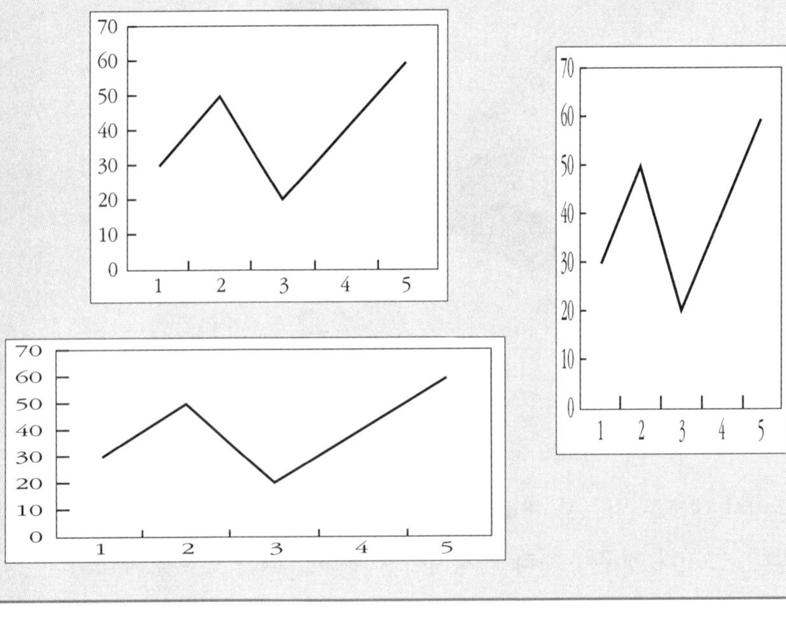

4) 도표의 재구성 작업

도표 자료를 학습한 후 그 내용을 기억해 낼 때 도표의 시각적 · 공간적 표상 외에도 개념적 표상이 함께 이루어진다. 개념적 표상이란 도표의 시각적 · 공간적인 자료를 근거로 도표를 해석한 내용을 중심으로 기억하는 정보다. 즉, 도표 자료의 내용을 회상할 때 이들의 복합적인 표상을 근거로 재구성 작업이 이루어진다는 것이다.

다음의 [그림 5-41]에 제시된 도표는 적어도 다음과 같이 네 가지 해석이 가능하다.

- 전체적으로 주문 양이 증가하고 있다.
- 주문 양은 때에 따라 오르내린다.
- 8월의 주문 양이 제일 많다.
- 주문의 감소는 두 번 발생하였다.

따라서 도표를 학습자료로 사용할 때는 도표를 단순히 시각적으로 제시하는 것뿐 아니라 학습자가 도표를 제대로 해석할 수 있도록 유도하는 것이 바람직하다.

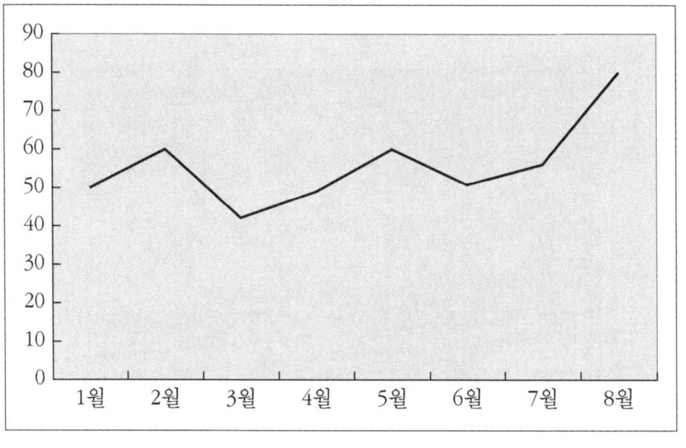

[그림 5-41] 월별 주문량의 변화

4. 도표의 제작

어떤 도표의 형태를 선택할 것인가는 도표를 통해 전달하고자 하는 내용에 따라 달라진다. 예를 들어, [그림 5-42]에서 단순히 여러 해에 걸친 변화만을 나타내려고 한다면 선형도표가 더 적합할 것이다. 막대도표의 경우 폐쇄성의 원리에 의해 각각의 막대를 하나의 체계로 지각하게 되고 도표 전체를 하나의 단위로 파악하기보다는 부분, 즉 각각의 막대가 더 두드러져서 전체의 흐름을 파악하는 것을 방해할 수 있다. 따라서 각각의 값보다 전체적인 변화를 학습하기 원한다면 선형도표를 활용하는 것이 좋다. 특히, 막대도표를 사용할 때 단기기억의 제한된 용량을 고려하여 일반적으로

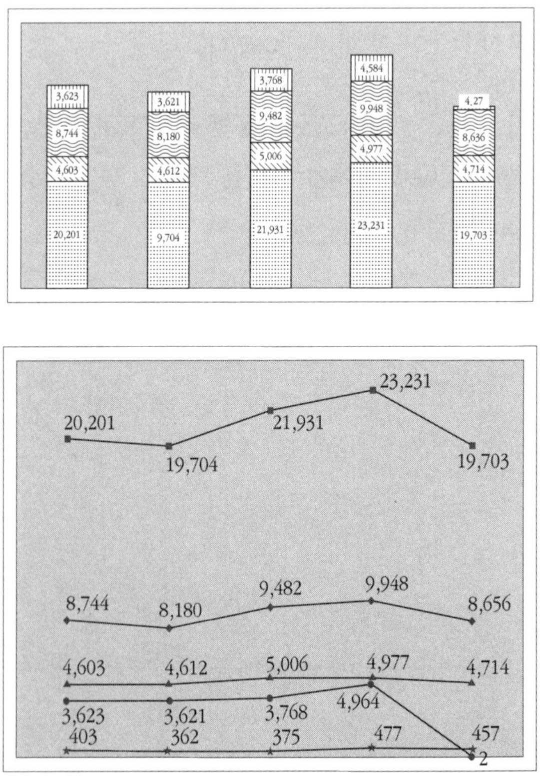

[그림 5-42] 막대도표와 선형도표의 비교

최고 7개 집단을 비교하는 데 사용하고 그 이상은 선형도표를 활용하는 것이 좋다. 예를 들어, 전체 연료 소비량 대 각각의 연료 소비량의 비율을 파악하는 과제에서는 원형도표가 더 적합하다. 물론, 정확한 데이터를 제시하기에는 표가 더 적합하지만 도표를 활용하면 학습자가 일정한 방향으로 사료를 해석하도록 유도할 수 있다는 장점이 있다. 또한 도표의 주요 내용이 제목에 포함되도록 하여 도표의 해석 방향을 유도할 수 있다.

도표 종류의 선택을 위한 기준을 [그림 5-43]에 제시하였다. 즉, 각 영역의 구성 성분의 비율을 통해 데이터의 구조를 보여 주려고 할 때는 원형도표를, 각 영역의 크기 비교를 통해 서열을 정하려고 할 때는 막대도표를 사용한다. 변화나 빈도를 표시할 때는 막대도표와 선형도표를 사용할 수 있고 상관관계는 분산도표로 나타낸다.

도표의 구성 요소를 배치할 때 왼쪽 위에서 오른쪽 아래로 눈동자가 움

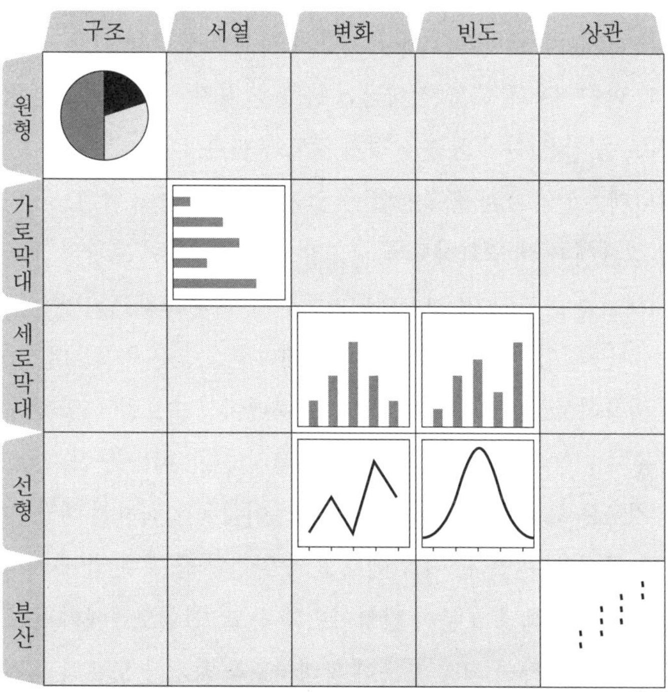

[그림 5-43] 도표의 선택 기준

직이므로 이를 감안하여 중요한 내용에 주의가 가도록 배열하여야 한다. 예를 들어, 원형도표에서는 학습자가 시계방향으로 탐색하는 것을 고려하여 가장 중요한 것은 12시 위치에 배치한다. 이 외에도 선의 굵기, 색 등으로 중요한 부분을 강조할 수 있으나 이를 남용하는 것은 금물이다.

색을 사용하여 구별하려고 할 때는 5~7개 이상 사용하지 않는 것이 좋다. 색이 아니라 선을 사용하여 구별하려고 할 때 가로 선을 사용하면 막대도표가 굵게, 세로 선을 사용하면 가늘게 보여서 데이터를 정확하게 전달하지 못할 우려가 있다. 선형도표에서는 두 점 간에 직선으로 연결되었을 때 두 시점 간의 연속적 변화로 잘못 해석할 수 있다.

상호작용이 가능한 도표

e-러닝 환경에서 도표의 활용은 학습내용을 구조화하는 것을 용이하게 한다. 특히, 상호작용이 가능한 학습 환경에서 학습자가 도표로 학습할 때 도표의 관심 있는 부분을 클릭해서 해당 부분의 자세한 설명을 읽을 수 있도록 한다. 이때 학습내용에 대한 전체적인 윤곽을 잃지 않도록 추가설명을 보여 주는 새로운 창은 전체 화면을 덮지 않도록 한다.

도표에도 애니메이션의 효과를 활용할 수 있는데, 예를 들어 막대도표의 높이가 시간의 경과에 따라 변화하도록 구성할 수 있다. 이런 효과의 교육학적 의미에 대해서는 논란이 있으나 애니메이션에 의해 그래프의 변화로 주의를 끌 수 있다는 장점이 있다. 따라서 애니메이션 기능은 꼭 필요한 곳에만 한정해서 사용하고, 가능하면 학습자가 애니메이션 속도를 조절할 수 있도록 상호작용이 가능하게 제작하는 것이 바람직하다. 예를 들어, 상호작용이 가능한 지도를 활용할 경우 학습자가 지역 이름을 입력하면 해당 지역이 깜빡이도록 구성할 수 있다. 이 외에도 표의 일정한 줄 혹은 칸에 커서를 이동시키면 도표에서 해당 부분이 깜빡이도록 하고, 선형도표에서 돋보기 모양의 아이콘을 이동하면 해당 부분이 확대되도록 하거나 도표의 회전

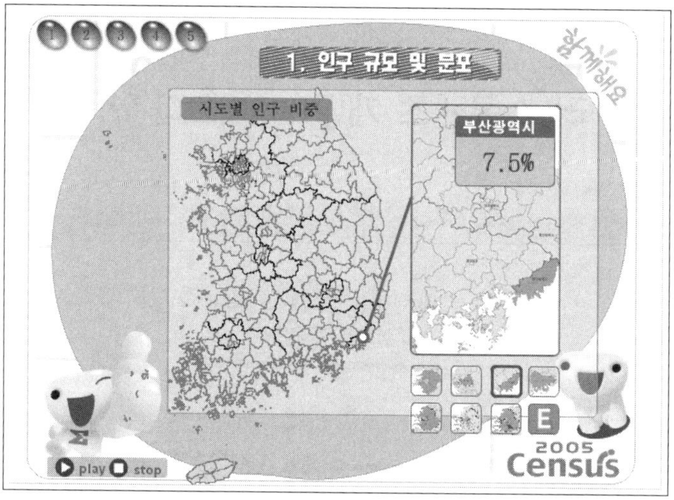

(출처: 통계청-http://gis.nso.go.kr)

[그림 5-44] 도표의 일부분을 클릭하면 해당 부분이 확대되어 더욱 자세히 볼 수 있다.

으로 데이터 탐색을 도울 수 있다. 이와 같은 상호작용 기능은 학습자의 능동적 학습을 유도할 수 있다.

멀티미디어 환경에서 텍스트, 그림, 도표 등의 활용은 특히 사전지식 수준이 낮은 학습자에게 다양한 형태의 표상을 가능하게 하기 때문에 효과적이다. 또한 언어적 능력이나 시각적 능력이 있는 학생 모두에게 내용을 잘 이해시킬 수 있는 가능성을 열어 준다는 점에서 바람직하다(Petterson, 1994; Moore & Dwyer, 1994). 도표의 교육적 활용을 위해 도표가 꼭 필요한가, 학습자가 도표로 무엇을 학습해야 하는가, 학습자의 도표 이해 능력은 어떠한가, 그리고 무엇이 강조되어야 하는가를 고려해야 한다.

제6절 e-러닝 콘텐츠 개발: 비디오의 활용

e-러닝 콘텐츠 개발: 비디오의 활용

- 학습자료로서 비디오
- 아동용 비디오의 활용
- 비디오 활용 사례

비디오는 실제와 가장 유사한 정보를 전달할 수 있는 미디어로 e-러닝 환경에서 그 비중이 점점 커지고 있다. 비디오를 학습매체로 활용할 때 카메라를 사용하여 촬영한 연속적인 이미지를 보여 준다. 이때 연속된 동작으로 인식하게 하기 위해서는 초당 최소 15프레임을 보여 주어야 한다.

1. 학습자료로서 비디오

비디오의 장점에 대해 Schwan(2000)은 다음과 같이 정리하였다.

- 언어적인 설명보다는 비디오로 더욱 정교한 정보를 전달할 수 있다.
- 애니메이션과는 달리 실제적인 시간의 흐름에 따른 움직임과 진행과정을 보여 줄 수 있다. 물론, 천천히 혹은 빨리 동작을 하게(play) 할 수 있다는 장점도 있다.
- 실제에 가장 근접한 상황을 전달할 수 있다.

- 시 · 공간적인 흐름을 3차원으로 보여 주고, 복잡한 움직임이나 상호작용의 전개과정을 보여 줄 수 있다. 예를 들어, 도시나 건물을 입체적으로 보여 주거나 실제의 스포츠 동작을 보여 준다.
- 학습내용을 시 · 청각의 이중적인 코딩을 하게 함으로써 학습내용의 이해와 기억을 촉진한다.
- 학습내용을 텍스트만으로 제시하는 것보다는 실재성이 있는 비디오를 보여 줌으로써 학습자가 지식을 구성하거나 응용을 하는 데 도움이 된다.
- 역동적이고 시각적인 자극을 제시함으로써 학습자의 주의를 끌고 활성화하는 데 유리하다.
- 비디오에 제시된 생생한 현장감과 이야기 전개에 따른 긴장감으로 학습자의 흥미를 증진시켜 학습동기를 유발할 수 있다.
- 이야기 줄거리, 장면 구성, 조명, 음향효과 등으로 학습자의 정서 상태에 영향을 미칠 수 있다. 그러나 이러한 정서적인 반응이 정보 획득을 방해하고 주의를 분산시키는 부작용을 낳을 수도 있다.

비디오에서 제시된 내용을 인지적으로 처리할 때 학습자는 선택적으로 지각하고, 그 내용을 구조화하며, 사전지식을 활용하여 정교화한다는 측면에서는 일반 학습자료의 정보처리와 같다. 그러나 비디오의 특징 중 하나인 정보의 다양성이 학습에 부정적으로 작용할 수도 있다. 즉, 빠른 장면의 변화로 학습자는 많은 정보를 한 번에 지각해야 하기 때문에 너무 많은 정보를 제시하면 학습자가 선택적 지각과정에서 중요하지 않은 내용에 주의를 기울이는 오류를 범할 수 있다. 따라서 입력되는 정보를 구조화하고 사전지식과 연결하는 등의 배려로 학습자의 인지적 부담을 줄이는 것이 바람직하다.

e-러닝 환경에서 비디오의 효과적인 활용을 위해 학습자가 비디오 학습

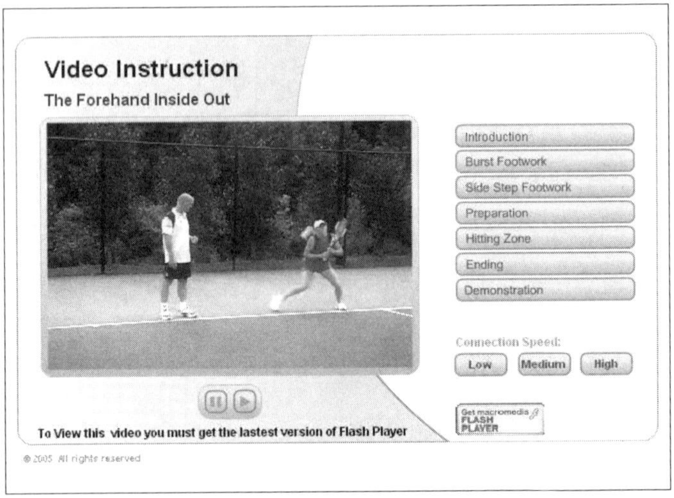

[그림 5-45] 비디오를 통해 테니스를 배우는 학습 프로그램

(출처: http://www.virtualtennisacademy.com)

매체를 능동적으로 활용할 수 있도록 중지, 일시정지, 반복, 천천히 보기 등의 기능이 포함되어야 한다. 복잡한 내용을 설명하는 경우에는 설명하는 내용이 비디오의 진행 속도에 맞도록 구성되어야 한다.

비디오는 애니메이션에 비해 공간적으로 다양한 각도에서 보여 줄 수 있다는 장점이 있다. 비디오 학습매체를 제작할 때는 학습 단위를 분할하여 학습자가 필요에 따라 해당 부분을 반복해서 볼 수 있도록 구성하여 학습자가 적극적으로 학습할 수 있도록 해야 한다. 비디오의 내용을 e-러닝 콘텐츠의 일부로 제시할 때는 일단 비디오의 정지 화면을 학습내용의 일부로 제시하여 학습자가 필요하다고 생각할 때 클릭해서 볼 수 있도록 하는 것이 주의를 분산시키지 않는다.

2. 아동용 비디오의 활용

e-러닝 환경에서 아동을 위한 비디오를 활용할 때는 아동의 인지발달을

고려할 필요가 있다. 특히, 유아의 경우 가까이 촬영된 것과 전체 모습을 섞어 놓았을 때 인지적으로 이해하는 데에 어려움을 겪고 구체적인 것만 이해하는 경향이 있으므로 학습내용과 비디오 내용이 직접적으로 관계가 있는 것이 아닌 경우 비디오의 사용을 지제하는 것이 좋다(Sturm, 1971). 또한 필요 이상으로 시간적인 흐름을 바꾸거나 장면을 자주 바꾸는 것은 바람직하지 않다. 구체적 조작기의 저학년 아동은 구체적인 사고를 하며 정신적인 조작이 가능하므로 나름대로 내용을 구별하여 분류하거나 종합하는 것이 가능하다. 따라서 장면이나 각도의 변경을 유아기 아동보다는 더 잘 이해할 수 있다.

아동이 비디오나 동영상을 보고 이해하는 데 다음과 같은 쉐마(schema)가 필요하다.

- **포맷(format) 쉐마**: 픽션인가 실재인가를 구별하는 쉐마로 6세부터 가능하다.
- **인물 쉐마**: 인물이 각본에 따라 연기를 하는지 혹은 실재 인물인지 구별하는 쉐마
- **장면 쉐마**: 각각의 장면을 별도로 이해하는 쉐마
- **이야기 쉐마**: 각각의 장면을 통합하여 하나의 이야기를 구성하는 쉐마

성인의 경우도 집중에 문제가 있는 것으로 밝혀졌는데, 850명을 대상으로 한 연구에서 조사 대상자들이 TV 시청 후 중요한 정보의 20%만 기억하였다. 흥미로운 것은 그들이 자신들은 80%를 기억한다고 착각하였다는 것이다.

학습자의 태도

비디오를 e-러닝 환경에서 활용할 때 학습자의 태도도 중요하다. e-러닝 상황에서 동영상을 볼 때, 물론 사전지식, 관심, 정보의 필요성 등에 따

라 개인차가 있지만 학습자가 학습 비디오를 보면서도 오락 프로그램을 보는 것처럼 긴장을 풀고 편안하게 시청하려는 자세를 보인다는 연구가 있었다(Winterhoff-Spurk, 1999). 따라서 학습자가 흥미 위주가 아니라 비디오 시청이 학습하는 데 유용하다는 자세로 임하도록 유도해서 주어진 정보를 잘 정교화하여 학습의 효과를 얻을 수 있도록 해야 한다(Salomon, 1984). e-러닝 환경에서 비디오 활용의 또 다른 문제는 제작자가 시청각 자료가 있으면 설명이 부실해도 된다는 생각을 가질 수도 있다는 것이다. 따라서 비디오 자료를 활용할 때는 항상 교육학적 효과에 대해 분석하는 것이 필수적이다.

3. 비디오 활용 사례

비디오를 효과적으로 이용한 예로 Cognition and Technology Group at Vanderbilt가 개발한 'Jasper Woodbury'의 모험을 들 수 있다(제2장 참고).

[그림 5-46] 비디오를 활용한 e-러닝 프로그램의 예—Jasper Woodbury의 모험

(출처: http://peabody.vanderbilt.edu/projects/funded/jasper/Jasperhome.html)

Jasper Woodbury의 모험은 5, 6학년 학생을 위해 개발된 것으로 12개의 이야기로 구성되었다. 15~20분간의 비디오로 제시된 이야기 줄거리에는 수학과 과학 과목의 문제 상황과 문제해결을 위해 필요한 정보가 포함되어 있다. 비디오로 제작된 내용은 문제기반학습을 유도하고, 학습자는 문제해결과정에서 비디오의 내용 중 문제해결과 관련된 내용을 다시 볼 수 있다. 학습자 협동학습을 통해 집단으로 문제해결을 시도하고 교사는 문제해결과정을 조절하는 일종의 블렌디드 러닝(blended learning)으로 활용된다.

e-러닝 환경에서 상호작용을 촉진할 때 비디오를 활용한 예도 있다. 학습자가 학습내용 중 더 자세하게 보고 싶은 부분을 클릭해서 추가정보를 얻을 수 있도록 한 것이다. 특히, 의학에서 활용되는 예를 보면 해당 혈관을 클릭하면 그 혈관의 이름이 제시되거나 그 혈관의 생리적 기능에 대한

곁글

다음의 화면은 문제기반학습에 사용된 비디오의 정지 화면이다. 경영학을 전공하는 학생들에게 e-비즈니스 강의를 위해 가상의 한 제화회사를 모델기업으로 설정하고 이 모델기업에서 발생하는 문제를 해결하는 과정에서 e-비즈니스에 관한 지식을 획득하고 구성하는 e-러닝 프로그램의 일부다. 이 프로그램에서는 실제 상황과 유사한 학습 환경을 구성하기 위해 이 제화회사의 주요 임직원의 배역을 맡는 배우들이 출연하여 문제 상황의 시나리오를 연기하는 비디오가 제공되었고, 가상기업의 홈페이지가 제작되었다.

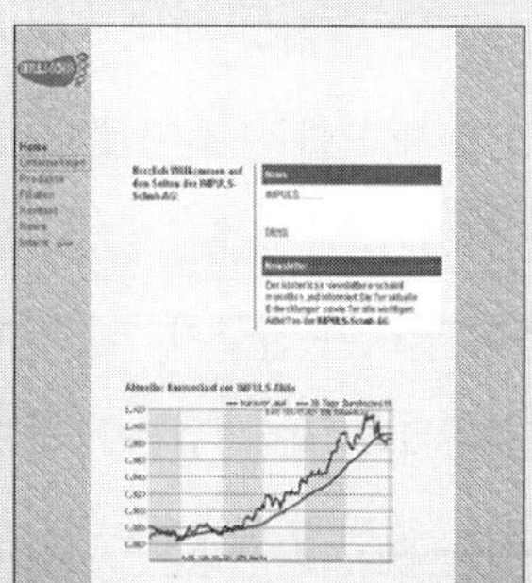

(출처: http://impuls-schuh.de)

[그림 5-47] 가상기업의 문제 상황을 나타내는 비디오 화면과 가상기업의 홈페이지

비디오 영상이 상영된다. 이때 음향효과로 심장박동 소리가 제시될 수 있다. 상호작용이 가능한 멀티미디어 교육환경에서는 학습자가 능동적으로 언제, 어떤 정보를 추가로 취할 것인지 결정할 수 있다. 따라서 한꺼번에 너무 많은 정보가 제시되어 인지적으로 과부하를 초래하는 것을 방지할 수 있고, 학습자가 자기주도적으로 학습할 수 있다는 장점이 있다.

또 하나의 상호작용이 가능한 비디오의 예로 IWL GmbH가 개발한 컨설팅 프로그램이 있다. 이 프로그램에서는 보험회사 생활설계사들(학습자)에게 상품 판매과정에서 발생할 수 있는 상황을 비디오를 통해 보여 주고 제시된 상황에서 학습자는 자신이 비디오 이야기의 주인공이라면 어떻게 행동할 것인지를 선택한다. 선택한 결과 상황이 어떻게 진전될 것인지를 다시 비디오로 보며 자신이 선택한 행동에 대한 긍정적 · 부정적 측면을 평가하도록 한다.

또 다른 예로 임상장면에서의 모델학습을 들 수 있는데, 치료 목표에 따라 의도된 상황의 연출과 모델 행동을 관찰할 수 있는 기회를 제공한다. 이때 필요에 따라 일정한 상황을 클로즈업하거나 진행속도를 천천히 하여 학습자가 잘 관찰할 수 있도록 한다. 관찰학습의 과정은 학습자가 모델과 상황에 주의를 기울여 지각하고 모델의 행동패턴을 기억하여 관찰행동을 시연하는 과정으로 이루어진다. 이때 학습자의 행동 준비성, 즉 학습된 행동을 유사한 상황에서 실제로 행동으로 보여 줄 것인가는 행동수행 후에 기대되는 결과에 달려 있다. 이러한 임상훈련에서는 연습에 필요한 장면을 실제적인 느낌을 주도록 제시하는 것이 좋다. 예를 들어, '친구가 자동차를 빌려 달라고 하지만 이를 거절하는' 자기표현훈련 상황에서 친구가 와서 초인종을 누르고, 문이 열리자 친구가 '급히 자동차가 필요하다' 고 말하면서 '자동차를 빌려 달라' 고 하는 내담자에게 부담되는 상황을 가능하면 실제와 유사하게 비디오로 생생히 연출하는 것이 좋다.

제7절 e-러닝 콘텐츠 개발: 애니메이션의 활용

e-러닝 콘텐츠 개발:
애니메이션의 활용

- 애니메이션의 기능
- 시뮬레이션의 활용

1. 애니메이션의 기능

e-러닝에서 애니메이션이 많이 이용되고 있지만 애니메이션의 교육학적 효과에 대해서는 논란이 많다(Rieber, 1990). 따라서 e-러닝 환경에서 애니메이션을 활용할지는 학습목표와 학습내용에 맞추어서 결정해야 한다. 애니메이션의 어원은 라틴어 '아니마(anima)' 로 숨 혹은 영혼의 의미를 갖는다. 모든 시각적 자극, 즉 모형, 색, 텍스트, 빛의 강도, 조명의 각도 등을 애니메이션으로 처리할 수 있는데, 비디오나 영화는 카메라로 연속적인 화면으로 녹화된 반면 애니메이션은 각각의 화면이 별도로 만들어진 후에 합쳐진 것이다.

대부분의 경우 애니메이션은 복잡하고 직접 관찰하기 어려운 과정(예: 화학적 반응, 순환기체계, 호르몬의 기능 등)을 설명할 때 이용한다. 특히, 다양한 측면에서 복잡한 과정을 보여 줌으로써 학습자가 정신모델을 형성하도록 도움을 줄 수 있다(Seel, 1991).

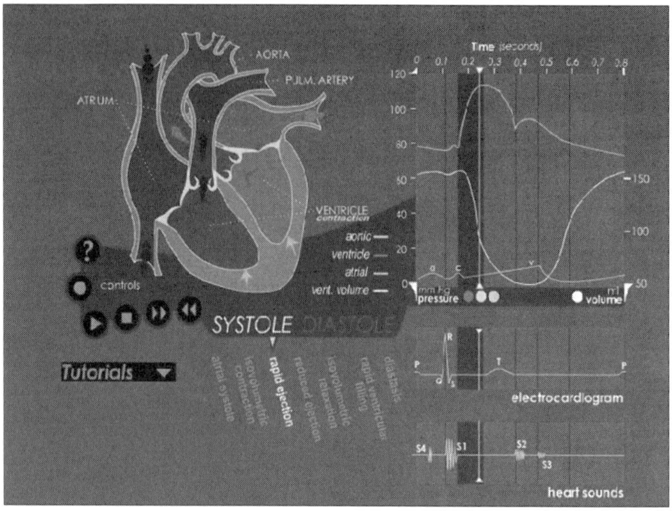

[그림 5-48] 애니메이션의 활용-애니메이션으로 심장의 활동과 같이 복잡하고 관찰하기 어려운 과정을 설명할 수 있다.

(출처: http://www-medib.med.utah.edu/kw/pharm/hyper_heart1.html)

또한 애니메이션은 일정한 학습내용에 주의를 끌고 이를 유지할 수 있는 기능을 할 수 있는데, 이러한 기능은 특히 학습이 시작될 때 필요하다. 그러나 애니메이션을 통한 피드백으로 동기 유발 효과를 보려고 할 때 정답이 아니거나 별로 신통치 않은 답에 유난스럽게(예: 애니메이션을 이용한 불꽃놀이) 피드백을 주는 경우 오히려 역효과를 줄 수 있다. 그리고 학습내용을 보기 좋게 장식하는 기능도 학습과정에는 별로 긍정적인 영향을 미치지 않는다. 경우에 따라서는 주의가 분산되어 오히려 학습에 방해가 될 수 있다. 따라서 단순한 장식의 효과를 위한 애니메이션의 사용은 자제하는 것이 좋다(Weiss, Knowlton, & Morrison, 2002).

다음은 애니메이션을 활용할 수 있는 상황이다(Milheim, 1993; Windchitl, 1996).

- 관찰하기 어려운 요소를 시각적으로 제시할 때
- 동적인 과정을 설명할 때
- 공간적인 정보를 시각적으로 제시할 때

- 학습자의 주의를 끌고 동기를 유발하고자 할 때
- 비디오로 실물 동영상을 보여 주었을 경우 너무 자세하고 많은 정보가 전달될 우려가 있을 때(Thibodeau, 2002)

e-러닝 환경에서 애니메이션을 활용할 때 다음과 같은 측면에 유의해야 한다.

- e-러닝 환경에서 애니메이션을 활용할 때는 반드시 학습효과를 고려해야 하고, 애니메이션이 학습내용의 이해에 유용할 때만 사용하여야 한다. 애니메이션을 학습내용과 직접적인 연관이 있는 것에만 활용함으로써 학습자의 주의를 분산시키지 않는 것이 중요하다.
- 애니메이션을 제시하면서 동시에 텍스트를 읽게 하는 것은 비효과적이다.
- 너무 추상적인 내용의 애니메이션은 학습자가 이해할 수 있는 지적 능력을 가지고 있을 때만 활용한다. 선수학습의 정도가 낮은 학습자의 경우 텍스트와 애니메이션이 상호 보완적으로 활용되는 것이 좋다.
- 복잡한 것보다는 단순한 애니메이션을 활용한다. 애니메이션이 너무 복잡할 때 학습자에게 부담을 주어 오히려 학습에 역효과를 초래한다. 특히, 학습능력이 떨어지는 학습자는 현재의 학습내용과 관련된 부분에만 주의를 집중하는 것이 어렵다. 그러므로 필요에 따라서 주의를 집중해야 하는 부분에 화살표나 색상의 변화로 해당 내용을 강조하는 방법을 활용한다.
- 학습자가 애니메이션 진행을 통제, 조절할 수 있도록 한다. 학습자가 애니메이션의 진행을 중단하거나 앞뒤로 이동함으로써 학습자의 필요에 따라 학습내용을 다시 보거나 필요 없는 부분을 건너뛸 수 있는 가능성을 제공하는 것이 바람직하다.
- 하나의 애니메이션이 진행된 다음 그 내용을 되새길 수 있는 기회를

제공하여 이해를 돕는 것이 바람직하다.

- 필요에 따라 그래프에 애니메이션을 적용하면 이해를 도울 수 있다 (Rieber, 1990).
- 학습 환경의 기술적 측면을 고려해야 한다. 여기에는 인터넷 속도, 컴퓨터 프로세서의 성능뿐 아니라 모니터의 해상도, 그래픽 카드의 종류 등도 포함된다.

애니메이션을 활용하여 학습효과를 올리려면 변화나 움직임이 시간의 흐름에 맞추어서 제시되고 학습내용과 관계된 부분에 한정되어야 한다. 사전지식이 많지 않은 학습자에게는 애니메이션을 제시하기 전에 중요한 내용에 주의를 기울일 수 있도록 사전정보를 제시하는 것도 바람직하다(Rieber, 1990). 애니메이션을 통해서 흥미만을 유발하였을 때는 학습효과에 영향을 미치지 않고, 애니메이션이 과잉으로 활용되었을 때는 오히려 부작용을 초래할 수 있다.

애니메이션을 활용한 예로 스포츠교사 교육 프로그램(http://www.sportunterricht.de/animation/)을 들 수 있다. 이것은 반복되는 순환동작을 계속해서 보여 줄 수 있어 전략적으로 중요한 요소를 더 잘 따라 할 수 있다는 장점을 활용하였다.

[그림 5-49] 애니메이션으로 배드민턴의 순환동작을 반복적으로 보여 줄 수 있다.

(출처: http://www. sportunterricht.de/lksport/clear.html)

곁글

애니메이션 활용을 평가한 두 개의 실험연구가 있는데 Spotts와 Dwyer(1996)의 실험에서 63명의 대학생에게 텍스트와 그림의 조합, 텍스트와 애니메이션의 조합 두 가지 학습 조건을 제시하였다. 그 결과 학생들이 후자의 조건에서 더 효과적으로 학습한 것으로 나타났다.

한편, Lai와 Chu(2001)의 실험에서는 수학 실력이 차이가 있는 집단을 세 가지 조건에 무선 배치하였다. 첫째 조건에서는 애니메이션에 대한 통제가 불가능하여 학습자들이 애니메이션으로 제공되는 설명을 끝까지 본 다음 다시 처음부터 볼 수 있는 조건이었고, 둘째 조건에서는 애니메이션이 어느 정도 진행된 다음 중지하고 다시 반복할 수 있었으나 순차적으로만 진행되었다. 셋째 조건에서는 애니메이션을 언제든지 중지하고 보고 싶은 부분을 다시 볼 수 있도록 하였다. 실험 결과 수학 실력이 낮은 학습자가 둘째 조건을 선호하고, 수학 실력이 좋은 학습자는 셋째 조건을 선호하였다. 그러나 수학 실력이 낮은 학습자에게는 셋째 조건이 가장 비효과적인 것으로 나타났다.

2. 시뮬레이션의 활용

애니메이션과 유사한 것으로 시뮬레이션이 있다. 시뮬레이션은 실제의 복합적이고 역동적인 시스템을 모델화한 것인데, 특히 비행기, 자동차 운전 등과 같은 위험한 조건하의 훈련을 시뮬레이션으로 연습해 볼 수 있는 장점이 있다([그림 5-50]). 혹은 달에서의 물리학 실험, 위험한 화학 실험과 같이 실제 실험조건에서는 불가능한 상황까지 변인을 조작하여 실험해 볼 수 있고, 또 이러한 실험을 통해 실제의 경우보다 학습시간을 단축시킬 수 있다.

시뮬레이션을 효과적으로 활용하기 위해서는 다음과 같은 점을 결정해야 한다.

- 시나리오를 구성할 때 얼마나 실재와 유사한 조건으로 구성할 것인가.
- 언제, 어디서, 어떤 성격의 사건이 발생할 것인가.

• 학습자는 어떤 역할을 맡게 되는가.

시뮬레이션의 기초가 되는 모델은 대개 전문가에 의해 개발되는데, 이는 조작이 가능한 변인 간의 관계에 대한 수학적 모델을 말한다. 시뮬레이션을 제작하는 과정에서 교육학적 전략, 즉 학습자가 어떻게 훈련을 받을 것인가에 대한 전략을 세울 때 학습자의 동기적인 측면도 고려해야 한다.

[그림 5-50] 비행 연습을 위한 시뮬레이션 프로그램의 예

[그림 5-51] 빛에 가까운 속도로 자동차를 운전할 때의 상황을 시뮬레이션으로 보여 줄 수 있다.

(출처: http:// www.spacetimetravel.org/#aur)

용어 풀이

- **근접성 원리**: 가까이 있는 자극들을 묶어서 지각하는 경향
- **묘사적 표상**: 학습내용을 두뇌에서 시각적으로 그리거나 이들의 관계를 공간적으로 이해하는 것을 말한다. 그림이나 사진을 표상할 때에 세부적인 것을 기억하는 것이 아니라 학습자의 사전지식을 활용하여 이해한 것을 표상하게 된다.
- **서술적 표상**: 학습내용의 인지적 구조와 이들의 추상적 관계를 언어적으로 파악하는 것을 말한다. 대개 텍스트의 내용을 표상할 때 사용되며, 텍스트에서 사용된 단어나 문장을 있는 그대로 기억하는 것이 아니라 주요 내용을 추출하고 이를 조합하여 표상한다.
- **선행조직자**: 학습을 시작하기 전에 학습내용의 조직과 전체적인 내용의 개관을 제시하는 것으로 이러한 틀을 활용함으로써 학습자들이 새로 학습하는 내용을 효과적으로 이해하는 데 도움을 줄 수 있다.
- **스크립트**: 서로 관련성이 있는 일련의 사건이나 행위의 전개에 관한 지식이다. 예를 들어, 제사를 지내는 것에 대한 스크립트를 가지고 있는 사람은 제사의 구체적인 전개과정과 각각의 상황에서 어떤 행위가 기대되는지에 대해 알고 있다.
- **시뮬레이션(simulation)**: 실제 상황을 모방해서 만들어진 모델을 의미하며 학습상황에서 시뮬레이션이 활용되면 학습자는 실제 상황과 유사한 상황에서 안전하게 연습을 할 수 있는 기회를 갖게 된다.
- **연속의 원리**: 원래의 진행 방향을 따라 부드럽게 연속되는 윤곽을 선호하는 경향
- **유사성 원리**: 유사한 자극(색상, 모양 등)을 묶어서 지각하는 경향
- **정신모델**: 실제 환경의 구조적, 기능적 관계를 표상해 내는 것으로 학습자가 학습내용을 나름대로 이해하여 학습내용의 모델을 머릿속에 구성하는 것을 의미한다.
- **초두효과**: 학습내용 중 앞부분에 제시된 내용이 더 잘 기억되는 현상을 말한다. 특히, 단순히 암기하는 학습과제에서는 초두효과가 리허설(반복적인 되내임)의 결과로 설명된다.
- **최신효과**: 초두효과와 대조되는 개념으로 학습내용 중 뒷부분에 제시된 것이 더 잘 기억되는 현상을 말한다. 이는 학습과 인출의 시간적 간격이 가장 짧은 것에 기인한다.
- **표면 구조**: 텍스트를 이해하는 과정에서 단어의 의미와 문법적인 구조를 기초로 내용을 정리한 것으로 사용된 단어나 문법적인 구조가 텍스트에 제시된 그

대로 파악된다. 그러나 시간이 경과하면 문장의 내용만 기억하고 사용된 단어와 문법적인 구조(긍정문 vs. 부정문 / 능동태 vs. 수동태)는 기억하지 못하는 경우가 많다.

- **표상**: 언어적 자극이나 시각적 자극이 감각기관을 통해서 입력이 되었을 때 주의를 기울이지 않으면 몇 초 안에 소멸되어 버린다. 이때 소멸되지 않은 정보는 부호화(코딩)되어 계속적인 정보처리과정을 거친다. 부호화 과정에서는 자극의 형태를 그대로 유지하는 경우도 있고, 자극이 갖는 의미를 중심으로 추상화되기도 한다. 이와 같이 외부의 자극의 계속적인 정보처리를 위해 두뇌에서 부호화되는 것을 표상이라고 한다.
- **픽토그램(pictogram)**: 그림문자로서 문자를 사용하여 추가적으로 서술하지 않아도 그림이 나타내는 내용을 사용자가 직감적으로 알 수 있다. 그림의 내용에 대한 전문지식이 없어도 이해할 수 있도록 그 문화권에서 기본적인 상식을 활용하여 구성해야 한다.

제6장

e-러닝 환경의 평가

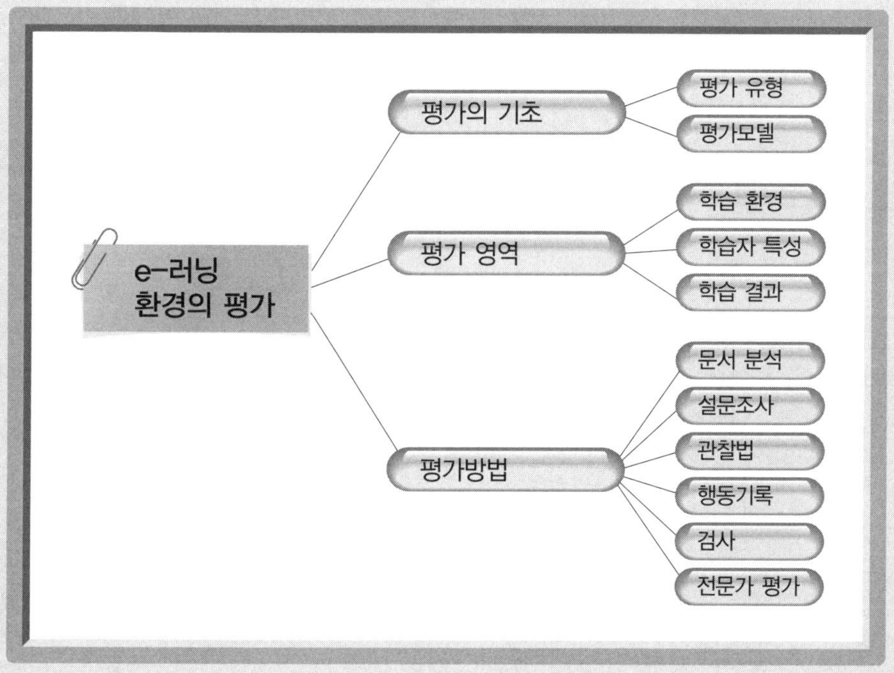

멀티미디어를 활용하여 화려한 e-러닝 프로그램을 제작하였다고 해서 좋은 학습 프로그램이 개발된 것은 아니다. 많은 비용과 시간을 투자해서 개발한 프로그램을 학습자가 외면하고 제대로 활용하지 않는 경우가 발생하는 현실을 감안하면 e-러닝 환경에서의 학습이 효과적으로 이루어지기 위해서는 프로그램의 질에 대한 평가가 필수적이다. 평가는 복합적인 과정으로 프로그램의 질을 통제하기 위해서 데이터를 모으고 분석하는 모든 과정을 포함한다. 무엇을 어떻게 평가하는가는 평가의 목적에 따라 디르다. 이에는 프로ㄱ램이 개발된 후에 전문가가 체크리스트를 활용하여 프로그램이 잘 개발되었는가를 평가하는 것에서 학습자가 e-러닝 환경에서 학습하는 것에 만족하는가에 이르기까지 다양한 각도의 접근을 포함한다. 이 장에서는 평가의 유형과 평가모델에 대한 이론적 설명과 함께 다양한 평가 영역과 방법을 소개한다.

제1절 평가의 기초

평가의 기초

- 평가 유형
  - 형성평가
  - 총괄평가
- 평가모델
  - 반응
  - 학습
  - 행동
  - 결과
  - 프로그램의 질
  - 투자효과

평가의 영어 단어 'evaluation'은 라틴어 어원 'valeoere'에서 유래한 것으로 가치 및 질을 판단하는 것을 의미한다. e-러닝의 평가는 e-러닝 프로그램의 질을 통제하기 위해서 데이터를 모으고, 분석하는 것으로서 프로그램을 시행한 후 그 효과를 최종적으로 평가하는 총괄평가와 프로그램 개발과정에서 반복적으로 시행하는 형성평가가 있다. 총괄평가는 e-러닝 프로그램을 개발 혹은 구입하여 시행해 본 다음 그 프로그램의 내용, 방법, 매체와 이들의 상호작용에 대한 것을 기능과 효과의 측면에서 평가하는 것이다. 형성평가는 프로그램의 계획에서 개발의 모든 과정에 대한 평가 작업을 함으로써 프로그램의 질을 높이고, 우수한 프로그램을 개발하는 데 기여한다.

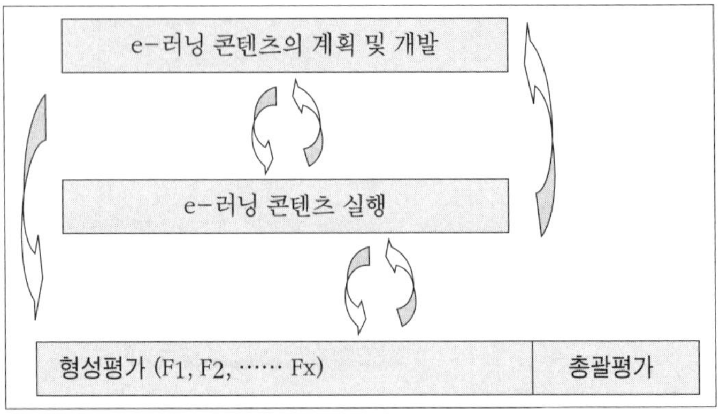

[그림 6-1] e-러닝의 평가

1. 평가 유형

e-러닝 프로그램을 평가할 때는 프로그램을 개발한 팀이 자체적으로 평가할 수 있고, 외부 전문가에 의해 평가를 받을 수도 있다. 자체적으로 평가를 할 때는 프로그램의 교육목표나 문제를 잘 알 수 있다는 장점도 있으나 일정한 거리를 유지하면서 객관적으로 평가하기가 어렵다는 문제점도 있다. 프로그램을 개발하는 과정에서 문제점을 발견하고 이를 개선함으로써 프로그램의 질을 높이거나 효과적인 실행을 위한 방안을 강구하는 형성평가는 과정 지향적인 반면에 총괄평가는 프로그램을 개발한 후 프로그램 개발 목적과 실제 효과를 비교 · 평가한다는 점에서 결과 지향적이다. 총괄평가는 대부분 프로그램을 구입하여 학습현장에 투입할 것인지를 결정을 할 때 많이 이루어지고, 형성평가는 프로그램 개발과정에서 이루어진다.

형성평가를 할 때는 계획, 개발, 실행 단계의 평가 내용이 다르다. 계획 단계에서는 e-러닝 프로그램 개발의 기본 방향을 결정하는 데 필요한 자료를 분석한다. 여기에는 교육목표, 학습자의 요구, 학습 환경 등에 대한 분석을 포함한다. 개발 단계에서는 교육목표, 학습조건에 준거하여 학습자가 프로그램을 어떻게 받아들일지에 대해 평가하는 것 외에도 학습효과와 전이의 가능성을 예측하며, 프로그램을 개선하는 데에 필요한 자료를 수집한다. e-러닝 콘텐츠가 개발되어 실행되고 난 후에는 실제의 학습효과를 측정한다. 한편, 프로그램의 효과를 검증할 때 실험적인 연구 설계를 하여 e-러닝 활용 집단과 통제집단을 비교 · 분석하는 방법도 있다(Goetz, 1993).

2. 평가모델

Kirkpatrick(1994)은 평가를 다음과 같이 반응, 학습, 행동, 결과의 네 가지 측면으로 구별하였다.

- 반응: 프로그램에 대한 학습자의 반응, 즉 학습자가 프로그램을 어떻게 판단하고 있는가는 대부분 관찰이나 설문조사로 측정한다.
- 학습: 학습의 평가 측면에서는 학습목표와 내용을 기준으로 얼마나 지식이 획득되었는가를 평가한다. 학습목표의 범주에는 이 외에도 태도의 변화를 포함한다.
- 행동: 행동의 평가 측면을 통해서는 학습된 내용이 얼마나 실행되는가를 검토한다. 학습자가 학습한 것을 실행 혹은 응용하기 위해서는 실행에 옮기고자 하는 의지와 이를 실행에 옮길 수 있는 지식을 가지고 있고 실행 이후의 적절한 강화체계가 갖추어져야 한다.
- 결과: 결과의 평가는 장기적인 학습효과를 평가하는 것을 의미한다. 학습효과를 평가할 때 다수의 참가자에게 나타나는 평균적인 효과를 측정할 수도 있고 학습효과를 특정 변인(예: 선수학습 정도)을 기준으로 하였을 때 개인 내 차이, 즉 개개인이 경험한 변화의 정도를 분석하는 방법이 있다(Wottawa, 2001).

여기에 Schenkel(2000)은 학습 프로그램 질의 평가와 투자효과(Returnon-Investment)의 측면을 첨가하였다. 학습 프로그램의 질은 학습자가 평가하는 반응의 측면과는 구별되며, 대개 전문가에 의해 평가된다. 투자효과는 경제적인 측면, 즉 학습효과를 올리는 데에 든 비용을 고려하는 것으로 금전적인 비용 외에도 시간과 노력을 포함한다. 즉, 아무리 좋은 프로그램이라도 개발하고 실행하는 데 많은 비용과 시간, 노력이 필요하였다면 경제성에서는 좋은 평가를 받지 못한다.

제2절 평가 영역

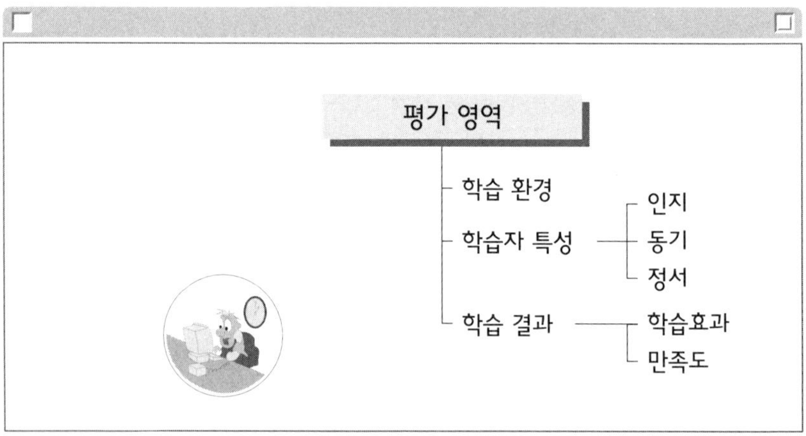

평가 영역은 학습 환경, 학습자 특성, 학습 결과의 영역으로 구별하여 분석할 수 있다. 학습효과, 전이와 같은 학습 결과가 본래의 평가 영역이다. 그러나 학습 결과는 학습자의 인지적 · 정서적 특성과 동기뿐 아니라 학습 환경에 의해서도 영향을 받기 때문에 이를 복합적으로 고려하여 평가하는 것이 바람직하다. 이들의 관계는 [그림 6-2]와 같이 나타낼 수 있다.

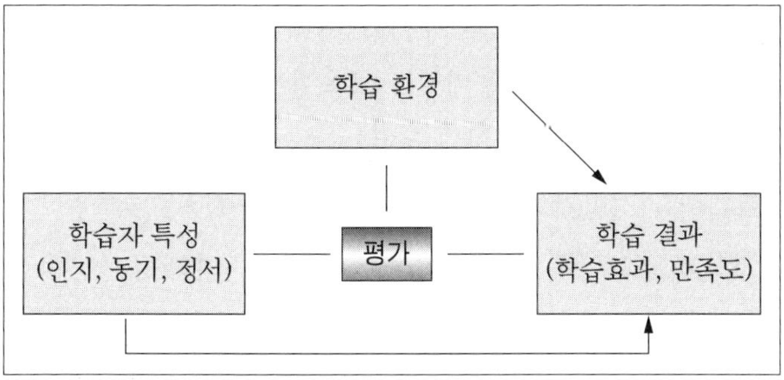

[그림 6-2] e-러닝 환경의 평가 영역

1. 학습 환경

학습 환경에는 물리적 환경뿐 아니라 학습과정에 영향을 미칠 수 있는 심리적 환경도 포함된다. 물론, e-러닝 프로그램의 질이 가장 중요하다. 그러나 이 외에도 e-러닝에 대한 태도, e-러닝을 지지해 주는 분위기 등이 학습효과에 영향을 미친다. 특히, 기업에서 e-러닝을 실행할 때는 e-러닝에 필요한 공간적 · 기술적 · 시간적인 지원이 필요하기 때문에 e-러닝에 대한 기업 간부의 태도도 매우 중요하다. 아울러 e-러닝을 도입할 때 학습자의 학습요구와 학습목표가 고려되었는지 등이 학습효과에 지대한 영향을 미친다(Sonntag, 1996).

e-러닝 프로그램의 질을 평가할 때는 대부분 체크리스트를 활용하여 실시한다. 흔히 체크리스트를 통한 프로그램 평가는 '전문가 평가' 라고 하는데('제3절 평가 방법' 참조), 학습자의 만족도가 매우 중요하므로 체크리스트를 축소하여 학습자가 프로그램을 평가하는 방법도 있다.

체크리스트는 교육학적 · 기술적 · 경제적 측면을 모두 포함하는 것이 바람직하다. e-러닝 프로그램을 통해 대부분의 학습자가 자기주도적인 학습을 수행하기 때문에 학습목표, 학습내용, 개별화 가능성, 내비게이션, 도우미, 학습효과에 대한 피드백 등이 e-러닝 프로그램 평가의 중요한 교육학적 기준이 된다. 이 외에도 그래픽, 애니메이션, 음향, 화면 구성 등의 멀티미디어적 요소와 프로그램 사용의 용이성도 교육학적인 측면에서 평가되어야 한다. 교육학적인 효과를 뒷받침해 주는 기술적인 측면에는 e-러닝에 필요한 소프트웨어 내려받기의 용이성, 안전성(예: 학습 중 프로그램이 다운되지 않음), 로그인과 로그아웃, 데이터 입력, 저장 및 출력의 용이성 등이 포함된다. 경제적 측면은 비용과 효과의 관계를 고려하여 평가한다.

〈표 6-1〉 학습 환경 평가를 위한 체크리스트의 예

학습목표가 제시되었습니까?
○ 예 ○ 아니요

제시되었다면 얼마나 자세하게 제시되었습니까?
별로 자세하지 않음 ○ ○ ○ ○ 매우 자세함

학습목표가 이해하기 쉽게 서술되었습니까?
이해하기 어려움 ○ ○ ○ ○ 이해하기 쉬움

애니메이션이 사용되었습니까?
○ 예 ○ 아니요

학습내용을 이해하는 데 도움이 됩니까?
별로 도움이 되지 않음 ○ ○ ○ ○ 매우 도움이 됨

애니메이션의 진행이 자연스럽습니까?
○ 예 ○ 아니요

애니메이션의 진행 속도를 조절할 수 있습니까?
○ 예 ○ 아니요

---

2. 학습자 특성

이미 제3장에서 e-러닝 효과에 영향을 미치는 학습자의 특성에 대해 설명하였다. 특히, e-러닝 환경에서는 학습자가 지식을 수용하는 수동적인 참여자가 아니라 스스로 자신의 학습과정을 조절하고 지식을 구성해 가는 능동적인 역할을 수행해야 학습의 효과를 볼 수 있다. 학습효과를 평가할 때 참고할 수 있는 학습자 조건을 분석하는 방법은 다음과 같다.

1) 인지적 요인

e-러닝 환경에서 학습효과를 평가하기 위해서는 학습자의 선수학습 정도를 평가하는 것이 매우 중요하다. 대부분 학습내용이 소개되기 전에 선수학습 정도를 측정한다. 물론, 학습자가 얼마나 학습내용에 대한 사전지식을 가지고 있는가를 평가하기 위해서는 각 단위 학습을 효과적으로 수행하기에 필요한 사전지식의 정도가 이미 분석되어야 한다. 이를 기준으로 학습자에게 부족한 선수학습 내용은 무엇이고, 이를 보충하기 위해 어떤 학습내용이 제공되어야 하는지를 결정할 수 있다. 선수학습 정도에 맞추어서 학습내용의 난이도를 다양하게 제공함으로써 e-러닝의 장점을 활용한 개별화 수업이 가능하게 된다. 아울러 선수학습에 대한 검사 결과가 학습자의 학습효과를 평가할 때 비교 준거로 사용될 수 있다.

(1) 학습전략

학습전략이란 학습을 성공적으로 수행하기 위한 행동계획이나 도식으로 이해할 수 있으며, 학습 상황에 따라 다양하게 적용된다. 효과적인 학습전략의 활용을 통해 학습내용이 더 잘 기억되고 학습자가 필요로 하는 지식이 효과적으로 구성된다. 개개인이 즐겨 사용하는 전략이 있다는 점에서 학습전략은 습관적인 측면도 있지만 학습자가 일정한 학습전략을 알고 있어도 학습 상황에 따라 사용하지 않을 수도 있다. 따라서 평가 상황에서는 학습자가 실제로 사용한 학습전략에 더 관심을 갖는다. 학습전략은 보통 다음과 같은 세 가지 영역으로 구별할 수 있다.

정보전략 인지전략이라고도 말한다. 정보의 수용, 작업, 저장과 관계된 전략으로 조직화, 정교화, 반복, 비판적 검토 등이 포함된다.

- 조직화: 학습할 내용을 학습자가 자신에게 맞게 재조직화하는 것으로 요약, 목차 구성, 표나 도표 만들기와 같이 새로 수용되는 정보의 조직을 재구성한다.
- 정교화: 새로운 정보를 학습자가 이미 가지고 있는 지식 구조에 연계하여 학습하는 것을 말한다.
- 반복: 단순한 되풀이로 학습내용을 기억하려는 전략이다.
- 비판적 검토: 학습내용을 재고하거나 그 배경에 대해 생각해 봄으로써 학습내용에 대해 좀 더 심층적인 이해를 가능하게 하는 전략이다.

이를 측정하기 위한 문항의 예는 〈표 6-2〉와 같다.

〈표 6-2〉 정보전략을 측정하기 위한 문항의 예

학습전략	예시
조직화	나는 나중에 다시 보고 학습할 수 있도록 중요한 내용을 요약한다.
정교화	새로운 개념을 학습할 때 내가 이미 알고 개념이나 이론과 연관지어 공부한다.
반 복	나는 학습내용을 가능하면 모두 암기하려고 한다.
비판적 검토	나는 내가 공부한 내용이 정말 맞는 내용인가 다시 한 번 생각해 본다.

통제전략 학습과정에 대해 내적 통제를 하는 전략으로 상위인지적 기능을 유도한다. 자기주도적 학습이 가능하도록 학습과정을 조절하고 계

획 · 통제하는 전략이 이에 포함된다.

- 계획을 통해 학습자는 학습과정에 대한 준비를 하고, 실제 학습과정이 제대로 진행되고 있는지 학습목표에 준거하여 통제한다.
- 학습전략을 학습내용에 따라 조절하는 것은, 예를 들어 어려운 학습과제를 수행할 때 더욱 시간을 많이 할애하거나 주의력을 높이는 것과 같이 학습 상황에 맞춰 학습전략을 조절하여 수행하는 것을 말한다.

〈표 6-3〉 통제전략을 측정하기 위한 문항의 예

학습전략	예시
계 획	학습내용을 읽기 전에 예상되는 질문을 미리 생각해 본다.
통 제	학습한 후에 내용을 제대로 이해하였는지 스스로 질문해 본다.
조 절	어려운 내용을 학습할 때는 이에 맞춰 학습전략을 조절한다.

지원전략 앞에서 열거한 정보전략이나 통제전략과는 달리 이차적으로 학습과정을 지원하고 학습자가 가지고 있는 자원을 활용하여 학습효과를 유도하는 전략이다. 여기에는 시간 관리, 학습 환경 조성, 추가적인 정보의 활용이 포함된다.

- 시간 관리: 시간과 장소에 관계없이 자기주도적인 학습이 가능한 e-러닝 환경에서 특히 중요하다.
- 적절한 학습 환경의 조성: 효과적인 학습을 지원하는 것으로 조명, 소음 등과 같은 물리적인 측면뿐 아니라 주의 집중을 방해하는 요소를 통제하는 것도 포함된다. 흔히 멀티미디어를 활용한 e-러닝을 에듀테인먼트(edutainment)의 개념으로 이해할 경우 학습자의 태도가 느슨해질 수 있으므로 학습자가 학습내용에 집중할 수 있는 학습 환경 조성이 매우 중요하다.

- 추가적인 정보: 자기주도적인 학습에서 매우 중요한 요소로 기존의 학습 환경과 같이 도서관이나 참고도서를 활용하는 것 외에도 e-러닝 환경에서는 추가정보를 얻을 수 있는 사이트의 활용을 중요한 학습전략으로 고려할 수 있다.

이 밖에 웹기반 학습과 같이 실시간 혹은 비실시간 커뮤니케이션의 가능성이 제공되었을 때 학습자 간의 정보를 공유하여 부족한 부분을 보충하고 동료 학습자의 견해를 고려하여 자신의 학습과정에 대해 비판적인 시각을 가지고 공동으로 지식을 구성하는 것도 중요한 학습전략이라고 할 수 있다.

〈표 6-4〉 지원전략을 측정하기 위한 문항의 예

학습전략	예시
시간 관리	효과적인 학습을 위해 학습 시간을 계획한다.
학습 환경의 조성	학습에 집중할 수 있도록 학습하는 장소를 잘 정리한다.
정보의 활용	학습내용의 이해를 돕기 위해 추가적인 정보를 활용한다.
동료와의 학습	학습내용을 잘 이해하지 못할 때 동료의 도움을 받는다.

2) 동기적 요인

(1) 학습동기

동기는 일반적으로 인간 행동의 근거 또는 의도를 의미한다. 따라서 학습 행위의 근거가 되는 학습동기를 학습자의 학습에 대한 의도 및 준비성의 개념으로 이해할 수 있다. 동기의 복합적인 측면을 고려하여 다음과 같이 네 종류의 동기로 구별할 수 있다.

- 내적 동기: 학습자가 외적으로 주어지는 보상을 필요로 하지 않고 학습 내용 자체에 대한 흥미를 가지고 학습 자체가 목적일 때 내적 동기가

형성되었다고 한다. 학습자는 학습에 대해 긍정적인 태도를 형성한다.

- **미래 지향적인 동기**: 학습자가 자신의 미래와 연관된 목표를 달성하기 위한 수단으로 학습할 때 미래 지향적인 동기를 가지고 있다고 말한다.
- **역할 관련 동기**: 학습자의 역할과 관련된 동기다. 예를 들어, '학생은 마땅히 공부를 해야 한다.' 와 같이 학생의 역할을 의식하여 학습하는 경우가 이에 해당된다.
- **외적 동기**: 외적 동기를 가지고 있는 학습자는 학습내용 자체보다는 학습과 관련된 보상에 더 관심을 가지고 있다. 예를 들어, 학습자가 단순히 좋은 점수를 원해서, 혹은 상을 받거나 벌을 피하기 위해 학습을 한다면 외적 동기가 학습을 유도한 것으로 이해할 수 있다.

이상의 네 가지 학습동기를 측정하기 위한 문항을 예를 들면 다음과 같다.

〈표 6-5〉 학습동기를 측정하기 위한 문항의 예

동 기	예시
내적 동기	학습내용이 매우 흥미로워 학습내용에 집중할 수 있었다.
미래 지향적 동기	학습내용이 나의 미래의 직업과 관련이 있다.
역할 관련 동기	학생 신분에 맞게 열심히 학습하였다.
외적 동기	야단을 맞지 않기 위해서 공부하였다.

(2) e-러닝에 대한 태도 및 기대

인간이 자신이 취할 수 있는 다양한 행동 가능성 중 어떤 행동을 선택하는가는 여러 가지 요인이 작용할 것이다. 학습자가 학습을 하기로 결정할 때도 마찬가지다. 이와 같은 상황을 수학적으로는 학습의 가치와 성공 가능성의 곱으로 표시할 수 있다(Heckhausen, 1989; Rheinberg, 2000). 즉, 학습자가 학습을 하기로 결정하는 데에는 학습의 가치를 파악하고 자신의 학습을 성공적으로 수행할 것이라는 기대가 중요하다는 것이다. 학습 결과가 긍정적일 것이라고 예측할 때 학습의 가치가 올라가고, 또한 이를 성공적으로 수행할 수 있을 것이라는 기대가 클수록 학습과제를 수행할 가능성이 높아지게 된다. 이때 학습자는 학습에 대한 비용과 효과를 비교하기도 한다.

(3) 정서적 요인

학습을 하는 데 인지적인 요인뿐 아니라 동기적 요인이 중요하다는 것은 이미 잘 알려진 사실이다. 그러나 동기가 정서와 밀접한 관계가 있다는 것은 간과되었다. 한편, Lazarus(1991)는 중요한 일이 벌어지고 있을 때 정서적 반응을 유발한다고 하였다. 즉, 자신이 중요하다고 생각하는 일을 수행할 때 이에 대한 평가가 긍정적인가 혹은 부정적인가에 따라 정서적 반응이 다르게 나타난다는 것이다. 이러한 정서적 반응은 다시 학습자의 학습동기에 영향을 미친다. 긍정적이거나 유쾌한 정서는 학습을 지속하도록 하고, 불쾌하거나 부정적인 감정은 학습을 중도에 포기하게 만들 가능성이 높다. e-러닝 코스에 참가한 학습자가 학습내용을 이해하기에 자신의 능력이 터무니없이 부족하다고 생각하는 경우 중도에 탈락할 가능성이 높게 된다.

학습자가 경험하는 정서의 종류와 강도는 학습과제의 난이도와 관련이 깊다. 학습과제를 하나의 도전으로 받아들이고 이를 성공적으로 수행할 자

〈표 6-6〉 정서를 측정하기 위한 문항의 예

e-러닝 학습을 할 때 어떤 기분이었습니까?

	전혀 그렇지 않다 1	거의 그렇지 않다 2	조금 그렇다 3	전적으로 그렇다 4
a) 흥미로웠다.	1	2	3	4
b) 짜증이 났다.				
c) 도전을 받는 느낌이 들었다.				
d) 따분하였다.				

신감이 있을 때 학습자는 더 열심히 학습할 것이다. 또한 학습자의 정서상태가 긍정적일 때 더욱 창의적이고 효과적인 문제해결 및 의사결정을 할 수 있다. 작은 정서적 경험에 의해서도 학습자의 정보처리의 질이 많은 영향을 받기 때문에 e-러닝 환경에서도 정서적 요인을 고려하는 것이 중요하다.

Pekrun과 Hofmann(1999)은 정서 범주를 세 가지로 구별하였는데, 긍정적 정서에는 학습의 즐거움, 학습 결과에 대한 긍정적 전망 등이 포함되고, 부정적으로 활성화된 정서로는 시험 불안, 학습할 내용을 이해하지 못한 것에 대한 분노 등이 있다. 학습 상황에서 지루함 등은 비활성화된 정서로 분류된다. 이를 측정하기 위해서는 〈표 6-6〉과 같은 문항을 사용할 수 있다(Kim, 2003).

3. 학습 결과

1) e-러닝 프로그램에 대한 평가

e-러닝 환경에서는 자기주도적 학습이 가능하기 때문에 학습자가 얼마나 e-러닝 환경을 능동적으로 활용하고 자신의 학습과정을 조절하는가에 따라 학습효과가 달라진다. 따라서 학습자가 e-러닝 환경을 어떻게 평가

〈표 6-7〉 e-러닝 환경에 대한 포괄적인 평가 문항

지금 학습한 e-러닝 프로그램을 어떻게 평가하십니까?

전혀 그렇지 않다	거의 그렇지 않다	조금 그렇다	전적으로 그렇다
1	2	3	4

e-러닝 프로그램으로 학습하는 것이 효과적이었다.	1	2	3	4
e-러닝 프로그램으로 학습하는 것이 복잡하였다.				
다시 e-러닝 프로그램으로 학습할 것이다.				
다른 사람에게도 이 e-러닝 프로그램을 권하겠다.				

〈표 6-8〉 e-러닝 환경의 개별적 요소를 평가하기 위한 문항의 예

학습내용	매우 불만족 ←		→	매우 만족
1. 흥미				
2. 난이도				
3. 학습목표와 연관성				
4. 실용성				

디자인: 색상	매우 불만족 ←		→	매우 만족
1. 다양성				
2. 조화				

디자인: 그림	매우 불만족 ←		→	매우 만족
1. 횟수				
2. 크기				
3. 위치				
4. 이해 정도				

하는가는 매우 중요하다. 이것은 단지 학습자의 인지적 평가 외에도 실제로 활용하는 행동 차원의 평가를 모두 포함한다. 이와 같은 내용을 포괄적으로 평가하기 위해 〈표 6-7〉과 같은 문항을 활용할 수 있다(Kim, 2003).

이 밖에도 e-러닝 환경의 개별적 요소를 분리하여 〈표 6-8〉과 같이 학습자가 평가할 수 있다.

2) 학습효과

실제로 학습자가 e-러닝 환경에서 효과적으로 학습을 하였는지는 학습내용에 대한 시험을 통해 알아볼 수 있다. 이를 통해 학습자가 자신의 학습

정도에 대해 알 수 있고, e-러닝 환경 개발자도 프로그램의 질에 대한 피드백을 받는 셈이다. 물론, 학습효과를 평가할 때는 학습자 조건과 학습목표를 동시에 고려해야 한다. 학습목표에는 인지적인 측면뿐 아니라 정의적인 측면도 포함된다. 예를 들어, 학습자가 학습내용에 대해 긍정적인 태도를 갖거나 기존의 편견을 극복할 수 있었다면 이로써 효과적인 학습이 수행된 것으로 평가할 수 있다.

대부분 점수로 표시할 수 있는 양적인 평가가 이루어지는데, 이와는 달리 논술형 검사도 필요하다. 단, 논술형 평가의 경우 e-러닝 환경 시스템에 의한 평가가 불가능하므로 교수자 및 전문가에게 평가를 의뢰할 수밖에 없다. 경우에 따라서는 모범답안을 제시함으로써 학습자가 자신의 답안과 비교하도록 하는 방법을 취할 수도 있는데, 이는 어느 정도의 지적 수준을 갖춘 학습자에게만 적용할 수 있다. 평가 결과를 해석할 때에도 집단평균과 비교하는 규준지향평가뿐만 아니라 준거, 즉 학습목표의 달성 정도를 평가하는 것이 바람직하다. 아울러 학습자의 학습 이전과 이후의 학습 결과를 비교하는 것도 좋다.

3) 전이

학습한 내용을 응용하는 능력을 전이라고 한다. 특히, 직업과 관련된 학습에서는 학습한 내용을 직업적인 맥락에서 응용하는 전이가 필수적이다. 실제 상황에서 발생할 수 있는 모든 경우를 학습내용에 포함시킬 수는 없으나 가능하면 실제와 유사한 상황을 설정하고 학습내용을 제공하는 제반 구성주의적인 모델을 사용하는 것이 전이가 이루어지는 데 유리하다. 전이가 이루어지기 위해서는 인지적인 측면뿐만 아니라 정의적인 측면, 즉 학습자가 학습내용을 응용할 의지를 가지고 있어야 한다. 예를 들어, 학습자가 자신이 늘 사용해 왔던 방법에 익숙하기 때문에 새로 학습한 방법을 사용할 마음이 없다면 학습한 내용을 잘 이해하였다고 해도 전이는 이루어지지 않는다. 이 외에도 기업교육 상황에서는 학습자가 소속된 직장의 사회적·조직적인 측면이 고려되어야 한다. 예를 들어, 기업 내에서 직원들이 새로 학습한 내용을 직장에서 적용하려고 하는 것을 허용하는 분위기가 조성되지 않았을 때도 전이가 이루어질 가능성은 적어진다(Lemke, 1995).

제3절 평가방법

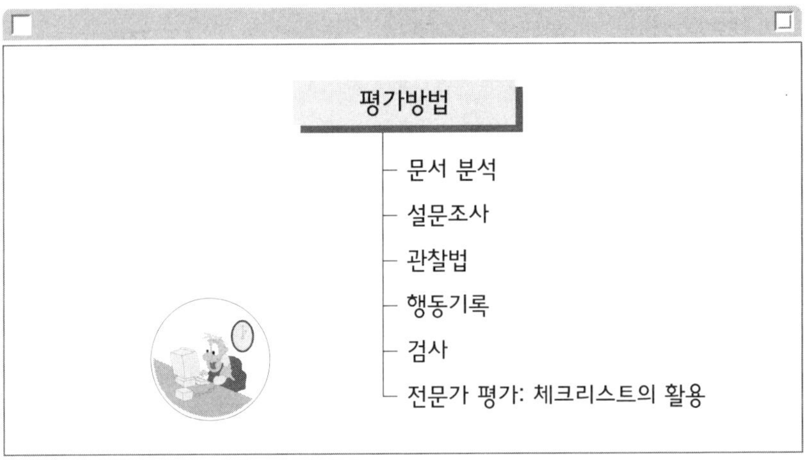

e-러닝 프로그램을 평가하는 방법은 다음과 같이 여섯 가지로 구별할 수 있다. 각각의 방법은 장단점이 있으므로 이를 고려하여 사용하는 것이 바람직하다.

- 문서 분석
- 설문조사
- 관찰법
- 행동기록
- 검사
- 전문가 평가

1. 문서 분석

문서 분석은 중요한 정보나 데이터를 제공해야 될 사람과 접촉이 불가능해서 문서자료를 통해 필요한 정보를 수집해야 하는 경우 사용한다. 문서 분석을 통해 e-러닝 프로그램 개발의 목적, 내용, 디자인 컨셉트 등에 관한 정보를 분석할 수 있다. 기업교육 프로그램을 평가할 경우 기업의 기본 정책에 관한 정보를 통해 e-러닝 프로그램의 실행 맥락과 교육목표 등에 관해 분석할 수 있다. 문서 분석은 평가자의 질문에 대한 응답자의 반응을 분석하는 것이 아니기 때문에 비반응적 평가라고도 한다. 이 방법은 경비가 별로 들지 않고 평가를 받는 쪽에 부담을 덜 준다는 측면에서 경제적이고, 내용에 대해 비교적 객관적으로 평가를 할 수 있으나 평가자가 필요한 정보를 포괄적으로 획득할 수 없기 때문에 예비평가를 위해 사용하거나 다른 평가방법에 대한 보조적인 방법으로 사용하는 것이 바람직하다.

2. 설문조사

설문조사 방법은 e-러닝 프로그램을 사용하는 학습자, 교사 혹은 부모가 프로그램의 질, 효과 등에 관해 어떻게 평가하는가에 대한 데이터를 수집하기 위해 가장 많이 사용하는 방법이다. 문서 분석방법과는 달리 설문조사에 응하는 사람에게 직접 질문을 하고 그에 대한 반응을 조사한다는 의미에서 반응적 평가방법이라고 할 수 있다.

면접할 때 대개 질문하고자 하는 내용을 정리한 가이드라인을 사용하는데, 가이드라인 내용의 구조화 정도를 다양하게 할 수 있다. 이 중에서 반구조화된 가이드라인이 가장 많이 사용된다. 이때 중요한 질문의 내용만 정해 놓고 질문의 순서나 세부적인 질문은 인터뷰 상황에 맞추어 변화를 줄 수 있다. 면접시 유의할 사항은 개방형 질문을 사용하는 것과 가능한 한 구체적 상황과 관련지어 질문을 하는 것이다. 일정한 방향의 응답을 암시하는 유도 질문은 삼가는 것이 좋다.

면접방법의 가장 큰 단점은 많은 사람을 대상으로 데이터를 모을 수 없기 때문에 시간이 많이 걸리고 익명성이 보장되지 않는다는 것이다. 그러므로 솔직하게 응답하지 않거나 어떤 질문에 대해서는 응답하기를 거부하는 문제도 발생할 수 있다. 반면에 면접조사에서는 필요에 따라 응답자에게 더 자세히 질문하거나 면접을 진행하면서 새로운 내용을 첨가하여 질문할 수 있다는 장점도 있다. 〈표 6-9〉는 대학생의 컴퓨터나 인터넷 사용에 대한 면접을 위해 작성한 가이드라인을 예시한 것이다.

설문지를 통한 조사는 우편이나 온라인 조사로도 이루어질 수 있다. 설문지를 작성할 때 응답하는 사람이 설문 내용을 확실히 이해할 수 있도록 해야 한다. 필요에 따라서는 사전조사를 통해 문항이 잘 구성되어 있는지 확인하여 수정 · 보완한다. 이때 설문 문항이 분명하게 이해되는가를 살펴보고, 응답자가 이해할 수 없는 용어를 제거하며, 응답자를 일정한 방향으로 유도하는 질문 등이 없도록 한다. 설문지의 시각적인 짜임새를 높이기 위해 외곽선이나 여백, 글자 모양과 같은 요소를 고려한다.

설문 문항은 개방형 질문과 폐쇄형 질문으로 구별할 수 있다. 개방형 질문은 응답자가 자유롭게 기술할 수 있어서 응답자의 생각을 알 수 있다는 장점에도 불구하고 응답 내용에 대한 자료 처리가 번거롭고 주관적 해석의

〈표 6-9〉 컴퓨터와 인터넷에 대한 태도를 측정하기 위한 면접 가이드라인의 예

컴퓨터와 인터넷에 대한 태도
1. 당신은 컴퓨터에 대해 어떻게 생각하십니까(예: 유용하다, 복잡하다, 재미있다, 필수적이다, ……)? 2. 컴퓨터가 어떤 의미를 가지고 있습니까(작업도구, 학습도구, 오락용, ……)? 3. 컴퓨터나 인터넷에 관한 지식이 당신의 사생활이나 직업에 어떻게 쓰입니까?

〈표 6-10〉 설문지 형식

어디에서 e-러닝 프로그램으로 학습하였습니까?

집 (　　)　　직장 (　　)　　기타 ________

다음과 같은 기술적 프로그램이 학습에 얼마나 방해가 되었습니까?

아주 조금	조금	많이	아주 많이
1	2	3	4

a) 다운로드 시간	1	2	3	4
b) 로그인 문제				
c) 프로그램이 다운되는 것				

오류 가능성이 있으며, 응답자 자신도 자신의 생각을 일일이 기술해야 한다는 것을 번거롭게 여겨 성의 없게 응답할 위험이 있다. 이에 비해 폐쇄형 질문은 〈표 6-10〉과 같이 보기에서 선택하게 하거나, Likert 척도와 같은 등간 척도에 응답자가 생각하는 정도를 표시하게 하는 방법을 사용할 수 있다.

설문지 조사의 장점으로는 비교적 쉽게 많은 사람에게서 정보를 모을 수 있고 경비나 시간 측면에서 경제적이라는 것과 인터뷰와는 달리 응답자의 익명성을 보장할 수 있다는 것이다. 그리고 폐쇄형 질문의 경우 응답 내용의 해석이 객관적일 수 있다.

3. 관찰법

관찰법을 통해 학습자의 행동을 조사할 수 있다. 특히, 응답자가 인터뷰나 설문조사에서 자신의 생각을 의식적으로 혹은 무의식적으로 조작할 가능성이 있을 때 유용한 평가방법이다(Bortz & Döring, 2002). 그러나 관찰자가 모든 상황적 요소를 관찰할 수 있는 것이 아니라 몇몇 측면만 중점적으로 관찰하게 됨으로 관찰자의 주관성을 배제할 수 없다는 문제점이 있다. 따라서 주관성을 통제하기 위한 관찰자 훈련이 필수적이다.

관찰법은 관찰할 대상과 내용을 미리 결정하여 구조화할 수 있고, 자유롭게 관찰할 수도 있다. 구조화된 관찰에서는 관찰 대상, 시간, 관찰의 목표 등을 결정하여 미리 관찰일지를 작성할 수 있다. 관찰일지를 작성할 때 관찰할 내용이 많은 경우 관찰자가 쉽게 부호화할 수 있도록 하는 것이 좋은데, 〈표 6-11〉과 같이 빈도만 나타낼 수도 있고 〈표 6-12〉와 같이 관찰 행동의 정도를 표시할 수도 있다. 경우에 따라서는 비구조화된 관찰을 실시한 후에 관찰 대상, 시간 등을 표시할 수 있는 목록을 구조화할 수도 있다.

관찰자가 e-러닝 학습 상황에 참여할 경우 참여 관찰이 이루어진다. 이때 e-러닝의 참여자에게 관찰이 이루어진다는 것을 미리 알려 주는 공개 관찰과 비공개 관찰로 구별할 수 있다. 비공개 관찰을 위해서는 대개 한 방향 거울을 사용한다. 비참여 관찰의 경우 구조화된 관찰이 더 용이하다.

〈표 6-11〉 관찰 빈도 기록표

이 름: __________

관찰자: __________

시간(분) / 행동	5	10	15	20	25	30	35	40	45	50	55
읽기	x	x	x							x	
애니메이션					x	x					
휴식				x			x	x			x
문제풀이									x		

〈표 6-12〉 관찰 행동의 정도 기록표

1회차 행동관찰

과제집중	−3	−2	−1	0	1	2	3
자발성	−3	−2	−1	0	1	2	3
비판적	−3	−2	−1	0	1	2	3

2회차 행동관찰

과제집중	−3	−2	−1	0	1	2	3
자발성	−3	−2	−1	0	1	2	3
비판적	−3	−2	−1	0	1	2	3

4. 행동기록

행동기록은 사용자 프로토콜이라고도 한다. 이른바 로그파일(logfile)을 이용하여 학습자와 e-러닝 프로그램 간의 상호작용을 기록하는 것으로 마우스 클릭부터 메뉴의 선택 등 학습자의 행동을 기록할 수 있는데, 이를 얼마나 상세하게 기록할 것인지는 평가 목적에 따라 달리할 수 있다. 〈표 6-13〉에 행동기록이 예시되어 있다.

〈표 6-13〉 행동기록의 예

시각	학습단위	학습단위 내용	메뉴 클릭 횟수	학습시간
2006. 9. 10. 09:01:55	덧셈 I	두 자리 수 덧셈	9	0:19:05
2006. 9. 10. 09:21:00	덧셈 II	세 자리 수 덧셈	13	0:00:09
2006. 9. 10. 09:21:09	뺄셈 I	두 자리 수 뺄셈	5	0:05:11
2006. 9. 10. 09:01:55	뺄셈 II	세 자리 수 뺄셈	7	0:15:26

행동기록은 대개 상세한 수준에서 추가정보가 필요할 때 활용하는데, 왜 학습자가 행동기록에 나타난 행동을 하였는지에 대해서는 알 수 없기 때문에 대부분 보조적인 평가자료로 활용한다.

5. 검 사

지능, 인성, 집중력검사와 같은 심리검사와 학습 결과에 대한 형성평가와 총괄평가를 위한 검사가 모두 해당된다. 검사를 통해 다른 학습자와의 비교 외에도 개개인의 학습효과의 변화 정도를 측정할 수 있다. 검사를 실시하기 위해서는 검사도구의 **객관성**, **신뢰도**, **타당도**의 요건을 만족하여야 한다.

검사의 종류에는 지능검사, 읽기능력검사, 태도검사, 집중력검사, 인성검사 등이 있다. 또한 학습 집단의 평균과 비교하여 평가하는 규준 지향적 검사와 학습목표와 같이 이미 설정된 준거와 비교하는 평가방법이 있다.

6. 전문가 평가: 체크리스트의 활용

전문가가 이미 완성된 e-러닝 소프트웨어를 평가하는 방법이다. 대부분 체크리스트를 활용하는데, 체크리스트에는 교육학적인 측면, 기술적 측면, 경제적 측면을 평가할 수 있는 항목을 포함하여야 한다. 많은 경우 미디어의 기술적인 측면이 더 비중 있게 평가되고 교수-학습 이론에 입각한 교육학적 측면이 소홀히 다루어지는 경향이 있다.

각각의 항목에 대한 평가와 영역별 평가, 그리고 총점평가가 단계적으로 이루어질 수 있는데, 각 항목 및 영역의 비중을 다르게 할 수 있다. 체크리스트의 신뢰도는 전문가 간의 일치도를 산출하여 측정할 수 있다. 흔히 전문가의 학문적 배경이 달라서 일치도가 떨어질 수 있으므로 평가에 투입되는 전문가에게 체크리스트의 내용을 분명하게 설명하는 것이 바람직하다. 아울러 체크리스트를 활용한 평가 결과와 학습자에 의한 평가 결과를 종합하는 방법도 좋다. 체크리스트의 항목은 '예', '아니요'로 응답하거나 등간척도로 해당 항목의 만족 정도를 체크하도록 할 수도 있다. 이미 만들어진 체크리스트를 그대로 사용하는 것보다는 평가하고자 하는 e-러닝 환경의 특성을 고려하여 체크리스트의 항목과 비중을 조정하여 사용하는 것이 좋다.

다음은 전문가 평가에 활용할 수 있는 체크리스트의 예다.

1) 교육학적 영역

학습목표

① 학습목표가 제시되었는가?
② 학습목표 설정과 함께 학습내용을 소개하고 있는가?
③ 학습목표가 수업내용, 수업방법, 평가방법에 대해 구체적으로 언급하고 있는가?
④ 목표의 의미가 분명하고 간결하게 표현되어 있는가?
⑤ 학습 대상자가 명확하게 제시되었는가?
⑥ 목표 수준이 학습자에게 적합한가?

개별화 가능성

① 학습내용이 난이도에 따라 단계별로 나누어지는가?
② 학습자의 개인차와 변화하는 학습 요구에 따라 학습할 내용과 방법을 달리 제공하는가?
③ 학습자에게 학습내용, 학습의 양, 학습의 순서에 대한 결정권을 부여하는가?
④ 학습자의 선택에 따른 분지를 다양하게 제공하여 학습의 폭을 확장하는가?
⑤ 학습자의 자유로운 탐색을 돕기 위해 관련 자료까지 포함하는 학습자원을 제공하는가?
⑥ 학습자에게 어느 지점에서나 학습 진행을 중도에 중단시킬 수 있는 기제를 제공하는가?
⑦ 학습자 개인의 진도를 기록할 수 있는 시스템이 있는가?

학습자의 선수학습

① 선수학습의 수준을 측정하는 진단평가가 주어지는가?
② 결손된 선수학습 내용을 보충할 수 있도록 하였는가?
③ 선수학습에 대해 수준별로 부족한 내용의 요약·정리를 제공하는가?

학습내용

① 학습목표에 적합한 핵심적인 학습내용이 선정되었는가?
② 학습내용의 설명이나 용어가 학습자의 수준에 적합한가?
③ 학습내용에 적합한 교수전략이 사용되었는가?
④ 학습내용의 중요한 부분을 강조하고 있는가?
⑤ 학습내용의 조직화(계열화)가 잘 이루어져 있는가?
⑥ 학습내용의 전환에 대한 안내문이 제시되어 있는가?
⑦ 필요할 경우 학습내용을 반복하여 학습할 수 있는가?
⑧ 학습내용에 적절한 예시를 제공하고 있는가?
⑨ 대화체를 사용하여 설명하는가?

교수자의 역할

① 학습과 관련하여 교수자와 상호작용이 가능한가?
② 교수자가 학습내용을 선정할 수 있도록 되어 있는가?
③ 교수자가 학습내용을 추가할 수 있는 기능이 제공되는가?
④ 교수자가 학습내용의 제시 모드(텍스트, 텍스트와 음향, 텍스트와 동영상)를 선택할 수 있도록 되어 있는가?
⑤ 교수자가 연습문제의 양과 난이도를 결정하는 것이 가능한가?

오리엔테이션

① 학습할 내용의 구성에 대해 정보를 제공하고 있는가?
② 학습방법에 관한 정보가 제공되는가?
③ 프로그램의 효과적인 활용 방안에 대한 정보가 제공되는가?
④ 프로그램의 구성 요소에 대한 정보가 제공되는가?

내비게이션

① 내비게이션 도구가 학습내용에 맞게 제작되어 있는가?
② 내비게이션 도구가 사용하기 쉽게 조직되어 있는가?
③ 화면 진행에 필요한 설명이 구체적으로 제시되는가?
④ 글로벌 내비게이션의 구성에 일관성이 있는가?
⑤ 학습자의 현재 학습 위치를 알 수 있는 기능이 제공되어 있는가?
⑥ 학습자가 학습내용 사이에 이동하는 것이 쉽게 되어 있는가?
⑦ 학습자가 원하는 정보 지점에 신속히 접근할 수 있도록 단축키가 제공되어 있는가?
⑧ 상호작용 목차가 제공되어 있는가?
⑨ 트레킹이 제시되어 있는가?
⑩ 내비게이션 도구의 아이콘이 이해하기 쉽게 디자인 되어 있는가?
⑪ 북마크의 기능이 제공되는가?

피드백

① 피드백이 적시에 적절한 횟수로 제공되고 있는가?
② 학습자의 가능한 응답을 모두 고려하는가?
③ 피드백이 학습의 개인차에 적응하고 있는가?
④ 피드백이 학습목표 성취 정도를 판단하는 데 타당한가?
⑤ 피드백이 교수-학습활동에 도움이 되는 정보를 제공해 주고 있는가?
⑥ 오류에 대한 지적이 제공되는가?

⑦ 오류의 원인에 대해 언급해 주는가?
⑧ 오류를 피할 수 있는 가능성에 대한 언급이 있는가?
⑨ 오류에 대한 모범답안을 제시해 주는가?
⑩ 피드백이 학습자의 동기 형성에 도움을 주는가?

도우미

① 시스템에 대한 기술적 도우미가 제공되는가?
② 학습내용에 대한 도우미가 제공되는가?
③ 도움말 기능 버튼이 즉시 찾을 수 있는 곳에 제시되었는가?
④ 학습자가 마우스를 가져다 대면 도움말을 제공하는가?
⑤ 학습자가 원하면 언제, 어느 지점에서나 즉각적으로 접속이 가능한 도움말 기능을 제공하는가?
⑥ 색인으로 설명에 대한 검색이 가능한가?
⑦ 색인에 대한 목차를 제공하고 있는가?
⑧ 도우미의 설명이 이해하기 쉬운가?
⑨ 설명을 읽을 때 이해가 되지 않는 단어에 대해 다시 설명해 주는 기능을 가지고 있는가?

연습문제

① 학습내용에 대한 다양한 연습문제가 제공되는가?
② 연습문제가 학습목표에 적절하도록 구성되어 있는가?
③ 연습문제가 학습내용을 반영하는가?
④ 연습문제가 이해하기 쉬운 문장으로 구성되어 있는가?
⑤ 연습문제 해결에 도움을 줄 수 있는 기능이 제공되는가?
⑥ 연습문제 해결 이후 적절한 피드백이 제공되는가?
⑦ 난이도별 연습문제가 제공되는가?

학습내용 정리

① 각 단계마다 요약을 제공하는가?
② 용어에 대한 정리를 제공하는가?
③ 학습자 스스로 내용을 요약할 수 있는 기능을 제공하는가?

학습효과 검증

① 평가문항이 학습목표 성취 여부를 측정하고 있는가?
② 학습평가의 난이도가 다양하게 제공되어 있는가?
③ 학습내용에 따른 다양한 평가 내용을 제공하는가?
④ 평가문제가 이해하기 쉽게 제시되어 있는가?
⑤ 평가문제에 대한 도움말이 제공되는가?
⑥ 평가의 양이 적절한가?
⑦ 평가의 채점 준거가 제시되어 있는가?
⑧ 평가에 대한 모범답안을 제시하고 있는가?
⑨ 평가 결과 확인 후 후속 학습에 대해 언급되어 있는가?

정서적 요인

① 학습자의 흥미를 유도할 수 있는 요소가 제공되어 있는가?
② 주의 끌기 기능을 제공하는가? (소리, 그래픽을 이용)
③ 학습자가 기분을 전환할 수 있는 기능을 제공하는가? (단순한 게임 기능 등)
└ 게임 기능이 수업에 방해가 되지 않게 적절한가? (시간이나 양에서)

화면 구성

① 화면의 구성 요소가 일관되게 제공되는가?
② 화면의 전환시 오류가 없는가?
③ 주 화면으로 돌아오기가 쉬운가?

④ 정지 화면의 활용이 가능한가?
⑤ 필요한 아이콘이나 특수키가 화면에 조화롭게 배치되어 있는가?
⑥ 화면의 여백이 조화로운가?
⑦ 화면 설계가 간결한가?
⑧ 중요한 내용을 강조하는가?
⑨ 화면 크기 조절이 자유로운가?

색상

① 몇 가지 색을 사용하는가?
② 색이 조화롭게 사용되었는가?
③ 색상의 사용이 학습에 도움을 주는가?

텍스트

① 한 화면에 제시되는 텍스트의 분량이 적절한가?
② 글자체가 읽기 쉬운가?
③ 글자의 크기가 적절한가? 조화가 잘 이루어지는가?

음향

① 학습자가 음향 활용 여부를 선택할 수 있는가?
② 음향 활용이 거부감을 주지는 않는가?
③ 음향이 학습 상황에 적절한가?
④ 발음이 명확하게 들리는가?
⑤ 음향의 진행을 학습자가 조절할 수 있는가?

그림

① 그림이 학습내용에 적절한가?
② 그림이 학습자가 이해하기 쉽게 제시되어 있는가?
③ 그림의 양이 적절한가?
④ 그림과 해당 텍스트가 근접하게 배치되었는가?
⑤ 그림이 정확한가?
⑥ 그림의 밀도와 선명도가 적절한가?
⑦ 상호작용이 가능한가?

도표

① 도표가 학습내용과 관련되어 있는가?
② 도표가 학습 순서에 맞게 제시되어 있는가?
③ 도표와 해당 텍스트가 근접하게 배치되었는가?
④ 도표의 양이 적절한가?
⑤ 도표가 정확한가?
⑥ 상호작용이 가능한가?

애니메이션

① 애니메이션이 학습에 도움이 되는가?
② 애니메이션의 양이 적절한가?
③ 애니메이션에 대한 설명이 음향 기능으로 제공되는가?
④ 애니메이션 진행 속도를 학습자가 조절할 수 있는가?
⑤ 애니메이션의 진행 속도와 설명의 진행 속도가 서로 일치하는가?
⑥ 상호작용이 가능한가?

2) 프로그램 사용의 용이성

프로그램 사용방법을 익히는 데 걸리는 시간

① 사용자가 하드웨어나 소프트웨어에 대한 특별한 전문성 없이도 프로그램을 쉽게 사용할 수 있는가?
② 프로그램의 시작이 쉽게 되어 있는가?
③ 멈춤 기능이 존재하는가?
④ 프로그램을 끝내기가 쉬운가?

기술적 영역

① 진행상의 오류가 있는가?
② 학습자에게 필요한 전산지식에 대한 지침이 있는가?
③ 학습에 필요한 하드웨어와 소프트웨어가 명시되어 있는가?
④ 소프트웨어를 내려받기 할 수 있는 곳을 연결하고 있는가?
⑤ 필요한 프로그램을 설치하는 방법이 명시되어 있는가?
⑥ 발생 가능한 문제와 해결방안 목록이 제시되어 있는가?
⑦ 전산 관련 문제에 대한 지원 연락처가 제공되어 있는가?
⑧ 첨부파일의 종류와 응용 프로그램이 제시되어 있는가?
⑨ 진행 중 프로그램이 다운되지 않는가?
⑩ 로그인이 잘 되는가?
⑪ 로그아웃이 잘 되는가?

데이터 입력, 저장, 출력

① 특수문자의 입력이 자유로운가?
② 입력방법에 일관성이 있는가?
③ 데이터의 입력방법이 다양한가?
④ 입력이 잘못되었을 경우 도움말 기능이나 소리를 이용하여 알려 주는가?
⑤ 입력이 잘못되었을 경우 바로 수정이 가능한가?

⑥ 학습내용을 중간에 저장하여 다음에 학습자가 바로 그 화면에 접속할 수 있도록 하는가?
⑦ 학습자의 학습 진도 부분을 확인할 수 있도록 하는가?
⑧ 자료를 저장하거나 프린트 할 수 있는 기능이 존재하는가?
⑨ 학습내용을 프린트 할 수 있는가?

3) 그 외의 영역

경제적 영역

① 비용 대 효과 면에서 다른 수업매체보다 더 적절한가?
② 프로그램을 익히는 데 복잡하지 않은가?

건전성

① 사회 윤리에 위배되는 내용은 없는가?
② 인종이나 민족과 관련된 편견이 포함되지는 않았는가?
③ 성차별에 관한 내용은 없는가?
④ 폭력 또는 불건전한 내용은 없는가?
⑤ 지나친 경쟁을 유도하는 내용은 없는가?

용어 풀이

- **객관성**: 심리검사에서 검사자에 의해 영향을 받지 않고 심리적 특성을 측정하고, 또 측정 결과가 해석되는 정도를 의미한다.
- **신뢰도**: 심리검사에서 심리적 특성이 얼마나 정확하게 측정되는가를 나타내는 것으로, 보통 심리검사를 반복해서 시행하여 측정한 결과가 일치하는 정도로 결정한다.

- 총괄평가: e-러닝 콘텐츠가 개발된 후에 콘텐츠의 질과 효과에 대해 최종적으로 평가하는 방법으로, 개발 중간에 수시로 시행하는 형성평가와 구별된다.
- 타당도: 심리검사 도구가 측정하려고 하는 심리적 특성을 실제로 측정하는가를 나타내는 정도로 신뢰도와 함께 검사도구의 질을 판단하는 중요한 기준이 된다.
- 형성평가: e-러닝 콘텐츠 개발과정에서 콘텐츠의 질을 개선하기 위한 목적으로 수시로 시행하는 평가다. 콘텐츠가 개발된 후에 최종적으로 수행하는 총괄평가와 구별된다.

참고문헌

강이철(2001). **코스웨어 설계를 위한 교육공학의 이론과 실제**. 서울: 학지사.

김경옥 외 공역(2001). **인지학습과 문제해결**. 서울: 상조사.

김미량(2000). 학습자 중심 웹 기반 교수-학습체제의 화면설계 전략. **교육공학연구, 16**(4), 51-76.

나동진(1999). **교육심리학**. 서울: 학지사.

나일주 편저(1999). **웹기반 교육**. 서울: 교육과학사.

변영계(2005). **교수 · 학습이론의 이해**. 서울: 학지사.

송해덕(1998). 구성주의적 학습환경설계 모델들의 특성과 차이점 비교 분석 연구. **교육학연구, 36**(1), 187-212.

이만재, 이상선(2005). **멀티미디어 교과서**. 서울: 안그라픽스.

이용남 외(1999). **신교육심리학**. 서울: 학지사.

이인숙(2002). **e-러닝**. 서울: 문음사.

임철일(2003). **교수설계이론-학습과제 유형별 교수전략**. 서울: 교육과학사.

조미헌 외(2004). **e-Learning 콘텐츠 설계**. 서울: 교육과학사.

Alessi, S. M., & Trollip, W. R. (1991). *Computer-based instruction, methods and development*. Engelwood Cliffs, NJ: Prentice Hall.

Astleitner, H. (1997). *Lernen in Informationsnetzen. Theoretische Aspekte und empirische Analysen des Umgangs mit neuen Informationstechnologien aus erziehungswissenschaftlicher Perspektive*. Frankfurt: Europöscher Verlag der Wissenschaften.

Astleitner, H. (2002). http://www.sbg.ac.at/erz/feasp/feaspval.doc

Ausubel, D. P., Novak, J. D., & Hanesian, H. (1978). *Educational psychology: A cognitive view*. New York: Holt, Rinehart and Winston.

Bagett, P. (1984). Role of temporaloverlap of visual and auditory material in forming dual media associations. *Journal of Educational Psychology, 76*(3), 408-417.

Balcytiene, A. (1999). Exploring individual processes of knowledge construction with hypertext. *Instructional Science, 27*, 303-328.

Boyle, T. (1997). *Design for multimedia learning*. New York: Prentice Hall.

Bortz, J., & Döing, N. (2002). *Forschungmethoden umd Evaluation für Human- und Sozialwissenschaftler*. Berlin: Springer.

Branssington, F., & Smith, A. (1997). The development and implementation of a cross-curricular project in maketing and design. *Zeitschrift für Hochschuldidkatik, 21*(1) 81-96.

Brooks, J. G., & Brooks, M. G. (1993). *In search of understanding: The case for constructivist classrooms*. Association for Supervision and Curriculum Development. Alexandria VA.

Brown, A. L. (1978). Knowing when, where, and how to remember: A problem of metacognition. In R. Glaser (Ed.), *Advances in instructional psychology* (pp 77-165). Hillsdale, NJ: Erlbaum.

Brown, A. L., Ash, D., Rutherford, M., Nakagawa, K., Gordon, A., & Campione, J. C. (1993). Distributed expertise in the classroom. In G. Salomon (Ed.), *Distributed cognition*. New York: Cambridge University Press.

Brown, J. S., Collins, A., & Duguid, P. (1989). Situated cognition and the culture of learning. *Educational Research, 18*, 32-42.

Bruns, B., & Gajewski, P. (1999). *Multimediales Lernen im Netz: Leitfaden für Entscheider und Planer*. Berlin: Springer.

Butler, D. L., & Winne, P. H. (1995). Feedback and self-regulated learning: A theoretical synthesis. *Review of Educational Research, 65*(3), 245-181.

Chen, C., & Rada, R. (1996). Interactivity with Hypertext. A Meta-analysis of Experimental Studies. *Human-Computer-Interaction, 11*, 125-156.

Clark, R. C., & Mayer, R. (2003). *e-Learning and science of instruction*. San Francisco: Pfeiffer.

Cognition and Technology Group at Vanderbilt (1996). *The Jasper Project: Lessons in curriculum, assessment, and professional development*. Mahwah: Erlbaum.

Cronbach, L. J. (1967). How can instruction be adapted to individual differences? In R. M. Gagné (Ed.), *Learning and individual differences*. Ohio: Columbus.

Cronbach L. J., & Snow, R. E. (1977). *Aptitudes and instructional methods*. New York: Irvington.

Crowder, N. A. (1959). Automation tutoring by means of intrinsic programming. In E. Galanter (Ed.), *Automatic teaching: The state of the art* (pp.109-116). New York: John Wiley and Sons.

Danserau, D. F., Collins, K. W., McDonald, B. A., Holley, C. D., Garland, J. C., Diekhoff, G., & Evans, S. H. (1979). Development and evaluation of a learning strategy training program. *Journal of Educational Psychology, 71*, 64-73.

Dijkstra, S., Seel, N., Schott, F., & Tennyson, R. D. (1997). *Instructional Design*. Mahwah: Erlbaum.

Dörner, D. (1976). *Problemlösen als Informationsverarbeitung*. Stuttgart: Kohlhammer.

Durrett, H. J., & Stimmel, D. T. (1987). *Color and the computer*. Boston: Academic Press.

Dweck, C. S., & Legget, E. L. (1988). A social-cognitive approach to otivation and personality. *Psychological Review, 95*, 256-273.

Dwyer, F. M. (1978). *Strategies for improving visual learning*. Pennsylvanis: Learning Services.

Eckert, A., & Hofer, M. (1999). Wissenserwerb durch interaktive neue medien. In M. Berghaus (Ed.), *Interaktive Medien interdisziplinär vernetzt* (pp.105-128). Opladen: Westdeutscher Verlag.

Eitel, F., & More-West, M. (1997). Problem-based learning genus or species? *Zeitschrift für Hochschuldidaktik, 21*(1), 23-36.

Finke, R. A. (1985). Theories relating mental imagery of perception. *Psychological Bulletin, 98*, 236-259.

Fischer, P. M., & Mandl, H. (1982). Metacognitive regulation of text processing: Aspects and problems concerning the relation between self-statements and actual performance. In A. Flammer, & W. Kintsch (Eds.), *Discourse processing* (pp. 339-351). Amsterdam: North-Holland.

Flender, J. (2002). *Didaktisches Audio-Design. Musik als instrumentals Gestaltungsmitttel in hypermedial basierten Lehr-Lern-Prozessen.* Lengerich: Pabst.

Fredericksen, N. (1984). Implications of cognitive theory for instruction in problem solving. *Review of Educational Research, 54*(3), 363-408.

Gagné, R. M. (1985). *The conditions of learning.* New York: Holt, Rinehart and Winston.

Gall, J., & Hannafin, M. (1994). A framework for the study of hypertext. *Instructional Science, 22,* 209-232.

Gay, G., & Mazur, J. (1991) Navigating in Hypermedia. In E. Berk, & J. Devlin (Eds.), *Hypertext/ hypermedia handbook* (pp. 271-283). New York: Intertext.

Glaser, R. (1991). Thematuring of the relationship between the science of learning and cognition and educational practice. *Learning and Instruction, 1,* 129-144.

Graesser, A. C., Wiemer-Hastings, K., Wiemer-Hastings, P., Kreuz, R., & The Tutoring Research Group (1999). Auto Tutor: A Simulation of a human tutor. *Journal of Cognitive Systems Research, 1,* 35-51.

Greeno, J. (1980). Trends in the theory of knowledge for problem solving. In D. Tume, & F. Reif (Eds.), *Problem solving and education: Issues in teaching and research.* Hillsdale, NJ: Erlbaum.

Goetz, K. (1993). Zur Evaluierung beruflicher Weiterbildung. Band 1 *Theoretische Grundlagen.* Weinheim: Deutscher Studien Verlag.

Guthrie. J. T., & Weber, S. (1991). *Searching graphs and illustrations: cognitive processes and deficits.* Paper presented at the AERA convention, April, Chicago.

Haack, J. (1997). Interaktivität als Kennzeichen von Multimedia und Hyprmedia.

In L. Issing, & P. Klimsa (Eds.), *Information und Lernen mit Multimedia* (pp. 150-166). Weinheim: Beltz.

Hargreaves, D. J., & North, A. C. (1999). The functions of music in eveyday life: Redefining the social in music psychology. *Psychology of Music, 27*, 71-83.

Hargreaves, E., McCallum, B., & Gipps, C. (2000). Teacher feedback strategies in primay classrooms-new evidence. In S. Askew (Ed.), *Feedback for learning* (pp. 21-31). London, New York: Routledge Falmer.

Hasebrook, J. P. (1995). *Multimedia-Psychologie: Eine neue Persepktive menschlicher Kommunikation*. Heidelberg: Spektrum.

Hasselhorn, M. (2001). Lebenslanges Lernen aus Sicht der Metakognitions-forschung. In W. Lempert, & F. Achtenhagen (Eds.), *Lebenslanges Lernen im Beruf- Seine Grundlegung im Kindes- und Jugendalter*. Leske & Budrich.

Heckhausen, H. (1989). *Motivation und Handeln*. Berlin: Springer.

Hesse, F. W., Garsoffky, B., & Hron, A. (2002). Netzbasiertes kooperatives Lernen. In J. Issing, & P. Klimsa (Eds.), *Information und Lernen mit Multimedia und Internet*. Weinheim: Beltz.

Hofmann, M., & Simon, L. (1995). *Problemlösung und Hypertext*. München: Carl Hanser.

Horn, R. E. (1982). Structured writing in color: Two experimental studies. *Journal of Typographic Research, 2*, 43-56.

Horn, R. E. (1985). Results with structured writing using the information mapping and writing services standards. In Th. M. Duffy, & R. Waller (Eds.), *Designing usable texts* (pp. 179-212). London: Academic Press.

Horton, W. (1991). The need to show. In W. Horton (Ed.), *Illustrating computer documentation: The art of presenting information graphically on paper and online* (pp. 175-227). New York: Wiley.

Hsi, S., & Hoadley, C. M. (1997). Productive discussion in science: Gender equity through electronic discourse. *Journal of Science Education and Technology, 6*, 23-36.

Johnson, D. W., & Johnson, R. T. (1994). *Learning together and alone: Cooperative, competitive, and individualistic learning*. Boston: Allyn and

Bacon.

Johnson-Laired, P. N. (1983). *Mental models. Towards a Cognitive Science of Language, Inference, and Consciousness.* Cambridge: Cambridge University Press.

Johnson-Laired, P. N., & Byrne, R. M. J. (1991). *Deduction.* Hilsdale, NJ: Erlbaum.

Jonassen, D. H., & Grabowski, B. L. (1993). *Handbook of individual differences, learning, and instruction.* Hillsdale, NJ: Erlbaum.

Jonassen, D. H., & Mandl, H. (1990). *Designing hypermedia for learning.* Berlin: Springer.

Keller, J. M. (1983). Motivational design of instruction. In C. M. Reigeluth (Ed.), *Instuctional-design theories and models: An overview of their current status* (pp. 383-424). Hillsdale, NJ: Erlbaum.

Keller, J. M. (1999a). *Motivation in cyber learning environments.* Paper presented at the Korean Society for Eucational Technology, Seoul, Korea.

Keller, J. M. (1999b). Using the ARCS motivational process in computer-based instruction and ditance education. *New Directions for Teaching and Learning, 78,* 39-48.

Kiesler, S., Siegel, J., & Mcguire, T. W. (1984). Social psychological aspects of computer-mediated communication. *American Psychologist, 10,* 1121-1134.

Kim, H. O., & Klauser, F. (2002). Zielgruppenanalyse-Grundlage für die effektive Entwicklung und Implementation netzbasierter Lernumgebungen. *Zeitschrift für Berufs-und Wirtschaftspädagogik, 99* (1), 26-41.

Kim, H. O. (2003). Evaluation netzbasierter Lehr-Lern-Arrangements - Konzeption und praktische Umsetzungsformen. *Schriften zur Sächsischen Wirtschaftspädagogik, 1* (1) 109-130.

Kim, H. O., & Klauser, F. (2004a). *Grundlagen der Evaluation computer und netzbasierter Lernangebote.* Osnabrück: Universität Osnabrück.

Kim, H. O., & Klauser, F. (2004b). *Analyse der Erfolgsfaktoren für computer-und netzbasierte Lernangebote.* Osnabrück: Universität Osnabrück.

Kinzie, M. B., & Berdel, R. (1990). Design and use of hypermedia systems.

Educational Technology Research and Development, 38(3), 61-68.

Kirkpatrick, D. L. (1994). *Evaluating training programs.* The four levels. San Fransisco: Berett-Koehler.

Klauser, F., & Kim, H. O. (2003). *Analyse der Zielgruppe.* Osnabrück: Universität Osnabrück.

Klauser, F., Kim, H. O., & Pollmer, M. (2003). Produktqualität und individuelle Leistungsvoraussetzungen - Determinanten für den effektiven Einsatz von E-Learning-Angeboten in der Berufsausbildung. *Erziehungswissenschaft und Beruf, 51*(1), S. 29-56.

Klauer, K. J. (1985). Framework for a theory of teaching. *Teaching & Teacher Education, 1*(1), 5-17.

Kolb, D. A. (1981). Learning styles and disciplinary differences. In A. W. Chickering, & Assoc. (Eds.), *The modern Amreican college* (pp.232-305). San Francisco: Jossey-Bass.

Kuhl, J. (1983). *Motivation, Konflikt und Handlungskontrolle.* Berlin: Springer.

Kullhavy, R. W., & Stock, W. A. (1989). Feedback in written instruction: The place of response certitude. *Educational Psychology Review, 1*, 279-308.

Lai, P., & Chu, K. C. (2001). Who benefits from problem-based learning? *Zeitschrift für Hochschuldidaktik, 21*(1), 148-160.

Lave, J. (1988). *Cognition in practice: Mind, mathmatics and culture in everyday life.* New York: Cambridge University Press.

Lave, J., & Wenger, E. (1991). *Situated learning: Legitimate peripheral participation.* New York: Cambridge University Press.

Lazarus, R. S. (1991). *Emotion and adaptation.* New York: Oxford University Press.

Lefferts, R. (1982). *How to prepare charts and graphs for effective reports.* New York: Barns & Noble.

Lemke, S. G. (1995). *Transfermanagement.* Göttingen: Verlag für Angewandte Psychologie.

Leutner, D. (2002). Adaptivität und Adaptierbarkeit multimedialer Lehr- und Informationssysteme. In L. J. Issing, & P. Klimsa (Eds.), *Information und*

Lernen mit Multimedia und Internet. Weinheim: Beltz.

Leutner, D., & Plass, J. L. (1998). Measuring learning styles with questionnaires versus direct observation of preferential choice behavior: Development of the Visualizer/verbalizer behavior Observation Scale. *Computers in Human Behavior, 14*, 543-557.

Levin, J. R., Anglin, G. J., & Carney, R. N. (1987). On empirically validating functions of pictures in prose. In D. M. Willows, & H. A. Houghton (Eds.), *The psychology of illustration*. Vol. 1: Basic reseach (pp. 51-86). New York: Springer.

Lewalter, D. (1997). *Lernen mit Bildern und Animationen*. Münster Waxmann.

Lindsay, P. H., & Norman, D. A. (1981). *Einführung in die Psychologie. Informationsaufnahme und verarbeitung beim Menschen*. Berlin, Heidelberg: Springer-Verlag.

Link, K. E., Kreuz, R. J., Graesser, A. C., & TRG (2001). Factors that influence the perception of feedback delivered by a pedagogical agent. *International Journal of Speach Technology, 4*, 145-153.

Linn, M. C., Bell, P. & His, S. (1998). Using the internet to enhance student understanding of science: The knowledge integration environment. *Interactive Learning Environments, 6*(1-2), 4-38.

Lipsmeier, A., & Seidel, C. (1987). *Computerunterstütztes Lernen in Berufs- und Weiterbildung*. Hagen: Feruniversität-Gesamthochschule.

Lowe, R. K. (1993). Constructing a mental representation from an abstract technical diagram. *Learning and Instruction, 3*, 157-179.

Malone, T. W. (1981). Toward a theory of intrinsically motivating instruction. *Cognitive Science, 5*, 333-369.

Mayer, R. E. (1994). Visual aids to knowledge construction: Building mental representations from pictures and words. In W. Schnotz, & R. W. Kulhavy (Eds.), *Graphics and mental models* (pp. 125-138). Amsterdam: Elsevier.

Mayer, R. E. (1997). multimedia learning: Are we asking the right questions? *Educational Psychologist, 32*, 1-19.

Mayer, R. E. (1999). Reserch-based principles for the design of instructional messages. *Document Design, 1*(1), 7-20.

Mayer, R. E. (2001). *Multimedia learning.* Cambridge: Cambridge University Press.

Mayer, R. E., & Anderson, R. B. (1991). Animations need narrations: An experimental test of a dual coding hypothesis. *Journal of Educational Psychology, 83,* 484-490.

Mayer, R. E., & Moreno, R. (1998). A split-attention effect in multimedia learning: Evidence for dual processing systems in working memory. *Journal of Educational Psychology, 90,* 312-320.

Mayer, R. E., Steinhoff, K., Bower, G., & Mars, R. J. (1995). A generative theory of textbook design: Using annotated illustrations to foster meaningful learning of science text. *Educational Technology Research & Development, 43,* 31-43.

McNeil, B., & Nelson, K. (1991). Meta-analysis of interactive video instruction: A ten year review of achievement effects. *Journal of Computer-Based Instruction, 18*(1), 1-6.

Merriam, A. P. (1964). *The anthropology of music.* Chicago: Northwestern University Press.

Milheim, W. D. (1993). How to use animation in computer assisted learning. *British Journal of Educational Technology, 24*(3), 121-178.

Moore, M. G. (1989). Three types of interaction. *The American Journal of distance Education, 39*(2), 1-6.

Moore, M., & Dwyer, F. M. (1994). *Visual literacy: A spectrum of visual learning.* Englewood Cliffs, NJ: Educational Technology Publications.

Moreno, R., & Mayer, R. E. (2000a). A coherence effect in multimedia learning: The case for minimizing irrelevant sounds in the design of multimedia instructional messages. *Journal of Educational Psychology, 92,* 117-125.

Moreno, R., & Mayer, R. E. (2000b). Engaging students in active learning: The case for personalized nultimedia messages. *Journal of Educational Psychology, 93,* 724-733.

Moreno, R., Mayer, R. E., Spires, H., & Lester, J. (2001). The case for social agency in computer-based teaching: Do students learn more deeply when they interact with animated pedagogical agents? *Cognition and Instruction, 19,* 177-214.

Mousavi, S. Y., Low, R., & Sweller, J. (1995). Reducing cognitive load by mixing auditory and visual presentation modes. *Journal of Educational Psychology, 87* (2), 319-334.

Moust, J. H. C. (1997). Problem-based education. A new instructional approach for law schools. *Zeitschrift für Hochschuldidkatik, 21*(1), 48-64.

Musch, J. (1999). Die Gestaltung von Feedback in computergestützten Lernumgebungen: Modellle und Befunde. *Zeitschrift für pädagogische Psychologie, 13,* 148-160.

Neisser, U. (1976). *Cognition and reality.* San Francisco: Freeman.

Niederhauser, D. S., Reynolds, R. E., Salmen, D. J., & Skolmlski, P. (2000). The influence of cognitive load on learning from hypertext. *Journal of Educational Computing Research, 23,* 237-255.

Paechter, M. (1996). *Auditive und visuelle Texte in Lernsoftware.* Münster: Waxmann.

Paivio, A. (1971). *Imagery and Verbal Processes.* New York: Holt, Renehart, and Winston.

Peeck, J. (1994). Wissenserwerb mit darstellenden Bildern. In B. Weidenmann (Ed.), *Wissenserwerb mit Bildern: Instruktionale Bilder in Printmedien, Film/Video und Computerptrogrammen.* Bern: Huber.

Pekrun, R., Goetz, T., Titz, W., & Perry, R. P. (2002). Academic emotions in students' self-regulated learning and achievement: A program of qualitative and quantitative research. *Educational psychologist, 37,* 91-105.

Pekrun, R., & Hofmann, H. (1999). Lern- und Leistungsmotivationen: Erste Befunde eines Forschungsprogramms. In M. Jerusalem, & R. Pekrun (Eds.), *Emotion, Motivation und Leistung* (pp.247-268). Göttingen: Hogrefe,

Person, N. K., Grässer, A. C., Kreuz, R. J., Pomeroy, V., & TRG (2001). Simulating human tutor dialog moves in Auto Tutor. *International Journal of Artificial Intelligence in Education, 12*(1), 23-39.

Petterson, R. (1994). Visual Literacy und Infologie. In Weidenmann (Ed.),

Wissenserwerb mit Bildern: Instruktionale Bilder in Printmedien, Film/ Video und Computerprogrammen. Bern: Huber.

Phillips, R. (1997). *The developer's handbook to interactive multimedia*. London: Kogan Page.

Plass, J. L., Chun, D., Mayer, R. E., & Leutner, D. (1998). Supporting visualizer and verbalizer learning preferences in a second language multimedia learning environment. *Journal of Educational Psychology, 90*, 25-36.

Prenzel, M., Drechsel, B., & Kramer, K. (1998). Lernmotivation im Kaufmännischen Unterricht: Die Sicht von Auszubildenden und Lehrkräften. In K. Beck, & R. Dubs (Eds.), *Kompetenzenentwicklung in der Berufserziehung*(pp. 169-187). Stuttgart: Steiner.

Reeves, B., & Nass, C. (1996). *The media equation. How people treat computers, televisions, and new media like real people and places*. New York: Cambridge University Press.

Reigeluth, C. M. (1999). The elaboration theory: Guidance for scope and sequence decisions. In C. M. Reigeluth (Ed.), *Instructional design theories and models: A new paradigm of instructional theory*. Vol. II Mahwah, NJ: Erlbaum.

Reimann, P. (1997). *Lernprozesse beim Wissenerwerb aus Beispielen. Analyse, Modellierung, Förderung*. Bern: Huber.

Reising, J. M., & Aretz, A. J. (1987). Color computer graphics in military cockpits. In H. J. Durrett, & D. T. Stimmel (Eds.), *Color and the computer* (pp. 151-169). Boston: Academic Press.

Rheinberg, F. (2000). *Motivation*. Stuttgart: Kohlhammer.

Rieber, L. P. (1990). Animation in Computer-based instruction. *Educational Technology Research & Development, 38*(1), 77-86.

Roschelle, J., & Pea, R. (1999). Trajectories from today' s WWW to a powerful educational infrastructure. *Educational Researcher, 28*(5), 22-25.

Ross, S. M., Morrison, G. R., & O' Dell, J. (1989). Uses and effects of learner control of content and instructional support in computer based instruction. *Educational Technology Research and Development, 37*(4), 29-39.

Rowntree, D. (1992). *Exploring open and distance learning.* London: Kogan Page.

Salomon, G. (1984). Television is "easy" and print is "tough": The differential investment of mental effort in learning as a function of perceptions and attributions. *Journal of Educational Psychology, 76,* 647-658.

Salomon, G. (1994). *Interaction of media, cognition, and learning.* Hilsdale: Earlbaum

Scardmalia, M., & Bereiter, C. (1994). Computer support for knowledge-building communities. *Journal of the Learning Sciences, 3,* 265-283.

Scardmalia, M., & Bereiter, C. (1996). Adaptation and understanding: A case for new cultures of schooling . In S. Vosniadou, E. Decorate, R. Glaser, & H. Mandl (Eds.), *International perspectives on the design of technology-supported learning environments.* Mahweh, NJ: Erlbaum.

Schenkel, P. (2000). Ebenen und Prozesse der Evaluation. In P. Schenkel, S. O. Tergan, & A. Lottmann (Eds.), *Qualitätsbeurteilung multimedialer Lern- und Informationssysteme* (pp. 52-74). Nürnberg: BW Bildung und Wissen.

Schin, E. C., Schallert, D. L., & Savenye, W. C. (1994). Effects of learner' s control, advisement, and pre-knowledge on young student's learning in a hypertext environment. *Educational Technology Research and Development, 42*(1), 33-46.

Schnotz, W. (1998). Visuelles Lernen. In D. H. Rost (Ed.), *Hanwörterbuch Pädagogische Psychologie* (S. 556-560). Weinheim: Psychologie Verlags Union.

Schnotz, W., Eckhardt, A., Markus, M., Niegemann, H., Hochscheid-Mauel, D., & Hessel, S. (2004). Deconstructing instructional design models: Towards an integrative conceptual framework for instructional design research. In In H. Niegemann, D. Leutner, & R. Brünken (Eds.), *Instructional design for multimedia learning* (pp. 71-90). Münster: Waxmann

Schnotz, W., Eckhardt, A., Markus, M., Niegemann, H., Hochscheid-Mauel, D., & Hessel, S. (2004). Reconstructing instructional design models: Developing a heuristic advisory system as a tool for instructional design research. In H. Niegemann, D. Leutner, & R. Brünken (Eds.), *Instructional design for multimedia learning* (pp. 91-98). Münster: Waxmann

Schnotz, W., & Zink, T. (1997). Informationssuche und Kohärenzbildung beim Wissenserwerb mit Hypertext. *Zeitschrift für Pädagogische Psychologie, 11*(2), 95-108.

Schnotz, W., Zink, T., & Pfeiffer, M. (1996). Visualisierungen im Lehr-Lern-Prozess. *Zeitschrift für Pädgogik, 42,* 193-213.

Schoenfeld, A. H. (1987). What' s all the fuss about metacognition? In A. Schoenfeld (Ed.), *Cognitive Science and Mathmatics Education.* Hillsdale, NJ: Lawrence Erlbaum Associates.

Schulmeister, R. (1997). *Grundlagen hypermedialer Lernsysteme. Theorie-Didaktik-Design.* München:Oldenbourg.

Schumann, M. (1995). *Funktionsumfang, Einsatzgebiete, Entwicklungsunterstützung und Entwicklungsaufwand von Teachware: Ergebnisse einer empirischen Studie.* Göttingen: Univeristät Göttingen.

Schwan, S. (2000). Video in Multimedia-Anwendungen: Gestaltungsanforderungen aus kognitionspsychologischer Sicht. In H. Zayer (Ed.), *psychologiedidaktik und Evaluation.* Bonn: Deutscher Psychologen Verlag.

Seel, N. M. (1991). *Weltwissen und mentale Modelle.* Göttingen: Hogrefe.

Seel, N. M., & Schenk, K. (2004). Model-based learning and progression of mental models. In H. Niegemann, D. Leutner, & R. Brünken (Eds.), *Instructional design for multimedia learning.* Münster: Waxmann.

Sherry, L. (2000). The nature and purpose of online discourse: A brief synthesis of current research as related to the WEB Project. *International Journal of Educational Telecommunications, 6*(1), 19-51.

Sims, R. (1997). *Interactivity: A forgotten art?* http://www.gsu.ed/~wwwitr/docs/interact/index.html

Skinner, B. F. (1968). *The technology of teaching.* New York: Appleton-Century-Crofts.

Slavin, R. E. (1980). Cooperative learning. *Review of Educational Research, 50*(2), 315-342.

Sonntag, K. (1996). *Lernen im Unternehmen. Effiziente Organisation durch*

Lernkultur. München: C. H. Beck.

Spotts, J., & Dwyer, F. (1996). The effect pf computer-generated animation on student achievement of different types of educational objects. *International Journal of Instructional Media, 23*(4), 365-375.

Staninger, S. W. (1994). Hypertext technology: Educational consequences. *Educational Technology, 34*(6), 51-53.

Steinberg, E. R. (1989). Cognition and learner control: A literature review. 1977-1988. *Journal of Computer-Based Instruction, 16*(4), 117-121.

Sturm, H. (1971). Fernsehen und Entwicklung der Intelligenz. In F. Ronnenberger (Ed.), *Sozialisation durch Massenkommunikation* (pp. 290-304). Stuttgart: Enke.

Sweller, J., & Chandler, P. (1994). Why some material is difficult to learn. *Cognition and Instruction, 12,* 185-233.

Thibodeau, P. (2002). Design standards for visual elements and interactivity for courseware. *T.H.E. Journal, 24*(4), 84-86.

Thomas, E. L., & Robinson, H. A. (1972). *Improving reading in everyday class: A sourcebook for teachers*. Boston: Allyn & Bacon.

Thorell, L. G., & Smith, W. J. (1990). *Using computer color effectively: An illustrated reference*. Englewood Cliffs, NJ: Prentice Hall.

Titz, W. (2001). *Emotionen von Studierenden in Lernsituationen*. Explorative Analysen und Entwicklung von Selbstberichtsskalen. Muenster: Waxmann.

Wasson, B., Ludvigsen, S., & Hoppe, U. (2003). Designing for change in networked learning environments. *Proceedings of the International Conference on Computer Support for Collaborative Learning 2003*. Dordrecht:Kluwer.

Wedekind, J. (1997). Gestaltung hypermedialer Lernumgebungen. In U. Beck, & W. Sommer (Eds.), *Learntec 97* (pp. 437-446). Karlsruhe: Schriftenreihe der KKA.

Weidenmann, B. (1988). *Psychische Prozesse beim Verstehen von Bildern*. Bern: Huber.

Weidenmann, B. (1997). Multimedia: Mehrere Medien,mehrere Kodes, mehrere

Sinnekanäle? *Unterrichtswissenschaft, 25,* 197-206.

Weinberg, I., Hornke, L. F., & Leutner, D. (1994). Adaptives Testen und Lernen-Effekte von Rückmeldungen unterschiedlichen Information-sgehaltes. In K. Pawlik (Ed.), *39. Kongress der Deutschen Gesellschaft für Psychologie,* Hamburg: Psychologiches Institut der Universität.

Weiss, R. E., Knowlton, D. S., & Morrison, G. R. (2002). Principles for using animation in computer-based instruction: Theoretical heuristics for effective design. *Computers in Human Behavior, 18,* 465-477.

Whitson, J. A. (1997). Cognition as a semiotic process: From situated mediation to critical reflective transcendence. In D. Kirshner, & J. A. Whitson (Eds.), *Situated cognition: Social, semiotic, and psychological perspective.* Mahweh, N.J.: Erlbaum.

Windchitl, W. (1996). Instructional animations: The In-house production of biology software. *Journal of Computing in Higher Education, 7*(2), 78-94.

Winn, W. (1994). Contributions of perceptual and cognitive processes to the comprehension of graphics. In W. Schnotz, & R. Kulhavy (Eds.), *Comprehension of Graphics* (pp. 3-27). Amsterdam: North-Holland.

Winterhoff-Spurk, P. (1999). *Medienpsychologie.* Stuttgart: Kohlhammer.

Wottawa, H. (2001). Evaluation. In A. Krapp, & B. Weidenmann (Eds.), *Pädagogische Psychologie* (pp. 647-674). Weinheim: Beltz PVU.

찾아보기

◆ 인 명 ◆

◆ 내 용 ◆

저자 소개

김혜온

서울대학교 가정관리학과 졸업
독일 베를린 공대 심리학 학사
독일 아헨 대학교 대학원 심리학 석사 · 박사
현재 목포대학교 교육학과 교수

〈주요 저술〉

Entwicklung als Strukturgenese(구조발생으로서의 발달, Dr. Kovac, 2001, 공저)

Interpretationskompetenz in der entwicklungspsychologischen Forschung(발달심리학 연구에서의 해석능력, 2001, 논문)

Zielgruppenanalyse-Grundlage für die effektive Entwicklung und Implementation netzbasierter Lernumgebungen(대상 집단 분석–웹 기반 환경의 효과적인 구성과 실행을 위한 기초, 2003, 논문)

Entwicklungspsychologie(발달심리학, Beltz, 2003, 공저)

Grundlagen der Evaluation computer und netzbasierter Lernangebote (컴퓨터 및 웹기반 교육평가의 기초, IMPULS, 2004, 공저)

Human rights and duties: Psychology's contributions(APA Press, 2005, 공저)

e-러닝의 심리학적 기반

2007년 2월 20일 1판 1쇄 발행
2009년 6월 10일 1판 2쇄 발행

지은이 • 김 혜 온
펴낸이 • 김 진 환
펴낸곳 • **학지사**

121-837 서울시 마포구 서교동 352-29 마인드월드빌딩 5층
전 화 • 330-5114(대) / 팩스 324-2345
등 록 • 제313-2006-000265호

http://www.hakjisa.co.kr

ISBN 978-89-5891-415-0 93370

정가 13,000원

저자와의 협약으로 인지는 생략합니다.
파본은 구입처에서 교환하여 드립니다.